社会思想史学会年報

# 社会思想史研究

No.42 2018

〈特集〉社会思想史における宗教



藤原書店

〈特集〉 社会思想史における宗教

〈書評〉

# 第7回（2017年度）社会思想史学会研究奨励賞の公示

受賞論文（『社会思想史研究』第41号掲載）

**馬路智仁**

「大西洋横断的な共鳴――アルフレッド・ジマーンとホラス・カレンの多文化共生主義」

〈選考経過〉

2017年9月刊行の『社会思想史研究』第41号の公募論文には17篇の応募があったが、最終審査を経て掲載に至ったのは6篇であった。このうち上記の1篇については、査読段階でも高い評価が与えられていたが、審査報告での問題点の指摘を受け、これに真摯に対応したリライトの結果、論旨はより一層拡充されている。

馬路論文は、19世紀末から20世紀はじめにかけての英米にまたがる多文化「共生」の問題を、アルフレッド・ジマーン、ホラス・カレンとシオニズム思想にひきつけて具体的に検討し、時代と思想の位置を浮き彫りにしている。文化シオニズム思想に関する、（日本ではほとんど知られていない）3人の重要な思想家について、豊富な情報を駆使しつつ、それぞれの立場の違いをくっきりと輪郭づけることに成功している。

同論文は、先行研究のあまり無い分野で、アクチュアルな論点とも通じる思想展開を提示していることに加え、問題設定の明確さ、論述の整合性、テクストや先行研究との関連性の適切さ、対象となる思想の理解の深さの点において高く評価されるものである。さらに、個人の思想の探求や、二人の思想家の比較ではなく、大西洋をこえた「共鳴」という問題設定を行ったことに新しさがあり、空間移動に伴う意味変容のプロセスを描くことで、グローバルな思想史の可能性を拓いたと言えるという評価もなされた。

今後さらに、ジマーンとカレンが、ナチズムという経験をどのように受け止めたのか、といったさらなる問いを誘発せずにはおかず、馬路氏の研究の深化・発展が期待される。

以上の報告に基づき、2017年11月3日の幹事会は、馬路会員に第7回社会思想史学会研究奨励賞を授与することを決定した。

2017年11月4日
社会思想史学会

# 〈特集〉社会思想史における宗教

過去数十年の間に、宗教をめぐる社会思想的言説は大きく変化した。かつて近代化とはすなわち世俗化であり、脱宗教化であると語られたとすれば、そのような見方は今日、根本的な再検討の対象となっている。

一九七九年、イランではホメイニを精神的指導者とするイスラム革命が起きた。同じ年にはソ連のアフガニスタン侵攻を機に、イスラム原理主義のゲリラ運動が活発化している。思えばこの時期から、イスラム主義の台頭が世界の各地で見られるようになったことになる。二〇一一年の「アラブの春」による民主化とその動揺以降、「イスラム国」の台頭を含め、イスラムの存在感は増すばかりである。

さらに二〇一五年には一月にシャルリ・エブド事件、十一月にはパリ同時多発テロ事件が起きるなど、世界各地における「宗教的」過激派組織による活動が目立つようになっている。はたして犯行実行犯をテロへと駆り立てたのが、本当に「宗教」であったのかを含め、検討すべき課題は多いが、あらためて宗教とは何か、宗教の持つ意味とは何かが問われている。

宗教をめぐる新たな動きは、いわゆる周辺地域の事情にとどまらない。アメリカにおける宗教的右派勢力の台頭など、先進国における社会の中心領域においてもまた、宗教的な動きが見られる。日本でも、多数の宗教団体を傘下に収める日本会議の活動が話題となったことは記憶に新しいところである。もはや単純に世俗化を前提にした議論は成り立たず、「ポスト世俗化社会」(ユルゲン・ハーバーマス)を我々は生きている。

このような状況において、社会思想史研究は宗教という主題にいかなる光を投じることができるのか。翻って、これまでの社会思想史研究において、宗教をめぐる西欧中心主義的な偏りがあったのかどうか。これらの問いについて考えてみたい。

この特集の原型となったのは、二〇一七年十月に開催された社会思想史学会シンポジウム「社会思想史における宗教」(報告者は池内恵(東京大学)、森本あんり(国際基督教大学)の両氏)である。お二人とも非会員であるが、イスラム政治思想、アメリカ宗教思想の専門家として寄稿を依頼した。本特集ではさらに、当日討論者をつとめた髙山裕二氏にも寄稿してもらった。

池内論文は近代アラブ思想におけるリベラリズムの可能性と限界を論じ、森本論文は現代ポピュリズムにおける「自分より大きなものへの献身の感覚」、すなわち代替宗教としての一面を見出している。髙山論文はミシュレを取り上げることで、より直接的に社会思想史研究における宗教の欠落を論じている。

なお、関連して付言しておきたい点がある。すでに述べたように、今回の特集にあたっては、討論者のお一人である髙山氏にも加わっていただいている。編集員会としては元来、報告者のお二人からのみご寄稿いただくつもりであったが、髙山氏から論文執筆のお申し出を受け、これを受けることにした(この点に関して、もうお一人の討論者である有江大介氏にもご了解いただいた)。

(宇野重規・山岡龍一)

〈特集〉社会思想史における宗教

〈論文〉
# 冷戦後の社会思想史における「アラブ世界のイスラーム教」という問題

池内　恵

## はじめに

社会思想史とはそもそも何を扱うものなのだろうか。今、あえて宗教を社会思想史の対象とするということは、何を意味するのだろうか。そして、社会思想史の記述・分析の中にアラブ世界のイスラーム教を対象として取り入れることによって、社会思想史にいかなる新機軸をもたらすことができるのだろうか。本稿を執筆するにあたっての筆者の問題意識はこのようなものである(1)。

本稿で取り組む時代は「冷戦後」の時代、すなわち一九八〇年代末から現在までの約三〇年間である。この論文ではまず、三〇年の期間について、まず社会思想史で問われてきた、あるいは、より明示的に問われるべきだった課題の大枠の部分について、見解を示そう。その上で、この問いに関係する冷戦後の三〇年の国際社会の展開、特にその中でのアラブ世界とイスラーム思想史の展開を振り返り、「冷戦後社会思想史」の叙述への一助としたい。アラブ世界のイスラーム教思想史の展開・帰趨が、中東研究やイスラーム思想研究といった専門的で個別の分野において持つ重要性は言わずもがなだが、それらの「特殊」な研究分野に限定されない社会思想史一般の普遍的な記述・分析においても一定の位置を占めることを、示してみたい。

## 一 「フクヤマ―ハンチントン問題」
### ――冷戦後社会思想史の「最大の物語」

まず、巨視的な観点から、「冷戦後」という時代を社会思想史において記述・分析する際の主要な問題構図(と筆者が考えるもの)を、提示しておきたい。ここで、冷戦後の社会思想史における支配的な枠組みを、一歩引いた、巨視的な視座からとらえてみよう。あらゆる細やかさや慮りを犠牲にすれば、冷戦後の社会思想史の大枠、特に国際社会を形成する規範をめぐる、あるいは世界秩序を決定づける支配的原理をめぐる思想史においては、フクヤマの「歴史の終わり」論と、ハンチントンの「文明の衝突」論が提示した相互に相容れない二つの強力な説の競合こそが、その中心の軸であったと論じることができる。冷戦後の国際社会においては、「歴史の終焉」論と「文明の衝突」論という二つの「大きな物語」の競合が存在しており、そのどちらが現実の展開によってより妥当性があると認定するかが、さらにその上のメタレベルでの大きな物語、言い換えれば「最大の物語」としてあったと考えられる[2]。

フランシス・フクヤマは、一九八九年の夏に『ナショナル・インタレスト』誌に寄稿した論考「歴史の終わり?」[3]で、リベラル・デモクラシーが体制理念として、競合する理念・イデオロギーに最終的に勝利したとする説を打ち出して世界的な議論を喚起した。一九九二年にはこの説を拡張・補強して『歴史の終わり』[4]を刊行した。フクヤマはこれらの論文・著書で、リベラル・デモクラシーは君主政治やファシズム、共産主義、独裁制などの競合する体制理念をことごとく退けた「あるべき政権の普遍的かつ唯一の基準」であることを示した、と主張した。リベラル・デモクラシーが体制理念として唯一の普遍的な基準なのであれば、冷戦後は世界各国がこの理念に基づく体制に収斂していくことになる。

フクヤマの「歴史の終焉」論に対する最も有力な反論と留保を提示したのが、サミュエル・ハンチントンの「文明の衝突」論だろう。冷戦が西側の自由主義陣営による勝利で終結しようとしているまさにその最中にフクヤマがリベラル・デモクラシーの勝利と全世界のそれへの収斂というヴィジョンを提示したのに対し、イラクのクウェート侵攻と湾岸戦争、旧ユーゴスラビアの分裂と内戦といった冷戦終結直後に民族紛争が多発した後、ハンチントンは一九九三年に『フォーリン・アフェアーズ』誌に論考「文明の衝突?」[5]を寄稿し、冷戦後の世界がリベラル・デモクラシーへ収斂するのではなく、むしろ文明を単位として分裂し、文明間の摩擦や衝突が生じていくという将来像を描いた。これに加筆して一九九六年に刊行された『文明の衝突』[6]で、ハンチントンは国際政治の重要な要素として文化に由来するアイデンティティの重要性を論じ、アイデンティティを決定する基盤として文明の概念を敷衍して提唱した。米国はヨーロッパと共にキリスト教に由来する西欧文明に属するものとされ、これにイスラーム文明と中華文明が挑戦する潜在的な脅威となりうることが示唆された。

フクヤマとハンチントンのいずれの所説が、冷戦後の世界秩序の原理を正しくとらえていたのか。これは、一九九〇年代以降現在までの、「冷戦後」と呼ばれる時期を社会思想史として叙述しようとすれば、避けることのできない問いかけではないだろうか。これを試みに社会思想史の記述の上での「フクヤマ−ハンチントン問題」とでも呼んでおこう。冷戦後の国際政治や国際社会の発展の中で生じて来た様々な事象の多くは、フクヤマのいうリベラル・デモクラシーへの収斂の一過程として、あるいはハンチントンのいう文明の衝突の表れとして意味づけられることで、支配的な「大きな物語」の一部として理解されうる。問題はこの二つの「大きな物語」が、相互に相容れない世界認識と将来像を想定していることである。冷戦後の国際社会の中で生じてきたどの事象を特に取り上げるか、それらをフクヤマとハンチントンのどちらの説を参照して解釈してみせるかによって、冷戦後の世界秩序をめぐる社会思想史記述は大きく異なるものとなる。

この「フクヤマ−ハンチントン問題」は、一九八〇年代末から一九九〇年代前半に双方の説が提示された時点では、決着がつきようもない問題だった。フクヤマの「歴史の終わり」とハンチントンの「文明の衝突」の両説は、論文と単著としての刊行の際に、いずれも大きな反響を呼び覚まし、一般的には幅広く受容され主要概念が人口に膾炙したが、同時に、個々の論点に関して専門家から強い批判を受けもした。しかしそれぞれの理論あるいは仮説の成否や、両者の現実妥当性に関する評価を一九九〇年代前半までの段階で結論づけることは困難だったと言えよう。冷戦後の国際政治と社会が実際にどのような理念と制度によって形成されていくのか、分析と評価を行った上でなければ、冷戦後の世界秩序の背後にある支配的な理念を半ば投機的に構想したフクヤマとハンチントンの所説の価値は、定まりようもなかった。

冷戦終結後の、三〇年に及ぼうとする月日は、この検証を可能にするに十分な長さと言えよう。その後の現実の国際政治の展開と国際社会の変貌を対象化し、その背後にある理念を摘出し、あらためてフクヤマとハンチントンが冷戦終結直後に展開した議論と対照させることで、フクヤマとハンチントンが提示した、世界秩序の理念に関する相対立する説のいずれが正しかったのかを検討することが可能な時期に来ている。

## 二　鍵となるアラブ・イスラーム思想史

フクヤマとハンチントンのいずれが冷戦後の世界秩序を形作る原理を正しく示していたか。いわば「答え合わせ」を行うにあたって、特に重要性を持つのが、アラブ世界のイスラーム教思想史の展開である。なぜならば、フクヤマとハンチントンの双方の説は、アラブ世界のイスラーム教の思想の現状をどのように評価するか、そして冷戦後の文脈においてアラブ世界のイスラーム思想史がどのように展開していくかによって、それぞれの説の妥当性が評価・検証されうる形式のものであったからである。アラブ世界にもリベラル・デモクラシーが普及するのか、あるいはイスラーム文明が西欧と「衝突」するのか。アラブ世界とイスラーム思想史の展開が、フクヤマとハンチントンの共に普遍性を主張する相容れない二つの理論を検証する試金石としての意味を、少なくとも潜在的には、持ったのである。

フクヤマの「歴史の終焉」論では、アラブ世界のイスラーム教徒がリベラル・デモクラシーを受け入れるか否かが、リベラル・デモクラシーの文化や宗教を超越した普遍妥当性を論証する際の、最後の難関、あるいは解けない謎となっていた。リベラル・デモクラシーが君主政治やファシズム、共産主義などの競合する体制理念を退けたと主張したフクヤマだが、イスラーム教はリベラル・デモクラシーに潜在的に挑戦し競合しうるのではないか、との疑念を否定しきれない。フクヤマは「イスラム教が自由主義や共産主義と同様、独自の道徳律や政治的・社会的正義の教えをもとに体系的かつ一貫したイデオロギーを作り上げているのは事実である。イスラム教は、特定の人種や民族集団の構成員にとどまらず広く全世界の人々をとらえるだけの潜在的な魅力をもっている。しかもこの宗教は、イスラム世界の各地でリベラルな民主主義を現実に打ち破り、直接にその政治的影響力が及ばない国にとっても自由主義に対する深刻な脅威となってきた」[7]と認めざるを得ない。しかしその上で、フクヤマはさほど根拠を示さずに、「実際、長い目で見ればむしろイスラム世界の方が自由主義の理念に膝を屈しつつある」と断定してしまう。[8]フクヤマは、当時まだ記憶に新しかった一九七九年のイラン革命のような、イスラーム教に基づく政治勢力の台頭もまた「ある意味で、伝統的なイスラム社会が自由主義にもとづく西欧的価値観の大きな脅威を認識してきた結果」であり「最近になってイスラム教がその勢いを回復し、どれほどの力を見せつけたとしても、この宗教は、結局のところイスラム文化圏以外の地域では実質的な影響力を持ち合わせていない」と強弁する。「十億に近い人々――世界人口の五分の一――がイスラム文化に属してはいるが、彼らはその理念水準において、リベラルな民主主義には到底太刀打ちできていない」とあるように、イスラーム世界の側というよりはそれを見る欧米の側の価値判断に基づいて、フクヤマはリベラル・デモクラシーへの挑戦者としての可能性を否定する(9)。

このようなフクヤマの認識と理論化が妥当であるか否かは、そもそもフクヤマがこのような認識を示した一九八〇年代末から一九九〇年代初頭におけるアラブ・イスラーム思想史を検討して現状分析として妥当であったか否かを問われなければならないが、それと共に、その後の三〇年近い年月の中で、リベラル・デモクラシーの体制理念がアラブ世界へ予想通り広がったのか否か、それがどのように受容されたかを見ていくことでも検証されなければならない。

他方で、ハンチントンの「文明の衝突」論が、イスラーム教の規範理念を核とした政治的アイデンティティによって結ばれた「イスラーム文明」の存在を想定しなければ成立し得なかったことは自明だろう。それでは、その後の冷戦後の国際社会の形成と発展において「イスラーム文明」は実際に存在したのだろうか。存在しているとすればどのような形で存在したのだろうか。イスラーム文明とその他の文明の間にはどのような「衝突」があったのだろうか。

## 三　過激派と軍人の間で
### ――アラブ世界のリベラル派の苦衷

冷戦後のアラブ世界の三〇年余りの展開は、フクヤマとハンチントンのどちらの説の妥当性を証明したと言えるのだろうか。いずれの説も、冷戦後の時代の一定の時期に、アラブ世界の今後の方向性を決定的に示したかのように見える一瞬がありながら、その普遍性が結局は明らかにならなかったと言って良い。

フクヤマが冷戦終結直後に表明した、イスラーム教が強く信奉されるアラブ世界ですらもリベラル・デモクラシーに「膝を屈する」という信念は、唯一の超大国となった米国の外交政策コミュニティに共有される通念となり、それに基づく中東政策が様々に展開された。湾岸戦争で圧倒的な軍事力・技術力を見せつけた米国のジョージ・H・W・ブッシュ大統領は新世界秩序構想を掲げ、リベラル・デモクラシーを普遍・共通規範とする世界秩序の中に、中東を包摂することを目指し、そのためにマドリード会議などで中東和平を進めると共に、アラブ諸国に民主化を促すことを政策課題とした。これはクリントン大統領にも引き継がれ、一九九三年のオスロ合意に支持を与えると共に、和平を可能にするための条件整備としての民主化・市民社会支援が米国の中東政策の核となった。民主主義国同士は戦争をしにくいという「デモクラティック・ピース」理論を前提に、その論理を反転させ、アラブ世界を民主化すれば、民主主義国であるイスラエルとの戦争は終結するという仮定の上に、クリントン政権の民主化支援政策は進められていった。また、民主党政権における中東民主化支援政策は、イスラーム教が本来のあり方においてはリベラルなものである、という米国のリベラル派に共有される固有の信念を内包している。そのため、クリントン政権及びその後のオバマ政権では、米国と政策的には協調し同盟関係にもしばしばあるアラブ諸国の権威主義的な体制との関係を継続しつつも、弾圧されたムスリム同胞団を穏健で民主的なイスラーム主義の担い手とみなし期待をかけ、接近を試みる傾向がしばしば見られた。

しかしアラブ世界の政治の展開は、リベラル・デモクラシーを受容し実践するというには程遠かった。アラブ世界の知識層・エリート層の中に、リベラル・デモクラシーを普遍的な規範として受容する層があったことは確かである。民主化を目指し、自由主義的な思想解釈を提唱するリベラル派知識人は存在した。しかし彼らは社会の多数を占めてはおらず、国家権力を掌握することもなかった。むしろ、社会の多数を占めるイスラーム教の教義を絶対視する層からの迫害・攻撃を受け、非民主的な独裁者の庇護を受けなければ存在を維持できない、苦しい立場に置かれていた。アラブ世界における自由主義は、民衆の支持を受けたイスラーム主義の立場からの、自由主義をイスラーム法からの逸脱とする非難に晒された時に無力さを露呈せざるを得ない。自由主義を宗教的な規範に基づく攻撃から守るのは、しばしば民主的ではない独裁的な政権であり、軍人である。

二〇一一年の「アラブの春」は、アラブ世界へのリベラル・デモクラシーの普及という、フクヤマの二〇年以上前の予言を、ついに実現するかのように、一時は思われた。しかしここでもまた、選挙を通じてムスリム同胞団が台頭し、二〇一二年には政権を掌握した。ムスリム同胞団の支配の恒久化を恐れる諸勢力は二〇一三年の軍事クーデタを支持したが、そこには多くのリベラル派知識人が含まれていた。

エジプトでクーデタにより政権を掌握したスィースィー元帥、サウジアラビアの絶対王政において父親から指名されて全権を掌握したムハンマド・ビン・サルマーン皇太子が代表的だが、近年、アラブ世界における権威主義的な政治支配者が上からの「宗教改革」を主張する傾向が目立つ[10]。

アラブ世界におけるリベラル派の苦衷は、しかし冷戦後の時代に特有のものではない。冷戦後の米一極集中の状況においてリベラル・デモクラシーへの馴致を目指す中東政策が実施された時代と同様の強い西洋化圧力の下にあった時代として比較の対象とすることができる、一九二〇年代から三〇年代にかけてのアラブ諸国の独立・建国期においても、表面上は広められた自由主義の規範と制度が、イスラーム教の固有の（かつ普遍性を広く認められた）価値規範と違背する局面において、リベラル派はしばしば容易に固有の価値観の前に膝を屈し、抑圧的な政治支配者の庇護の元でかろうじて生き延びたことが記録されている。一九五七年に出版されたウィルフレッド・キャントウェル・スミスの『現代におけるイスラム』[11]は一九二〇年代から三〇年代にかけてのアラブ思想史の主要課題を「自由主義者の少数者支配」の問題として提起する。「少数ではあるが、自由主義者は大なり小なり現代のムスリム世界を通じて、少数者支配に近い地位にある。もし自由主義者がそれほど強いものなら、なぜ自由主義は弱いのだろうか」[12]。スミスはアラブ世界の自由主義的な改革の脆弱さの特徴として「有効な体系的理論が欠けていた」ことを挙げる[13]。

社会の自由主義的な指導者たちは、彼らの生活や思想にふさわしい宗教的な基盤をほとんどもたなかった。彼らの方は現代と歩調を合わせて進んだのに、イスラムの枠組みは彼らと歩調を合わせて進むことができなかった。その結果、彼らは自分たちのヴィジョンを他人に伝達することができなかっただけではなく、苦境に際しては自らこのヴィジョンを守って戦い抜くに必要な勇気と誠意を欠くことになったのである。[14]

スミスはムスリム同胞団をアラブ世界の根無し草的自由主義者と対照的に論じる。ムスリム同胞団は「まったく反動的なものとみなすことは誤り」[15]であるという。なぜならば「そこにはまた、過去からの伝統の中に保持されてきた最良の価値から引き出された正義と人間性の基礎に立って、近代社会を建設しようとする賞賛に値する建設的な努力も作用しているからで」あり、これは「重要な発展である」とスミスは評価する。[16]

われわれの判断では、これがなければ、あるいはこれらに代るようなものが何かなければ、アラブ社会は実際には前進することはできない。ある程度の共通の士気と人を駆り立てる力がなければ、また具体的な実現の機会を求めるある種の実際的な理想がなければ、たとえ最良の社会的ないしは国民的プログラムであっても、それは机上のプランに終わり、アラブ人の生活は夢想家の失敗に留ることになるだろう。同胞団の主張の一部が訴える力をもつ理由は、共同体のもっとも基本的な幾つかの問題に対して前述のような形式で適切な答えを与えようとしている点にある。これらの問題に対して同じように真剣に取り組む意志をもった別の集団が出現するまでは、いくら弾圧されても同胞団は存続してゆくことであろう[17]。

このようにスミスはムスリム同胞団を高く評価するのだが、同時にそれは二つの「欠陥」を抱えているという。第一は「近代国家あるいはその社会のもつ現実の問題に対して、それを解決することはさておき、それを現実主義的に認識するということが嘆かわしいほどみられない[18]」ことだという。ムスリム同胞団は「ただ保守的であるというのではない」という。しかし次のような問題がある。

彼らは自ら所有し経営する近代工業を自分たちで建設したり、労働組合を組織したりした。しかし、彼らが出版する資料からは、近代においてなされなければならない責任ある行為は何か、というより錯綜した問題に対する理解が見られない[19]。

この欠陥をスミスは敷衍して次のように形容する。

真に問題になるのは、同胞団には、自分たちは近代の政治・社会・経済問題に対して詳しい答えを出すすべを知らない、という認識が欠けていることである。さらにまた、適当な回答は過去の中に見出されるとか、あるいはアズハル大学が出すものだと彼らが考えていることである。この点についての彼らの政策は充分に明らかではないが、彼らが確かに示唆したところからみて、そのプログラムは、歴史上のイスラムはすでにあらゆる問題に対して正確な解答を用意しているという確信に基づいている。現実に対してより目醒めた他のムスリムたちは、近代世界においては、そのような考え方は倫理的には傲慢であると同時に、実際的には悲惨であると考えている[20]。

スミスはムスリム同胞団のもう一つの欠陥を指摘する。こちらはムスリム同胞団のみの問題ではなく、ムスリム同胞団を含む社会に広く共有された問題であるとされる。「第二の失敗はこれと関連するが、ある意味では、それは運動としての同胞団の失敗というよりはむしろ、その活動舞台となった社会の失敗である。つまり、その社会は、もはや暴力がほとんど避けられない地点まで悪化してしまっているのである。同胞団がそれを救済しようと試みることは、その暴力に機会を与えるだけのものであったろう[21]」。

スミスによれば、これらの欠陥は必ずしもムスリム同胞団に固有のものとは言えず、ムスリム同胞団そのものにすべての責任を負わせるべきものでもなく、むしろアラブ世界の社会全体の抱えた問題を反映している。スミスの指摘する「欠陥」は、冷戦後、あるいは「アラブの春」後のアラブ世界がたどった奇跡の中で現れた政治的・思想的課題と、ほぼ同一であるように思われる。そのため、スミスによる両大戦間期のアラブ世界の政治・思想問題の描写は、今現在のアラブ世界についてのものであるとしても全く不思議がないものである。

そこでは、イスラムを再確認しようとすることは、現代生活での失敗に立ち向かう努力であるが、それを超克することには成功しないであろう。不幸にして、同胞団のある成員たち、さらには彼らに同調したり、また彼らと同じ道をたどる多くの人々にとっては、このイスラムの再確認は、納得のいくようなプラン、周知の目的、あるいはせめて切実に感じられている理想に基づく建設的なプログラムを意味するのではなく、むしろ感情のはけ口であった。それは永い間、貧困、無能、恐怖の餌食となっていた人々の憎悪、欲求不満、虚栄、破壊的暴力の表現であった。近代的世界にはもう飽き飽きしている人々の不満は、すべて同胞団のような運動にその行動と充足を見出すことができるものである。[22]

非民主主義的な政治支配者によってかろうじて命脈を保たれる欧米的な自由主義者と、民主的だが自由主義的ではないムスリム同胞団などイスラーム主義勢力が対峙するというのが、アラブ世界の近代史における「通奏低音」とも言える基本構図。冷戦後の唯一の超大国・米国の圧倒的な力による中東への介入によってさえも、この構図を変えることはできなかったと言えよう。

## 四 「まだら状の秩序」――分裂するイスラーム文明

フクヤマの描いた、アラブ世界においてもリベラル・デモクラシーが勝利するという未来像が潰えたとすれば、勝利したのはハンチントンの「文明の衝突」論なのだろうか。確かに、冷戦後のアラブ世界の政治と思想、そして国際関係の展開を描くにあたって、表面上は「文明の衝突」論は優勢である。いうまでもなく二〇〇一年の九・一一事件は象徴的なインパクトを与えた。さらに、二〇〇五年のパレスチナの選挙でのハマースの勝利、そして二〇一一年の「アラブの春」後の民主化の試みにおけるムスリム同胞団の勝利などにより、イスラーム教に基づいた政治的アイデンティティの重要性が、民主的な制度の元においても繰り返し有効性を示し、その度に自由主義の劣勢が印象づけられてきた。

しかし、それではハンチントンが描いたように、イスラーム世界が文明として一体となって欧米キリスト教世界と対峙しているかというと、そのような言説は中東のイスラーム主義勢力と欧米の保守派の双方において一定の否定できない強い影響力を保っているものの、中東の実態を正確に写し取ったものとは言えなくなっている。実際に生じていることは、イスラーム世界の内部での分裂である。アラブ諸国の社会の内部にイスラーム主義の過激主義と穏健・漸進主義の対立が存在しており、イランとサウジアラビアの覇権競争を背景にして中東国際政治がシーア派とスンニ派に大まかに色分けされ陣営が分かたれていく。「イスラーム国」は一定の理念的な吸引力を中東各地に及ぼしているものの、それに強く対峙するのは中東各国の政府や、政府と対立あるいは距離を置く非国家主体（クルド民族勢力など）である。「イスラーム文明」に共通する政治アイデンティティは見出しにくく、一つの支配的な体制理念は提示され広まっているとは言い難い。

三〇年に及ぼうとする「冷戦後」の時代において、アラブ世界に徐々に現れつつあるのは、フクヤマやハンチントンの説が一面的に通用する秩序ではなく、イスラーム教あるいは宗派・民族・部族・地域主義といったあらゆる種類の原初的アイデンティティの核を基にして文化的な帰属意識の対象を再構成しようとする各種の非国家主体の集合である。その中に飛び地のように親欧米的あるいは自由主義的で民主主義的な勢力も存在する。これは「まだら状の秩序」[23]と呼んでもいいかもしれない。「まだら状の秩序」は、フクヤマあるいはハンチントン的な一様な秩序に移行するまでの過渡期的な状態ととらえることも可能ではあるが、トランプ政権の成立と「米国ファースト」の外交安全保障政策が本格的に発動される中で、中東の一面的な秩序化を外側から影響づける米国の圧力は減退し、いっそう「まだら状の秩序」の拡散と持続をもたらしていきそうである。

（いけうち・さとし／イスラーム政治思想史）

**注**

（1）本稿は二〇一七年十一月四日に京都大学で開催された社会思想史学会二〇一七年度研究大会のシンポジウム「社会思想史における宗教」で行った報告「アラブ社会思想史におけるリベラリズムとイスラーム主義——革新と復古の力学」の主要部分、特に冷戦後社会思想史の枠組みをめぐる問題提起を再構成したものである。

（2）フクヤマとハンチントンの競合する説におけるイスラーム教の評価の重要性については、池内恵「米国オバマ政権末期におけるイスラーム認識の新潮流——「イスラーム国」の衝撃を受けて」『政治思想研究』第一八号（二〇一八年）の第一節で考察を行っており、本稿は一部それらを踏まえ、発展させている。

(3) Francis Fukuyama, "The End of History?" *The National Interest*, Number 16, Summer 1989, pp. 3-18.

(4) フランシス・フクヤマ『歴史の終わり』上・下巻、渡部昇一訳、三笠書房、一九九二年。

(5) Samuel P. Huntington, *The Clash of Civilizations and the Remaking of World Order*, Simon & Schuster, 1996.

(6) サミュエル・ハンチントン『文明の衝突』鈴木主税訳、集英社、一九九八年。

(7) フクヤマ、上巻、九七—九八頁。なお邦訳書を引用する際の「イスラム」「イスラーム」の表記は邦訳書に準拠し、この論文内で統一を図っていない。以下同じ。

(8) フクヤマ、上巻、九八頁。

(9) フクヤマ、上巻、九八頁。フクヤマの記述の論理矛盾については、池内恵「米国オバマ政権末期におけるイスラーム認識の新潮流」を参照。

(10) 池内恵「イスラーム教に宗教改革は必要か、そして可能か」『ピューリタニズム研究』第一二号、二七—三二頁、池内恵『啓蒙専制君主』の時代に『イスラーム国』消滅後の中東」『季刊アラブ』二〇一八年冬号・通巻第一六二号、二一—四頁。

(11) Wilfred Cantwell Smith, *Islam in Modern History*, Princeton University Press, 1957; ウィルフレッド・キャントウェル・スミス『現代におけるイスラム』(中村廣治郎訳、紀伊國屋書店、一九七四年)、『現代イスラムの歴史』(中村廣治郎訳、中公文庫、上・下巻、一九九八年)。

(12) スミス『現代イスラムの歴史』上巻、一〇九頁。

(13) 同、一一六頁。

(14) 同、一一七頁。

(15) 同、二五七頁。

(16) 同右。

(17) 同右。

(18) 同、二五八頁。

(19) 同、二五八—二五九頁。

(20) 同、二五九頁。

(21) 同、二五九—二六〇頁。

(22) 同、二六〇頁。

(23) 池内恵『シーア派とスンニ派——中東大混迷を解く』(新潮選書、二〇一八年五月)。

**キーワード** アラブ思想、イスラーム教、冷戦後、フクヤマ、歴史の終焉、ハンチントン、文明の衝突

〈特集〉社会思想史における宗教

〈論文〉
# 代替宗教としてのポピュリズム

森本あんり

## はじめに

社会思想史学会の方々にとって、アルバート・ハーシュマンの『情念の政治経済学』（原著一九七七年出版）は、古典というよりは、少々古すぎる本なのかもしれない。しかし、わたしにとっては非常に示唆に富む著作で、今日的現象としてのポピュリズムを理解する前提としても有意義と思われるので、まずはこの論攷をふりかえっておきたい。

ハーシュマンの問いは、古代中世を通じて七つの大罪のうちもっとも醜いものとされてきた「貪欲」ないし「金銭欲」（avarice）が、どのようにして近代には他の悪しき情念を抑えるという善き役割を担うことになったのか、というものである。原題に掲げられた *The Passions and the Interests* つまり「情念」と「利益」という二つの言葉は、かつては同じ範疇に属するものであったが、いつの間にか対立するものとなり、あまつさえその一つが他の情念を制御する能力をもった善なる衝動だ、と解釈されるようになった。本書は、その経緯をウェーバーとは違った角度から思想史的に跡づけており、まことにスリリングで魅力にあふれた議論の展開となっている。

わたしが興味をもったのは、まさにこの「情念」と「利益」という二つの言葉である。各々別の理由で興味深いのだが、最初に「情念」について、次に「利益」について説明したい。

## 一　情念の氾濫

まず「情念」であるが、ハーシュマンによれば、利益によって情念を押さえ込む、という近代のプロジェクトは、資本主義の発展そのものによって、結果的に裏切られることとなった。その背景には、現在の人間像の理想がかつてと正反対になってしまった、という事情がある。かつて情念に溢れた「豊かな人間性」は、危険なものと考えられていた。だから近代の入り口に立った経済的人間は、ひたすら合理的に計算可能な利益を追求することによって、そのような悪しき情念を抑えることが期待されたのである。利益追求は、たとえ単調で一面的ではあっても、性欲や権力欲といった余分な情念に心を奪われる暇を与えないことで、無害でまっとうな人間を作る——はずであった。

ところが、実際に資本主義が発達してみると、利益追求とその結果得られた経済成長は、むしろ他の情念を刺激して、抑えるどころか爆発させてしまうこととなった。[1] 貧富の差は拡大し、人びとは第一次的な生活基盤から切り離されて根無し草のように漂流する孤独な大衆となり、そして周期的な不況と構造的な失業に見舞われるようになる。人びとはますます怒り、失望し、疎外され、恨みつらみといった情念を暴力的に膨らませてゆく。それが、ポピュリズムという現象の底流を形作ることとなった、という見立てである。

もちろんこれは門外漢であるわたしの読みなので、専門の方々から見るととんでもない誤解をしているかもしれない。とりわけ、今ここで取り上げようとしているポピュリズムの跳梁が、資本主義の発展期というより、むしろその成熟期ないし調整期に起きているということは、これだけで説明することはできない。しかしそれでも、ポピュリズムという現象が発生した歴史的な基礎与件を理解する助けにはなるはずである。

ポピュリズムの発生経路を見ようとするとき、特にそれを社会思想史という文脈で考えようとするとき、「情念」というものの位置づけをどう考えるかは、一つの焦点になろう。ポピュリズムは、政治の構造や経済の指標から説明できることも多いが、わたしは人間の心の動きに関心をもつ。人間は、常に合理的な判断をするわけではない。それは、昨今に行われた内外の選挙や国民投票の結果によって、特に強く印象づけられたことである。富裕層への減税と社会福祉の削減を掲げる候補者が、なぜ低所得者の多大な支持を集めるのか。あるいは、将来世代に膨大な借金を押しつける政策を進める党が、なぜ若者世代に支持されるのか。そこに理性的判断の欠如を託つこともできよう。しかし、ないものを問題視するよりも、むしろそこに溢れ出るほど存在している何かを理解することの方が大事ではないか。彼らを突き動かしている情念の作用を無視することはできない。

ハーシュマンの著書には、マイケル・ウォルツァーも同様の文脈で注目している。彼の著作は、まさに『政治と情念』（*Politics and Passion*）と題されているのだが、今回はそれに触れる余裕がない(2)。

そもそも、「情念に溢れる」などという人生を送ることが可能なのは、近代以前の人間観にとっては、十分な経済的ゆとりをもった、ごく一部の貴族だけの話であった。日々の暮らしを生きるのに精一杯だった一般大衆には、情念の豊かさなど無縁と思われていたのである。「衣食足りて礼節を知る」ということであろうか。ホッブズも、「日常の必要が満たされてこそ、人は栄誉と昇進を求めるようになる」と書いている(3)。これを逆に読むと、情念の氾濫という事態は、大多数の人びとがごく基本的な生活の需要を満たすことができるようになった現代という時代にこそ、起こるべくして起きた、と言うことができよう。だから、ポピュリズムは戦後すぐの窮乏期には存在しない。だが、いったん経済成長が始まると、普通の人間も情念中心の行動をとるようになる。唯一読みが外れたのは、ハーシュマンの分析のとおり、利益追求が無害で、他の情念を抑えることができる、という初期資本主義の目論見だった、ということになる。窮乏期から成熟期までの時間差は、先ほどのわたしの懸念を少しばかり和らげてくれることになる。ポピュリズムは、資本主義の発達が一巡して、当初の目論見が頓挫したことが明確になった現代にこそ勃興する定めにあった、ということである。

## 二　存在論的な参与の希求

しかし、「情念と利益」というハーシュマンの対比でわたしがさらに強く興味を引かれたのは、もう一つの「利益」と訳された interest という言葉の方である。これは、わたしが読んできた十七―十八世紀の神学において、非常に重要な言葉だからである。ハーシュマン自身、十六世紀後半の西欧において、この言葉は「個人の物質的な幸福」だけを指すのではなく、「人間の願望全体」を意味していた、と指摘している(4)。たしかにそれは正しいのだが、ハーシュマンはそれ以上の明確な説明を加えていない。では「個人の物質的な幸福」を超えた願望」とは、いったい何か。それは、「精神的な幸福」つまり宗教的な願望である。この時代の言葉で interest と言えば、それは「救いへのインタレスト」を意味するのである。

わたしの研究の出発点は、ジョナサン・エドワーズという初期アメリカのピューリタン神学者である。この頃のピューリタンにとって、interest は格別な意味をもつ言葉であった。今日では、「利子」「利益」という経済的な意味を別にすると、インタレストとは「関心や興味」(a feeling of concern or curiosity) という主観のあり方、つまり認識論の分野に属する言葉だが、これはようやく十八世紀末になってから現れた意味である。『オックスフォード英語辞典』によれば、“interest” の最初の用例は十五世紀半ばに遡るが、その意味は、「あるものに客観的に関与せしめられていること」(being objectively concerned) であった。認識論ではなく、むしろ存在論の範疇に属する言葉である。「関与」というより、「参与」(participate) と言った方がよい。あるものに存在論的に参与し (take part)、その一部となる、という意味である。「参与」の内容は、明確に宗教的であった。すなわちそれは、「霊的な特権や権原」(right or title to spiritual privileges)をもつ、という意味である。「インタレストをもつ」ということは、「何かに興味をもつ」という主観的な意味ではなく、「宗教的な幸福の源泉に存在論的に参与する」という意味であった。エドワーズ的に言うと、たとえば「キリストの恵みにインタレストをもつ」といえば、それは「キリストの恵みに与る存在となる」ことである。[5]

今日のポピュリズムの「インタレスト」は、カネではない。金銭欲ではない。それは、ハーシュマンの言うとおり、「個人の物質的な幸福」を超えた願望であり、社会参加としての interest である。単に興味や関心をもつことではなく、そこに自分も存在論的な関与をもちたい、という願望の表現である。つまり、自分も社会に関わりをもちたい、ということである。

わたしはここに、宗教的な passion を看取する。宗教といっても、この場合はもちろん特定の名前をもった歴史的宗教のあれこれでない、ということはご理解いただけるだろう。社会思想史学会なので、「デュルケム的な宗教理解」としておきたい。わたしは「社会そのものが宗教である」とまでは言わないが、宗教には神や仏などの聖なる崇拝の対象がどうしても必要というわけではない。ここでは、自分より大きなものへの献身の感覚があり、それを確認し強化するための儀礼や象徴があればよい、という程度に理解しておきたい。

このような宗教的な意味における interest を「情念」passion という言葉で大括りにすることも可能だが、その志向性には若干の違いがあるように思われる。古典的な意味の passion は、野心であるとか、名誉欲や権力欲、あるいは性欲といった、かなり特定の志向性をもった情念だが、わたしがここで「宗教的熱情」というのは、志向性からすると、かっこつきの「正義」を求める熱情であり、正統な社会参加を求める熱情である。あえて「情念」のカテゴリーに入れるなら、「社会的な認知要求」と言ってもよいが、ポピュリズムを支えているのは、むしろ匿名のまま、「認知されない」ままで発言したい人びとなので、少し違いがあるように思われる。

## 三 ポピュリズムが衝く民主主義の間隙

ポピュリズムについては、すでに国内外で多くの論考が著されているので、この場であまりその定義や輪郭に時間をかける必要はないだろう。一方には、ラクラウやムフのように、ポピュリズムをリベラル民主主義に対する闘争的な理念として掲げ、既存の体制から排除されている人びとに政治的な発言権を与える役割を期待するものもあれば、他方には、ポピュリズムを現代民主主義における病理や影、あるいは深刻な脅威とみなすものもある。歴史的に見れば、ポピュリズムは民主主義の拡大期にはこれを後押しする勢力となり、民主主義の成熟期には逆に破壊的な反動勢力ともなり得る。ポピュリズムの政治的信条も多様である。近年のヨーロッパでは排外主義と国粋主義が目立つが、アメリカのオキュパイ運動やサンダース候補の支持者は左翼の漸進主義であったし、中南米のポピュリズムはその多くが反帝国主義と反自由市場を伴った社会主義である。

まさにこうした特定の困難さにこそ、ポピュリズムの固有な特徴がある、というのがジョージア大学の政治学者カス・ミュデらの指摘である。彼らによると、ポピュリズムにはそもそもイデオロギー的な理念の厚みが存在しない[6]。従来のイデオロギーは、全体主義にせよ共産主義にせよ、政治や経済から文化や芸術に至るまで、社会全体のあるべき姿を描き出そうとするが、ポピュリズムはそのような全体的な将来構想をもたない。あるのはただ、「雇用」「移民」「テロ」など、その時点でその社会がもつ特定の政治的アジェンダに限定した語りかけの言説のみである。だからこそポピュリストは、あれこれの不特定イデオロギーに仮託して世界観的な厚みの欠如を繕おうと試みる。当然ながら、その結びつきに方向性や一貫性はなく、借用物は時と場合に応じて自由に変幻する結果となる。ポピュリズムを概念的に捉えることが難しいのは、この融通無碍な性格のゆえである。

ポピュリズムの蔓延が社会を分断する結果となるのも、同じ理屈である。ポピュリストは、特定の狭い政治的アジェンダに対する賛成か否かで有権者を二分し、社会に多元的な価値が存在することを認めない[7]。特に重要なのは、ポピュリストがこの社会の分断に道徳的な善と悪を明快に割り振る、という点である。投票による過半数を握った時点で、彼らは全国民の代表者となり、民主主義の正統性をまとった善の体現者となる。そして、これに反対する者は、すべて不道徳で腐敗した既得権益層であり、国民の敵であると見なされることになる。トルコのエルドアン首相の名台詞に、"We are the people. Who are you?" というのがあるが、これこそまさにポピュリズムの権化である。

ポピュリズムが社会の多元性を嫌悪するのも、同じ原理に基づいている。一つの社会に複数の中心を置いて権力を分散させ、人種や階層や性差などによる特定の集団が覇権を握らぬよう配慮するのは、多元主義が培ってきた知恵である。だが、こうしたチェック&バランスのシステムは、ポピュリストにとっては鬱陶しいものでしかない。自分は人びとの全面的な支持を得て善を行おうとしているのに、その自分の手を縛る不当な制約だと映るからである。ここには、部分が全体を僭称するという、宗教的な異端発生のメカニズムがそのまま再生されているのだが、今回はこの点には立ち入らない(8)。

ポピュリズムが容易に権威主義へと転じ、野党やメディアや司法といった批判的機能を封殺しようとするのも、全体性主張の論理からすると当然である。イタリアのベルルスコーニ元首相は、選挙で選ばれていない裁判官が「赤い法服」(左翼主義)を纏って自分の邪魔をする、という批判を繰り返した。発足したばかりのトランプ政権も、特定宗教を狙い撃ちにした入国禁止の大統領令を出し、連邦裁判所がそれを差し止めると、裁判官への侮蔑や司法の独立に対する不満を露わにした。

カス・ミュデらの言葉で言えば、ポピュリズムは、リベラルな民主主義に内在する本来的な緊張、すなわち多数決支配と少数者擁護との間にある緊張につけ込み、これを最大限に悪用するゲームを展開する(9)。民主主義のベアミニマム(必要最低限の要素)といえば、人民主権と多数決支配による民衆の自己支配である。だが、リベラルな民主主義では、それ以外にも基本的人権の尊重や少数者の擁護のように必須とされる要素がある。つまり、多数決支配が「多数決の専制」と化さぬように、報道の自由や内面の自由といった追加的要素により、少数者の権利をも同時に擁護する配慮が必要となるのである。ポピュリズムはこの間にある緊張を衝く。すなわち、ポピュリズムが攻撃するのはリベラルな民主主義であり、ポピュリズムの目指す社会は非リベラルな民主主義である。社会思想史に通暁した方々には、ここでカール・シュミットの名前が想起されることだろう。

## 四　ポピュリズムと反知性主義

ポピュリズムは、しばしば反知性主義と一体になって発現する。どちらも、既成の権力や体制派のエリートに対する大衆の反感を梃子にしているからである。一般にポピュリストは、服装から言葉遣いに至るまで、あくまでも自分が専門家集団の外部に立つアマチュアであることを強調する。プロの政治家はみな腐敗した権力構造の虜で、さまざまな陰謀をめぐらせて既得権益を守ろうとするが、素朴な民衆はいつも騙されて搾取される被害者である。そして自分こそそういう民衆の利益代表者だ、という想定に立っているのである。ポピュリズムや反知性主義の拡大に養分を与えているのは、情報の氾濫した現代社会に特有の陰謀論である。「反知性主義」を最初に論じてその名付け親となったリチャード・ホフスタッターは、そのすぐ翌年に「アメリカ政治におけるパラノイア傾向」という論文を発表してこの陰謀論の根深さに注意を喚起している[10]。

イギリスでEU離脱を主導した独立党のナイジェル・ファラージ党首は、パブでビールを飲む姿を公開して、自分が一般大衆の側に立つ「平民」であることを強調した。トランプ氏が選挙期間中によく赤い野球帽を被っていたのも、これと同じ戦術といえる。アメリカ的な文化象徴体系においては、野球帽を被ることには強いメッセージ性がある。それは、「反インテリ」で「反エスタブリッシュメント」という立ち位置の宣言であり、自分は小難しい議論をする堅苦しいエリートではなく、「打ち解けた」「話のわかる」大衆の味方だ、というアピールにほかならない。反知性主義の起爆力は、ここでも最大限に発揮されている。

ちなみに、トランプのあの赤い帽子は、トーテムと考えるのが適切である[11]。トーテムとは、特定の部族や集団の一体性を明示する宗教的な象徴物である。トーテムの多くは身近な動物や植物からとられるが、ときに人工物がトーテムとされることもある。トーテムには、彼らの神の名が刻まれている。Donald Trumpである。彼らの信条も明記されている。言うまでもなく、“Make America Great Again”である。このトーテムに属する人びとは、あの帽子を被って、集団への強い帰属感に心から満たされる。かりにもし、トランプ族でない人があの帽子を被ることを強要されたなら、強い心理的な抵抗を感じるに違いない。それは宗教的な拒否感である。

トランプの支持者集会は、どこでも感情的なボルテージが高い。一触即発、というほどのエネルギーである。そこへ彼らの神が演説に現れると、そのほんの小さな言葉で、さらに大きな感情的チャージを得る。あたかも、キリスト教徒が礼拝に出てすばらしい説教を聞いた時のようにである。

トーテムは、聖なるものであると同時に、危険なものである。人を夢中にさせる魅力をもつと同時に、恐怖に陥れる力をもつ。彼らは、同一トーテムに属する人びとを守り、別のトーテムに属する人びとを排除する。彼らのうちに部外者が入り込もうものなら、それはほとんど宗教的なタブーの侵犯であり、ケガレを感じさせて、八つ裂きにせんばかりの怒りを引き起こす。

こうして見ると、アメリカはほとんどトーテム中心の部族社会に逆戻りしたかのようである。彼らの神は強大な力をもっている。本人の言によれば、たとえニューヨーク五番街のど真ん中で銃を撃って人を殺しても、彼の人気が下がることはない。まさに彼は、この世の法秩序を超越した、人間世界の上に立つ宗教的な象徴であり、アイコンである。「アイコン」というより、東方的に「イコン」と読んだ方がふさわしいかもしれない。

なお、この赤い帽子は、トーテムそのものなので、聖なるオーラを宿している。したがって、使われていない時は、侵すべからざる祭壇の上におごそかに安置されている[12]。

## 五　ポピュリズムに見る宗教的情念

冒頭で論じたように、ポピュリズムの今日的な蔓延を理解するには、そこに表出された人びとの強い情念を理解する必要がある。なぜ良識ある普通の市民が、いともたやすくポピュリズムの波にさらわれてしまうのか。この疑問は、ポピュリズムを単に強烈な指導者に踊らされた愚かな大衆の反動として片づけている限り、解くことはできない。

わたしは、ポピュリズムのもつ熱情は、本質的には宗教的な熱情と同根であると考える。かつて、社会的な不正義を是正しようと思った人びとは、どのような行動をとったか。教会に集まったのである。公民権運動を指導したキング牧師もそうであったし、オバマ氏もシカゴで教会をベースにしたコミュニティ活動を行っていた。教会や寺院は、社会正義を求める人びとに共通の活動拠点を提供し、人びとはそこに自分の熱情を集団的に表現できるチャンネルを見いだしていたのである。しかし、既成宗教が弱体化した現在、教会や寺院は、個々人の発言を集約して有効な社会的運動となすという機能を果たすことができなくなった。そういう情熱の表現に代替的な手段を与えているのが、現代のポピュリズムなのである。

つまり、ポピュリズムは代替宗教である。宗教であるだけに、原理主義的な性格を示しやすく、単純な善悪二元論にも陥りやすい。政治とは本来、妥協と調整の世界である。そこには、一方的な善の体現者もいなければ、一方的な悪の体現者もいない。しかし、ひとたび全国民の「声なき声」を代弁する立場をまとうと、彼らの闘争には「悪に対する善の闘争」という宇宙論的な意義が付与され、にわかに宗教的な二元論の様相を帯びるようになる。だからポピュリストの発言は、妥協を許さない「あれかこれか」の原理主義へと容易に転化してしまうのである。

市井の人びともこれを歓迎する。善悪二元論的な世界理解は、日頃抱いている不満や怒りを、たとえ争点とは事実上無関係であっても、そこに集約させてぶつけることができるからである。こうして人びとは、自分にも意義ある主体的な世界参加の道が残されていることを実感する。これこそ、ハーシュマンの言う古典的な「インタレスト」すなわち「個人の物質的な幸福」を超えた願望であり、自分を超えたより大きな世界への「参与」の実現である。かつて人びとは、礼拝でキリストの恵みに与り、サクラメントを通して、小さな自分の世界を超えた存在の根拠に与った。そこで神とのつながりを感じ、満たされることができた。同じように今、人びとはインターネットやソーシャルメディアを通して、自分を超える広い世界へ有意義に参与する。彼らはそこでポピュリズムの提供する恵みに与り、彼らの神とのつながりを感じて満たされるのである。

彼らは、単に正義や平等というお題目を掲げているのではない。疑いもなく、彼らはそれらを堪能している。それを主張するだけでなく、その一部となること、自分が正しいと信ずる側の一員となり、その正義の一部を自分も体現していると感じられることを喜んでいる。わたしの言葉で言えば、彼らは「正統性」の感覚を堪能しているのである。ポピュリズムは、一般市民に「正統性」の意識を抱かせ、それを堪能する機会を与える。「正統」は、本来なら常に批判や挑戦を受ける立場だが、ポピュリズムの波にのる人びとは、匿名であるままに、つまり自分は攻撃を受けずにいられる安全な立場にいながら、この正統性意識を堪能することができるのである。そこには、ポピュリズムの抗いがたい魅力がある。

## おわりに

ポピュリズムは、二十世紀後半の中南米においては、無責任な放漫経済に対する人びとの怒りを背景として始まったが、最近では個人的なリーダーが党組織などの伝統的な意見集約機能を媒介とせず、直接大衆に訴えかけて支持を得る、という政治手法を特徴とするようになった。昨今の日本の選挙でもこのような兆候が見られる。特定個人の人気にあやかって大量の候補者を擁立したまではよかったが、その「希望」は急速にしぼんでいった。上がるも下がるも、特定個人の言葉ひとつで動いたわけである。

先日の『朝日新聞』「耕論」で宇野重規氏が使われた「一人政党」という言葉は、まさにこの事態を指している(13)。小泉純一郎、橋下徹、あるいは小池百合子、という特定個人の知名度があれば、あとは他にどんな候補者が集まろうと、どんな政策綱領が掲げられようと、さして話題にならない。ここに、ポピュリズムの特徴がある。当然のことながら、政策論議は後回しになり、単なる人気投票のような選挙で政治家が選ばれる結果となる。個人のカリスマに頼れば、組織は長続きしない。政党政治は、時間をかけて次代の政権を担う人材を育て上げてゆく制度だが、そういう努力は全部端折られてしまう。しかし、個人は必ず交代しなければならない時が来る。そして後継者問題を引き起こし、後には何も残らない。古典的なカリスマと制度の問題構成である。

実は、この経緯は、これまで数世紀をかけて宗教団体に起きてきたことと並行的である。近代に入り、宗教は教会という中間媒体に依存することなく、個々人が直接神と結び合うという形態が好まれるようになった。教会は、政党政治における党に相当する役割を果たす。かつて教会は、超自然的な恩寵を地上で分配する唯一の施設であった。しかし近代になると、人間の組織としての教会に疑問をもつ人が増え、個人と神とが媒介なしに直接つながることがよいとされるようになった。政治なら、これが「国民投票」の構図である。政党政治という中間団体を飛ばして、直接民意を問う手法である。

周知のように、二〇一七年は宗教改革五百周年にあたる。宗教改革者のルターは、当時のカトリック教会のあり方に批判的ではあっても、教会という制度の存在や必要性を否定したことはなかった。宗教においても、政治においても、個人ができることには限界がある。人が神と無媒介につながることを「神秘主義」というが、現代はまさに神秘主義の時代なのかもしれない。だが、政治にも宗教にも、仲介者は必要である。中間団体は、課題遂行のためにも有効であり、同志や仲間を求めることは、理性と情念を適切に融合させるためにも有意義である。どんなに愚かで、どんなに腐敗するとしても、やはり人間の社会には組織や制度がなければならない。その人間的な弱さと悪とのせめぎ合いの中に、あり得べきごく小さな善を探し求めるのが、政治の使命ではないだろうか。

（もりもと・あんり／神学宗教学、アメリカ研究）

**注**

(1) アルバート・ハーシュマン『情念の政治経済学』佐々木毅・旦祐介訳（法政大学出版局、一九八五年）、一二六頁。
(2) マイケル・ウォルツァー『政治と情念――より平等なリベラリズムへ』齋藤純一・和田泰一・谷澤正嗣訳（風行社、二〇〇六年）、特に一八五―二一七頁を参照。
(3) トマス・ホッブズ『市民論』本田裕志訳（京都大学学術出版会、二〇〇八年）、二四一頁。
(4) ハーシュマン、三二頁。
(5) 森本あんり『ジョナサン・エドワーズ研究――アメリカ・ピューリタニズムの存在論と救済論』（創文社、一九九五年）九二―九三頁。
(6) カス・ミュデ、クリストバル・ロビラ・カルトワッセル『ポピュリズム――デモクラシーの友と敵』永井大輔・髙山裕二訳（白水社、二〇一八年）、一四、三四頁。

（7）Jan-Werner Müller, *What Is Populism?* (University of Pennsylvania Press, 2016), 3, 20, 82.

（8）詳細は、森本あんり『異端の時代――正統のかたちを求めて』（岩波新書、二〇一八年）を参照。

（9）ミュデ、カルトワッセル、一二五頁。

（10）Richard J. Hofstadter, "The Paranoid Style in American Politics," *Harper's Magazine* (November 1964): 77-86.

（11）森本あんり「情念の宗教学から現代選挙をみる――トーテムとしてのトランプ野球帽」『朝日新聞』WebRonza (http://webronza.asahi.com/politics/articles/2017102500002.html)、二〇一七年十月三十一日。

（12）"The Hilton ballroom stage was flanked with glass cases containing Trump hats and pins." http://blackchristiannews.com/wp-content/uploads/2016/11/trump-clinton-65.jpg (viewed November 18, 2017).

（13）宇野重規「自民大敗の底流」『朝日新聞』（「耕論」）二〇一七年七月六日。

**キーワード**　情念と利益、ハーシュマン、反知性主義、トランプ、トーテム

〈論文〉

# 見えざる市民宗教

## 【社会思想史における「宗教」研究の可能性?】

髙山裕二

### 一　はじめに

「ボナパルティズムは現代ブルジョアジーの真の宗教である」。エンゲルスは、マルクスに宛てた書簡でこう述べた（一八六六年四月十三日）。ボナパルティズムがいかなる意味で宗教なのか、その分析は他日を期したいが、それが宗教と呼ばれるような要素をもっていたことを同書簡は図らずも示している。その言葉をブルジョアジー蔑視のために用いた共産主義者にそういう意図はなかっただろうが、確かに近代革命以後において（も）、宗教としか表現できないような要素が政治社会全般に対して少なからぬ影響力を固持してきた。

どこまでを宗教と呼ぶかは——伝統的な制度宗教とはまったく異質なものを含め——論争的ではあるとはいえ、既成宗教を否定した近代革命後のフランスでも、それに代わろうとした様々な信仰のかたちが模索されたのである。革命期の「最高存在の祭典」や「理性の祭典」の挙行はよく知られているが、その後も宗教ないし〈宗教的なもの〉（「宗教」としか表現できないようなもの）が政治的・社会的な役割を担ってきた。そのなかでは、既成宗教を暗に模倣ないし融合した「宗教」の存在が際立つが、それとは別に、キリスト教（カトリシズム）のような伝統的な宗教も、革命後早くも復興してくる。政教和約を結んだ第一帝政からナポレオン三世の第二帝政にかけて、カトリック勢力は確実に復権してきた。この意味で、宗教が政治社会に影響力を持つと言うとき、そのなかには既成宗教も含まれる。

しかしながら、従来、日本国内の思想史研究で宗教が十分に注目されてきたとは言い難い。なるほど、まったく無視されてきたわけではなく、個々の研究者が特定の思想家や事象（たとえば革命）の研究で宗教（この場合基本的にはキリスト教）の役割を深く検討したものは少なくない[1]。しかし、宗教それ自体が思想史研究のなかで主題となることはほとんどなく、また後述のように戦後の代表的な教科書を一瞥しても、社会思想史研究全般で宗教が重視されてきた形跡はない。むしろ、それは乗り越えられるべき対象として扱われてきた。宗教に触れられる場合もキリスト教、なかでもプロテスタンティズムに関心が偏重し、その私事化が前提とされてきた。そこには、近代化＝世俗化論、いわゆるウェーバー・テーゼ（？）の絶大な影響と、それを可能にした時代背景があっただろう。

本稿の目的は、昨年の社会思想史学会の共通シンポジウム「社会思想史における宗教」[2]の筆者のコメントに基づき、戦後日本の社会思想史研究で宗教が過小評価されてきたこと、また近年の思想研究で宗教（主に既成宗教）が再注目されていることを[3]、いくつかの文献を事例に挙げながら明らかにすることである。加えて、現代アメリカのポピュリズムを代替宗教として捉えた森本あんり報告を踏まえて、本稿では思想史研究の立場から、近代フランスにおいて群生した「宗教」＝〈宗教的なもの〉の一例を示す。そうすることで、社会思想史における広い「宗教」研究の可能性の一端を明らかにしたい。

森本報告は、代替宗教と呼ばれる〈宗教的なもの〉に光をあてることで、結果的に社会思想史研究における宗教の捉え方ないし方法論の狭さに開眼させた点で意義深いものだった。そうした広義の宗教観は、たとえば――森本氏からも示唆があった――ピーター・バーガーの理解に近いだろう。「当面の目的からすれば」とバーガーは述べている。「宗教は（超自然をも含めて）宇宙《コスモス》をある神聖な秩序として認識する人間の態度、と定義して差しつかえない」。「ただしこの〔神聖という〕範疇は超自然とは直結していない」と彼は断じ、こう続ける。「かくして人間は、明らかに現世的な実体でかれらが神聖だと見なしたもの――たとえば、氏族から国民国家にいたるまでのさまざまな社会的統一体に対して（儀礼や情緒的反応や知的信念の形などで）宗教的と表現するにふさわしい態度をとってきたのである」[4]。こうした既成の組織や教義にとらわれない宗教の緩やかな定義を前提にしたとき、近代ヨーロッパでも「宗教的と表現するにふさわしい」思想の系譜が見いだせるのではないか。

ここで改めて確認しておきたいのは、特に革命後のフランスでは封建的身分制解体後――その意味で民主的――社会の統合に向けて新たな信仰が自覚的に探求されたことである。本稿で注目するジュール・ミシュレ（一七九八―一八七四年）も、そうした「宗教」の必要を唱導したロマン主義時代の社会思想家の一人だった。[5] しかも、人民の〈声〉をしばしば神聖化した彼らのなかでミシュレは、その社会化・政治化をより直裁に描き出すことで、「ポピュリズム」の祖型を呈示しているように思われる。[6] 本稿ではそれを「市民宗教」（慣例に従ってこの訳語を用いる）と表現するのは、同概念を創出して民主的統治の基底に宗教を呼び込んだルソーに連なる思想の系譜をそこに見いだすためである。こうした着眼自体には、筆者の専門領域という事情《かたより》もあるが、じっさい大革命後のフランスほど新たな「宗教」が模索された時代はない。もっとも、それは革命期の宗教のように制度化されず、あるいはあまりに世俗化されているために、見えざる宗教だっただろう。

本稿の構成は、まず戦後日本の社会思想史の代表的な教科書と呼ばれるテキストを参考にしながら、研究史に宗教が欠落していることを指摘する（二）。続いて、近年の思想研究で宗教が新たに注目されていることを、その端緒の一つとなったカサノヴァの公共宗教論からハーバーマスやロールズの政治社会理論までに言及しながら明らかにする（三）。続いて、ミシュレの「宗教」について『人民（民衆）』（一八四六年）を中心に予備的な検討を加えたうえで（四）、「宗教」研究の課題を若干記して結びに代える（五）。

## 二　社会思想史における宗教の欠落
### ――近代化＝世俗化論の呪縛？

社会思想史研究において、宗教はどう論じられてきたのか？　すべての文献を探査するわけにはいかない。そもそも「社会思想史」とはなにか、そう問い始めると、本稿で扱える、また扱うべき範囲を大きく逸脱してしまう。そこで単純に、「社会思想史」と冠する教科書から標準的――定評のあると思われる――テキストを主に二、三ピック・アップして、そのなかで宗教がどう位置づけられてきたのかを、目次を概観しながらざっと確認することにしよう。それゆえ網羅的でも体系的でもないが、それでも社会思想史学における典型的な宗教観、その理念型とも呼ぶべきものは抽出できるのではないか。ここでは、社会思想史研究における宗教に関する標準的な見取り図を大まかに示すことを目的としているが、それによって紹介するテキストの欠陥を示そうとする意図はまったくない。それぞれが単なる教科書の域を超えることを戦後の各時期に意志した力作であることは断っておきたい（個々の教科書を評価することは筆者の能力と本稿の目的を大きく越えるため一切しない）。

本章では、戦後日本の社会思想史研究における宗教観の大まかな流れを把握するため、四半世紀ほどのスパンで刊行されている標準的なテキストを取り上げることにする。じっさい、ざっと検索すると、前述の意図に沿うテキストがほぼ四半世紀ごとに刊行されていることがわかる。ここでは特に、①高島善哉・水田洋・平田清明『社会思想史概論』（岩波書店、一九六二年）、②木崎喜代治・筒井清忠・阪上孝『社会思想史（有斐閣Sシリーズ）』（有斐閣、一九八七年）、③坂本達哉『社会思想の歴史――マキアヴェリからロールズまで』（名古屋大学出版会、二〇一四年）に注目してみたい。なお、各時代のテキストの選定はもとより、戦後の起点をどこにとるかについても異論はありえるが――一例として、大河内一男『社会思想史』（一九五一年）――、本稿では、戦後社会思想史の叙述のレヴューそれ自体を目的にしておらず（そのためには別に論考が必要である）、またそれ以上に、起点をもう少し早くとってもここで示す典型的な宗教観に変化はないと考えられる。

**①高島善哉・水田洋・平田清明『社会思想史概論』（一九六二年）**

本書は、序章と終章のほか、三部で構成されている。第一部「人間の解放」、第二部「民族の解放」、そして第三部「階級の解放」である。目次で宗教が明示されているのは、第一部の第二章「宗教改革」のみである。前章は「ルネサンス」で、その後は市民革命や啓蒙時代と続く。つまり、ここで言う人間の解放とは「封建社会のしくみとそれを支える諸思想（とくに宗教と道徳）」（九二）[7]からの解放のことであり、宗教改革以後、宗教が主題となることはない。

本書の見取り図を大きく規定しているのは、アダム・スミスとカール・マルクスである。[8]分量で第一部と二部を合わせた頁数を上回る第三部の主題を見てもわかるように、後半では「宗教は阿片である」と言ったマルクスが大きくクローズアップされている。フォイエルバッハのキリスト教批判（神学からの人間の解放）に続いて――あるいはプルードン（主義）、「その楽観的な合理主義」（一九八）[9]を指摘した後――、宗教が糊塗している「資本主義的なゆがみ」を剔抉したマルクスの思想が検討されてゆく。そこではやはり近代社会思想史にとって宗教は批判されるべき、乗り越えられるべき対象であり続ける。ただ、マルクスが宗教と関連づけて論じた人間疎外に関する本書の指摘は、宗教の存在理由を考えるうえで示唆に富む。少し長いが引用しよう。

> 宗教に対するマルクスの厳しい弾劾はよく知られている。しかしマルクスが宗教を「倒錯した世界意識」とみなしたとき、かれは、そのような倒錯が、失われた人間的本質を奪還しようとする人間的努力の所産であるかぎり、

「宗教は一つには現実の不幸のあらわれであり、一つには現実の不幸に対する抗議である」、したがってまた「宗教は悩める者のため息であり、情なき世界の情であり、精神なき状態の精神である」と考えたのである。マルクスにとって、宗教を「阿片」として民衆から強制的に取り上げることが問題なのではなく、そのような宗教的倒錯を不可逆的に生みだす現実の世界における人間の自己疎外の根本原因を取りのぞくことが問題だったのである。
（二一三―四）

　こう書かれた第三部第三章は「近代の超克」と題され——「あとがき」によれば同箇所は平田氏の執筆による——、パリ時代のマルクスによる『ヘーゲル法哲学批判序説』の宗教論に言及する一方、著者は近代市民社会の矛盾、「近代人の自己分裂」の端緒を宗教改革に見ている。ルネサンス（マキアヴェッリ）と宗教改革に始まるとされる（近代）社会思想史では、その時期に登場するとされる「合理主義的人間」を評価することが（本書を含めて）標準的であること[10]を考えると、その起源自体にも——その後の資本主義の発展とその矛盾が記述されるのはよくあるとしても——疑問を投げかけていることは特筆すべきだろう[11]。確かに宗教改革は「近代人の形成と近代国家の成立を精神的に用意したものである」と評価しながら、著者は書いている。「しかし宗教改革は、新しい苦悩の種子をこの地上にまくこととなった。それは、人間を内面の信仰に生きる自主独立の存在にすることにより、相互的連帯を失った個々ばらばらの孤立的存在にした。またそれは、現世的な職業活動を内面的にささえることにより、内面的信仰を超絶する『実利的欲求と利己主義』の世界を生みだした」（二〇二）。こうした記述は今日なお色褪せることはないが、本稿の関心に即して言えば、著者の（マルクスの）理解では宗教は社会問題を覆い隠すものにすぎず、そうした孤立化によって社会的役割を担うはずの宗教が重視されることはない。その背景には、右の引用にも見られるように、宗教が「内面的」信仰に還元されたこともあっただろう。それは、戦後ますます優勢になる歴史観、近代化＝世俗化論（後述）と呼ばれるものである。

　しかし、宗教が民衆のなかで生まれ力を保持するのは社会のほうに問題があるからだとしても、それは逆に言えば社会問題が深刻化するときに宗教が生まれ、その影響は否定的なものばかりではないだろう。しかも、この宗教が既成宗教であることはマルクスの論理からも必然的に結果するわけではなく、じっさいマルクスに多大な影響を与えた同時代のパリの知的世界では、伝統的な宗教とは異なる新しい「宗教」が類出していた。

## ②木崎喜代治・筒井清忠・阪上孝『社会思想史』（一九八七年）

本書は、前書に比べて、社会科学の教科書のシリーズの一冊として刊行されたという意味では、まさしく教科書であると言える。本書は序に続いて十一の章から構成されている。第一章の主題は「ルネサンスと宗教改革」であり、前著と同じく宗教が章題になっている章はほかにないが、第二章の主題は「神学的世界像から近代的世界像へ」であり、近代化＝〈宗教からの解放〉という歴史観が――おそらく教科書という事情もあって――より素直に提示されている（同章第一節では【宗教的寛容と思想の自由】がテーマとなっている）。そして、続く第三章「市民的統治理論の形成」は【宗教改革から市民革命へ】から始まり、「宗教的信仰の自由」から「政治的信仰の自由」へと、すなわち〈宗教からの解放〉が近代市民革命へと接続される。その結果生まれたのが、次章で明らかにされる「進歩史観」である。「こうして、近代の初頭において、歴史はその神学的基盤を失い、完全に解体してしまった」（七四）。そこで、歴史の世俗主義的な基盤を求めた、コントやヘーゲル・マルクスの分析へと引き継がれる（第七章）。

しかし、こうした素朴な進歩史観が披瀝される一方、本書では同章からニーチェに代表されるような「近代への批判」が扱われ、デュルケームに言及しながらフロイトやその後継者たちの分析が紹介される。その背景には、本書が刊行された一九八〇年代にさしかかる時代情況と問題関心の移行があったかもしれない。じっさい、同時期に刊行されたテキスト――たとえば有斐閣新書『社会思想史（1近代／2現代）』（一九七八年）や弘文堂入門双書『社会思想史――「進歩」とは何か』（一九八〇年）――では、「価値の多元化」が（従来の教科書との差異化を図る）キーワードになっている。そして両著ともに、近代社会思想あるいはその基礎概念である「進歩」は当初から矛盾や対立を孕むものであったと主張し、マルクス以後のフランクフルト学派が注目されている（たいてい複数で執筆される教科書では、どういった人選になるかがその性格を決めることにもなるだろうが）。

世界史的に大きな出来事が起こる一九七九年前後。社会思想史において近代化＝合理化あるいは進歩の概念が否定されたわけではない。そうではないが、それが一義的には解せない種類のものであることに注目が集まるようになったと言えよう。[12] マルクスにおいて一時その矛盾や対立は総合されるが（近代の定着！）、その後に世紀末のニヒリズムやファシズムを介して近代（啓蒙主義）への批判が集中的になされるようになったという。だが、近代はそもそもそうした批判をうちに含んで「弁証法的」に発展するのだという近代像が展望され[13]、あるいは「現代」という時期的区分を設けて[14]、「近代」

はそうした深刻な問題から結果的に解放され、社会思想史が従来通り語られる特権が得られたとも言えようか。

### ③坂本達哉『社会思想の歴史——マキアヴェリからロールズまで』（二〇一四年）

本書によって、近年の社会思想史の教科書を代表させることには異論はないだろう。これまでの社会思想史研究の蓄積を十分に渉猟しながら、時代も現代（ロールズ！）までを網羅するなど、諸々の点で現代日本の社会思想史研究の到達点を示すものと言って差しつかえないだろう。一見したところ（ここでは詳しくは触れられないが）、従来の研究に比して、本書の特徴と言えるのは、扱われる思想家とその「時代の文脈」の幅の広さとともに、著者によれば、社会思想の扱う対象（社会）を近代に限定するアプローチ、および近代以降の社会思想（家）の展開を「自由」と「公共」の相互連関に求めるテーマの設定にある。このテーマ自体も非常に興味深いが、本稿の目的に関係するのは、近代に限定する際に検討対象になる（近代）社会の意味だろう。著者は言う。

> 本書にいう固有の意味での「社会」とは、第一に、「法の支配」を原理とする「合理的国家」をもつ社会のことであり、第二に、「市場」をその経済的基盤とする社会のことである。このような意味での「社会」は、人類史上、近代以降のヨーロッパにおいて最初に生まれた。（三）

この意味で、本書の言う社会思想史とは、「近代国家と市場経済の関係を原理的に考察する思想の歴史のこと」である。その実、それ以前の古代、中世の思想家とその主要な問題対象の「思い切った」切り外しは従来の教科書を踏襲したものである。たとえば、ルネサンス（マキアヴェリ）と宗教改革から筆を起こすのは、先行する『社会思想史概論』から城塚登『社会思想史』（註一〇参照）までも同様だった。そして本稿の関心から指摘すれば、本書でも宗教が主題になるのは宗教改革の章（第二章「宗教改革の社会思想」）だけで、宗教は社会思想の問題として扱われていない。むしろ、宗教から解放されたところに（近代）社会思想史の課題が自覚的に設定されている。同章には次のような言葉が見られる。

> 言いかえれば、宗教的に自立しカトリック支配の束縛から解放された諸個人を、ふたたび現世的な社会の絆で再結合すること、ここに宗教改革後の社会思想の課題があった。（五四）

ここでは、近代を個人と社会の「宗教的領域の外部」への解放と捉え、それはまた当為であると同時に事実であることが前提にされている。こうした歴史認識の背景にはやはり、それを〈魔術からの解放〉と表現し、「時代の宿命」としたマックス・ウェーバーが影響しているだろう。本書では、この点を講じた『職業としての学問』からの引用がある（二五七）。「こんにち、究極かつもっとも崇高なさまざまの価値は、ことごとく公の舞台から引きしりぞき、あるいは神秘的生活の隠された世界のなかに、あるいは人々の直接の交わりにおける人間愛のなかに、その姿を没し去っている。これは、われわれの時代、この合理化と主知化、なかんずくかの魔法からの世界解放を特徴とする時代の宿命である[15]」。

以上、戦後日本の社会思想史の教科書をざっと概観してきたが、やや乱暴に整理するならば、そこには宗教を社会思想史の（積極的な）対象としては扱わないという一貫した方法があり、むしろ〈宗教からの解放〉を進歩として焦点化する意識が貫通していた。それをウェーバー・テーゼと呼ぶかはともかくとして、その宗教理解の前提として、解放されるべき宗教とは伝統的な呪術であり、近代（資本主義社会）の宗教は個人の「内面的」信仰の問題に還元されるという観念があったと言えるのではないか。

ところが、一九八〇年代になると、当為（観念）に先行して事実として宗教が公的な場（社会）のなかで復興してくる。この事実に直面するなかで、宗教に再注目する研究が最初は社会思想史の分野外（主に宗教社会学）で登場し、世紀転換期には現代の社会理論研究のなかでもこれまでの近代化パラダイムの見直しが行われるようになる。「戦後のリベラルな社会思想のなかでも、その重要性と影響力がとくに大きい」（三〇九）ハーバーマスとロールズも例外ではない。次章では、カサノヴァの公共宗教論と現代の政治社会理論を取り上げ、宗教がいかに再び注目され、従来の思想史研究の方法が問題とされているかを検討しよう。その後で、「宗教」研究の可能性を論じる近代フランス思想史研究についても紹介する。

## 三　再注目される宗教――カサノヴァからロールズまで

### （一）「公共的」宗教の復興

一九八〇年代以降、中東（イラン）や東欧（ポーランド）、ラテンアメリカやアメリカ合衆国など、世界中で宗教が政治の起爆剤として復興してきた。それを、宗教が「公的なものになった」と表現したのはホセ・カサノヴァである。本章ではまず、この宗教社会学者の『近代世界における公共宗教』（一九九四年）の議論に触れるのは、彼がそれまで社会科学を支配してきた世俗化論を批判しているだけでなく、その議論が宗教社会学の領域を越えて影響力をもち、思想研究における宗教への再注目の足がかりにもなったからである。[16]

その大半がケース・スタディに当てられた同書でカサノヴァが一貫して論証しようとするのは、近代における宗教の「脱私事化（deprivatization）」である。では、この聞き慣れない「脱私事化」とは何か。序論で簡潔にこう説明されている。「私が『脱私事化』というのは、世界中の宗教的諸伝統が、近代化論や世俗化論によって当てがわれてきた周縁的で私的な役割を受け入れることを拒否しつづけている、という事実をさしてのことである」（一三）。この「脱私事化」の事実は、従来の近代の捉え方の見直しを迫る。続けてカサノヴァは書く。「本質的に宗教的であったりあるいは宗教の名においておこる社会運動の中には、もっとも世俗的な領域である国家や市場経済の法秩序と自律性に、異議を申し立てるものが現れてきている」。先述のように、社会思想史が対象とする近代を形作っているのは法治国家と市場経済の両輪だったが、彼の主張は両者への挑戦という含意をもつ。

むろん、カサノヴァの批判は従来の社会思想史研究というより社会科学研究全般――数名の例外を除く「すべての学説の創設者たち」――に向けられている。「宗教の社会科学的研究のための基礎」を築いたデュルケームとウェーバーも例外ではない。両者は世俗化論の基礎を敷く一方、宗教の将来の役割や性格について見通しをもたず、なにも実証しなかったという（二七―八）。もっとも、デュルケーム派は「市民宗教」のような宗教の「社会的」必要性を訴えたとカサノヴァは指摘するが、それ以上の分析はされていない（四六）。[17]

ここでは、カサノヴァの公共宗教論の是非に立ち入ることはしないが、[18]本稿にとって関心があるのは、宗教の公共的役割の復活は、これまで社会科学が前提にしてきた近代化＝世俗化パラダイムをすべて否定するのかという点である。別言すれば、彼に従うならば、従来の社会思想史研究と宗教への注目は両立しないのか。おそらくそのようなことはない。じっさい、『近代世界における公共宗教』の著者自身、近代化＝世俗化論を全否定はしていない。それどころか、彼の言う「分化としての世俗化に関しては、それが今でも世俗化論の有効な核心である」（二六九）。つまり、世俗的な領域――主として国家、経済、科学――が宗教的な制度や規範から分化し、解放されていく社会の世俗化のプロセスは「近代の構造的な一趨勢」なのである。この意味で、社会思想史が前提にしてきた〈魔術からの解放〉という近代化＝世俗化テーゼは誤りではないし、否定されるべきでもない。

むしろ、カサノヴァは世俗化論をすべて神話として退けるような論調には組みせず、逆に同書で強調するのは〈分化としての世俗化〉の有効性である。問題は、この「世俗化の歴史的プロセスそのものと、それらのプロセスが宗教の上に及ぼしたと想定され期待される結果とを、混同するところにある」(三〇)。そして後者には、宗教の衰退説と私事化説という下位命題が付着し、それがあたかも実証された仮説のように支持されてきたという。〈世俗化〉は「近代の構造的趨勢」であるが、宗教の衰退と私事化はそうではなく、優勢な歴史的趨勢だとしても、その一つのオプションにすぎない(二七二―三)。本書の関心に即して言い直せば、〈魔術からの解放〉を近代化として捉えること(=世俗化)自体に問題があるのではなく、その前提で宗教が事実として担ってきた/今再び大きな影響力を持ちつつある公的・社会的な役割を無視してはならないということである。そうだとすれば、従来の「世俗主義的」近代社会思想史――しかも宗教への注目の前提となるような近代化の疎外問題に早くから注目してきた――研究の蓄積はなお有意であり、問題はそれを踏まえながらいかに宗教に接近し研究していくのかということになろう。

この課題に取り組む前に改めて確認しておく必要がおそらくあるのは、宗教への接近を戦後妨げてきたかもしれない「リベラルな思考」の影響についてである。カサノヴァによれば、宗教の衰退説が「啓蒙主義的な宗教批判」に由来するとすれば、私事化説はそれを引き継ぐ「リベラルな思考のカテゴリー」によって強迫観念のように当然視されてきた(二七三)。そこには、「公認された国家宗教」に対する恐怖と、それに基づく宗教全般に対する抵抗があったという(七五)。それは戦後日本の社会思想史研究を特徴づけるものでもあったのではないか。とはいえ、そのことによって宗教が政治社会に与える、そして実際に与え続けている影響力を無視してはならない、というのがカサノヴァの主張である。しかも、戦後から遠く離れて、宗教が公的領域で前景化するなかで、次世代の社会科学においてそれは無視しえない事象となっている。もちろん、いまや「聖なるものの回帰」は問題ではなく、宗教を特別視する必要もないが、宗教が近代の道徳実践においてプレゼンスを維持、しばしば強化している事実を直視すべきである(二九四―五)。

## (二) 現代社会理論あるいは戦後パラダイムの見直し

戦後、近代的分化に関して理論化を主導したのはほかでもないユルゲン・ハーバーマスだが、「ハーバーマスのモデルにおいては、宗教に未来はない」とカサノヴァは断じている。彼の近代化論によれば、宗教は「世俗道徳」に取って代わらなければならないからだ(二九三)。その断定が正しかったかはともかく、宗教社会学者の想定に反して、ハーバーマス自身、現代社会における宗教の意義を認識するようになった。「公共圏における宗教」という論考の冒頭でこう述べている。「一九八九年/九〇年の時代を画する転換以降、宗教的な信仰の伝統と宗教的な信仰共同体は、それまでほとんど誰も予想していなかったような政治的意義を獲得するに至った」[19]。かくしてハーバーマスは、現代を従来の世俗化論では理解できない「ポスト世俗化時代」であると捉えるようになったのである。彼が後の教皇ラッツィンガー枢機卿と語り合ったのは、それを象徴する事件として語られている。その討論会の冒頭講演で、ハーバーマスはその時代をこう特徴づける。

　「ポスト世俗化」という表現は、宗教的共同体が、望ましい動機や態度の再生産を行ってくれているという機能に公的な感謝を表しているだけではないのだ。ポスト世俗化の社会では、信仰を持たぬ市民たちが信仰を持っている市民たちと政治的に触れ合うその交流のしかたにとって重要な規範的な考えが公共の意識にも反映している[20]。

　肝心なのは、ここでハーバーマスが宗教の側と世俗の側が共棲可能であると論じているということだけではない。両者は相互補完的でありえるし、宗教にはこれまで以上に「社会的」役割が期待されている。こうした時代認識の背後には、「社会的連帯」――「価値、規範、および了解志向的な言語使用によってなされる行為調整のこと」――を生活領域から駆逐してゆく「市場と行政権力」すなわち近代社会の両輪の肥大に対する危機感があった。これに対して、宗教的表現（神の似姿）が人間の「尊厳」に翻訳された事例のごとく、宗教は「規範意識および市民の連帯」の資源であるし、今後もそうでありえるという。

　ジョン・ロールズも、現代（規範）理論における宗教の重要性を認識するようになった、戦後を代表するリベラル思想家の一人である。『政治的リベラリズム』（一九九三年）から『万民の法』（一九九九年）に至るまで、リベラルな諸原理と（キリスト教に限らない）宗教との和解、換言すれば宗教的言説と公共的理性との協調／合意の必要を強調するようになった。ただ、ロールズも両者の単なる共棲を論じているのではない。彼の言う包括的教説が政治的構想を更新するといったように、宗教が政治（公共社会）に対して積極的役割を担いうることを示唆しているのである[21]。もっとも、宗教的言葉は政治的公共圏において誰もがわかる言語に翻訳される必要があるとされる――翻訳されていない言葉を発すること自体は「規範的な理由」（リベラル国家の論理）から正当化される――が、これに対してハーバーマスはさらに一歩踏み込むかたちで、翻訳されない言葉も世俗社会の「意味創出にとっての重要な資源」となりうると、宗教的・非政治的言説のより積極的な意義を主張しているように思える[22]。

カサノヴァに言わせれば「世俗主義的」近代化パラダイムの代表格であるハーバーマス、そしてロールズが宗教に再注目するようになったこと自体、（リベラルな）思想史研究の従来の構図の見直しを迫るものであると言えよう。じっさい、「ポスト世俗化社会」のあり様をめぐって議論が活発化し、ここでは紹介できない量の研究が両者に触発されて発表されている。しかし、そこから省みて（そうした問題意識のもと）、社会思想史をどう再構築しうるのか、そのなかで宗教研究が可能であるかを問うにはやはり近代社会思想（家）自体が宗教をどう論じてきたかを見直す作業は避けられない。そうした作業から明らかになるのは、カサノヴァを含め現代理論（規範）研究において宗教が注目されるときのある種の狭さではないか。すなわち、彼の著書では宗教的「伝統」が頻出するように、二人の代表的リベラルにとっても、検討されるべきは基本的に伝統的な制度宗教であることが前提となっているが、近代社会思想において展開された宗教はそうしたものに限らない。すでに指摘したように、既成宗教に代わる新しい「宗教」が近代革命後に噴出したのである。

近年、特にフランスの思想史研究では、「宗教」＝〈宗教的なもの〉に注目した（宗教学者との）共同研究の成果が発表されている[23]。それはたとえば、前述の教科書では近代化＝「実証主義」の説明においてしか登場しないオーギュスト・コントの「人類教」であり、その（元）師であるサン＝シモンの「新キリスト教」である。同時代人にも奇異に映った――もちろん制度化もされずに消えていったがゆえに後世の人間には見えないか見えづらい――「宗教」に再注目する理由は、当時の社会思想（家）が呪術のような宗教に関心を持ったというだけでなく、彼らが「社会の絆で再結合する」ために新たな「宗教的」言説が必要であると懸命に考え、それを編み出そうとしたからである。こうして「宗教」が構想される源泉として文学があり、その影響を受けて社会主義思想が開花したのであって、逆ではない。

その多くは――「近代化」された今日から見ると余計に――「空想的」であり、彼らを過小評価するマルクス（主義者）の影響が研究史における「宗教」の欠落の主たる要因のひとつであることは確かだろう。しかし、たとえ空想だとしても、それが――既成宗教に代わって、しばしばそれを利用しながら――構想されなければならなかった事実が看過されてはならない。というのも、近代社会の産業化にともなうゆがみという以前に、近代市民社会（民主的社会）の建設自体に「宗教的」言説が不可欠なのではないか（!）、そのことが争点になっているのだから。そうだとすれば、社会思想史において「宗教」に注目するのは、思想家たちがそれに言及しているからという表面的な理由にとどまらない、より根源的な問題としてわれわれの前に立ち現れることになるだろう。

　もっとも、この問題系は思想史研究者に馴染みのない問題ではない。まさに近代における社会の建設をその根本において考えたジャン＝ジャック・ルソーが、同時に『社会契約論』（一七六二年）のなかで市民宗教の必要を唱えたのだった。しかし、その後もルソー問題、彼の市民宗教論の抱える――フランス革命でその排他的な側面が表出したと一般に考えられる(24)――ジレンマを乗り越えることを企図しながら、ポスト近代革命社会のなかで市民宗教を構想した多くの社会思想家がいたのである。その中心には社会的ロマン主義の思想家たちがいたが、ここではそのうちの一人、ミシュレに注目してみよう。

## 四　ミシュレの市民宗教

### （一）『一八四八年』再訪

世界史上最初の真に社会的革命とも評される一八四八年の二月革命は、ある意味で宗教的革命であったことを確認することから始めよう。すでに二月革命研究の古典になった『一八四八年（二月革命の精神史）』でジャン・カスーは、同革命を導いたその時代のユートピア思想が「出発点において信仰であり、宗教的行為であった」と主張している(25)。もともと、「貧乏で多数を占める階級」への関心とそれにともなう社会的包摂という事業はキリストが告げ知らせたものであり、「事実、初期社会主義者はしばしば原始キリスト教を援用した」。ただ、「天国は地上に来なければならない」とピエール・ルルーが述べたように、その宗教を「いわば物質化し即時化する試み」が社会主義と定義されたのである。

　では、その社会的な宗教は何を信仰するのか。それはサン＝シモン主義者によれば、人間が進歩を遂げていく未来社会のヴィジョンへの信仰であり、「未来への信仰」だという。今日理解されなくとも、明日理解されることへの期待と確信についてフロラ・トリスタンは語り、同じく女流社会主義作家のジョルジュ・サンドも、「今日では、われわれはみな予言《ママ》者ですよ、君」と登場人物に語らせ、人間であればそうした「不合理な直感」を経験するものであると指摘している。つまり、あるサン＝シモン主義者が語ったように、「人間は自分を開示する宗教的存在である。人類《ユマニテ》は宗教的未来を持っている」。このような「宗教的」言説が流布するなかで勃発した二月革命は、「歴史上でも偉大な精神的時期の一つだった」とカスーは断言する(26)。と同時に、そうした「幻想」を解放したのがロマン主義であったことを指摘するのも忘れていない。じっさい、「宗教的」言説として力があったのは、ロマン主義作家（社会的ロマン主義者）だった。そのうち、もっとも著名なのはヴィクトル・ユゴーだろう。それゆえ、「四八年の時代が世に告げた福音と、その時代が人類に強いた新たな次元を完全に理解するためには、ユゴーの抒情的な陶酔を共有して、その驚くべき強靭さを味わいつくさねばならない。時代は未来を夢見、未来を欲した」。

同じく、「宗教的」言説を若者に講じたのが歴史家ジュール・ミシュレである。印刷業者の家に生まれたミシュレは、学業面でその才能を発揮し二十代で高等師範学校《エコール・ノルマル》、一八三四年にはギゾーの跡を襲ってソルボンヌ大学に着任、その四年後にはコレージュ・ド・フランス歴史学講座の教授に上り詰めた。彼の講義の影響は甚大で、革命直前に中止が命じられたほどだ[27]。その背景には、ジェズイット教団（イエズス会）がこの頃急速に勢力を拡大し、反動勢力と手を結んで隠然たる影響力を誇示し始めていたことがあり、これに対してミシュレや彼の同僚キネが宗教の自由の論陣を張り、パリの学生や市民の賞賛を得ていたのである。十九世紀、特に四〇年代フランスでは、教育をめぐって自由派（啓蒙派）と反革命派（カトリック勢力）にわかれ対立、いわゆる「教育の自由」論争が激化した。まずはカトリック系右翼誌『ユニヴェール』が歪んだ歴史を教えているとミシュレを攻撃（一八四〇年）、さらにカトリック反動勢力は「反宗教的」講義の中止を議会に請願した（四五年）。すると教皇庁は彼の著書を禁書目録に入れ、政府も講義の中止を命じることになるが、ここでの関心はその過程や原因ではない。「反宗教的」と言われる彼の講義が後述のようにすぐれて「宗教的」だったことである。このロマン主義の歴史家においても、自由（啓蒙主義）と宗教は両立するものだった。

一八四〇年の講義でミシュレは、「私の英雄、それは民衆＝人民である」と述べ、「自身の革命の信仰を教会の信仰に取って代える[28]」。「革命すなわち権利の宣言が神に反することである」と（カトリック反動のように）考えることは誤りであるとするミシュレは、むしろみずからの唱える〈新たな宗教〉がキリスト教とも矛盾しない可能性を示す。ただし、彼によれば、キリスト教は異教を包摂するときにのみその本来の姿を成就させる。その革命信仰はいきおい祖国フランスへの信仰を意味することになるが、彼の言う「祖国」は「一つの国民以上」の存在、その意味で「フランスは人類《ユマニテ》であり宗教」だという（四五年）。

ミシュレにとって、祖国になるということは「精神的統一」を果たすということを意味したが、そうした「新しい福音」を啓示した大革命を信仰するということは、その統一が果たされる未来社会のヴィジョンを祈念することを含意した（『フランス革命史[29]』）。この時期、主著『人民（民衆）』（一八四六年）を執筆したミシュレは、「協同体（association）」には宗教が不可欠であると論じている（第三部三章）。正確に言えば、いかなる協同体の維持にも「犠牲」が必要であるが、「人は無限と信じるもののためにしか、犠牲を捧げることができない。犠牲のためには一つの神が、一つの祭壇が必要である」[30]。さらにミシュレは、大革命でその神が再来したと語るが、果たしてそういった信仰は国民のなかにいかに生まれるのか。彼の宗教観はどういったものだったのか。『人民』には信仰を社会化させる存在として「天才」が登場するのであるが――。

## （二）天才と〈人民〉の宗教

リュシアン・フェーブルは新しい歴史学「アナール派」の創始者として知られる。その彼が一九四二―三年に行なった「近代世界の形成――ミシュレとルネサンスの問題」と題したコレージュ・ド・フランス講義で、ミシュレの宗教観について簡潔に語っている。まずミシュレがいつ信仰を失ったかがよく論点にされるが、「彼は信仰を失ったりしなかった」という。だが「宗教の外」で育った彼は「組織としての宗教」に対しては信仰を持たなかった。そう語ったうえで、洗礼を受けたミシュレがその四年後、第二の母と呼ばれるオルタンス夫人に「自然宗教」を勧めたエピソードを紹介している。『サヴォワ司祭の信仰告白』〔ルソー『エミール』中の挿話〕を読み返して、宗教はよく選ぶように」と。しかしミシュレは、「自然宗教とは心の奥底で探すべきものなのだから」と言って、それを勧めたこと自体を後悔している。「これがミシュレの宗教観です」とフェーブルは結論する[31]。

ここでは、もともとミシュレが既成宗教に批判的で、それとは異なる信仰を持っていたことが確認できるが、「自然宗教」と呼ぶかどうかはともかく、その信仰が「心の奥底で探すべきもの」であるとすれば、きわめて個人的かつ内面的な宗教ということだろうか。自然と生まれるものであれば、その宗教は社会思想史の積極的な考察対象とはならないかもしれない。しかし、『人民』のなかで開示されるのは、民衆＝人民にその自然ないし信仰を取り戻させるべき存在の必要である。なぜなら、「民衆は自らのことを知らない」からだ（*People*, 62: 13)。ミシュレによれば、その信仰は前述のように「フランスという理念」あるいは大革命への信仰のことであったが、それを今日覚醒させるのは「学問する者」（後世の概念で言えば「知識人」）、そのなかでも民衆のことを（書物を超えて）知っている人間に限られる。そしてミシュレはその冒頭で宣明する。「民衆の出であるゆえ、民衆と共に生き共に働き共に苦しんで、他の者以上に彼らを知っていると言う権利を勝ち得た私は、すべての人の前に民衆の性格を提示しにやって来たのである」（*Ibid*, 63: 15)。

「大衆（foule）はそれ自身としては悪ではない」とミシュ

レは言う。しかし、近代化は「知性の前進」であると同時に「苦悩の前進」を経験した時代である (*Ibid*, 102, 105: 72, 77)。つまり、機械化によって物質条件は改善されたが、人間は田舎と都会、農民と都民、ブルジョアと労働者のあいだで分断され反感と憎しみが倍加、「精神の貧困 (la misère d'esprit)」は増した。民衆も「自らの悪で変形させられ、自らの発展自体で変質させられている」。そこで、彼らを救う存在が「天才」である (*Ibid*, 192-3: 213-4)。両者には「全体」を眺め、統一を求めるという共通点があるが、「あまり喋らない」民の〈声〉を天才が現前化させることで、民衆は救われるとされる (*Ibid*, 184-6: 200-3)。この意味において、「民の声は神の声《*Vox populi, vox Dei*》」だ、そうミシュレは言明する。確かに、天才は救世主ではないと彼は強調する。それは一個の人間なのだから (*Ibid*, 186: 204)[32]。しかし、民衆は「最高の理念」においては天才のうちにしかなく、多様性を統一させる社会のイメージ、すなわち「神によって寄託されたイメージ、つまり人間と神との『都市』というイメージ」を与えられているのは、あくまで後者に対してである (*Ibid*, 190: 210)。

『人民』の翌年の講義 (その講義録『学生』) では、若者 (学生) に対して〈民の声〉に耳を傾けて「統一」を実現するよう求めながら、民衆とともに「民衆以上に民衆である」天才に近づくよう教示している[33]。ミシュレによれば、天才の条件とは「孤独でありながら社会的人間関係に富むこと」だという。しばしば天才は社会的関係を取り結べず孤独のまま悲惨のうちに没してきた。だから「彼らは大衆のなかにあって、大衆とともに、大衆に逆らって創造する」(*Étudiant*, 138-9: 123)。天才の資質についてはこれ以上特定されず——もちろんミシュレは自らを天才と明示してはいない——、一見すると天才ないし教養層と民衆のあいだで叙述が揺れているようにも見えるが、群衆ひとり一人が「司祭」であるとさえ言われることがあるのを考慮すれば (*Ibid*, 251: 220)、天才が要請されるのは過渡期——自然から乖離した近代社会——特有の現象なのかもしれない。「祖国への信仰」、その信仰対象が目に見えるのは「大きな公共祭 (grande fête publique)」であり (*Peuple*, 240: 288)、魂に形を与えるのは古代ギリシャの演劇を典型とする民衆が役者となり観客となる祭儀であると言われるとき (*Étudiant*, 269: 236)、最終的に天才ないし政治的指導者の占める場所はなくなっているようにも見える。それでも、代弁する存在がつねに要請されるのではないかという疑念は残るが、どちらにせよ、『人民』の宗教は人間のうちに自生するような自然宗教というよりも、いずれかの段階でそれを社会化・政治化してくれる存在を必要とするような「宗教」、市民宗教であると言える[34]。彼の役割は、ブルジョアと労働者、教養層と民衆という二つの陣営に分断された社会の統一に向けて、神聖な人民の〈声〉を代弁することだった。

以上、ミシュレの社会思想の「宗教的」一側面に光をあてることで、近代社会を結合するために「宗教」が必要とされたことを論証しようとしたが、それは同時に「代替宗教としてのポピュリズム」だと規定しても時代錯誤とは言えないだろう。法は人民の「代弁者」であり「彼らの思い」を表わすものだとすれば（*Ibid*, 178: 202）、「政治とは一般意志の表現であるべきだ」（『ポピュリズム』）と言うに等しい。もっとも、ミシュレの場合、その声を聞かれるべき「人民」は（多数派ではなく）あくまで全体であるべきで、両陣営の負の情念を乗り越えた調和が目指された[35]。その意味では、理念上は——現代のポピュリズムが陥りがちな——排他的なものではないが、つねに未完でもあるだろう。

## 五　おわりに

本稿では、従来の社会思想史研究における宗教の欠落と、近年の規範理論における宗教への再注目について代表的な文献を例に明らかにした。また予備的作業として、ミシュレの市民宗教のうちに思想史研究における「宗教」研究の可能性を部分的に示した。それは、社会を再結合するために要請された〈新たな宗教〉であり、「代替宗教としてのポピュリズム」（森本）の先駆とも呼べるような思想だった。しかし、こうした「宗教」への注目は、従来の世俗化を前提とした豊かな研究蓄積を否定するものではないことも本稿では強調した。それらを踏まえながら、社会思想史研究が宗教にどう接近するかが今後の課題となる。

その課題について最後に付言すれば、本稿で注目してきた「宗教的」言説の源泉となっていた人文学への注目、その研究蓄積の積極的な援用がさらに必要ではないか[36]。と同時に、社会科学である以上、社会思想史では思想家の信念（理想）の羅列ではなく、それが近代の「社会形成の一般的な原理」（内田義彦）たりうるかがつねに問われねばならないだろう[37]。これは、本論でも示したような〈分化〉としての近代化と宗教の関係を問うこととも関係しよう。じっさい、思想史研究における宗教の考察はときとして——市民宗教への注目は典型だが——情念の社会統合作用を強調するあまり、その否定的な側面を見逃す傾向がある。ポピュリズム同様、そうした信仰に基づく社会統合には光と同時に影があることは言うまでもない。二月革命後のフランス第二帝政でも、急速に経済成長する社会で過激な信仰は影を潜めるが、いわばモノへの信仰が広まるなかで政治は専制化していった。そして世紀末に経済不況が起こると、成長の光のもとで隠されてきた格差問題が噴出、人種主義をともなうナショナリズムが勃興し、別種の排他的な代替宗教が登場することになる。

この点で、政治社会的な宗教への懸念をつねに表明してきた思想史にも同様な注意が払われねばならないだろう。たとえば、ミシュレが「ロベスピエールの敵」と評したコンドルセが行なった「一種の政治宗教」への批判は記憶にとどめておく価値がある。

> フランス憲法も、人権宣言もともに、いかなる階級の市民に対しても、崇拝と信仰の対象として天井から下された戒律のように提示されるべきではない。（中略）みずからの理性にのみ従うのではなく、外からあたえられたものを自分の意見にしてしまう人びとがいるかぎり、すべての鉄鎖が打ち砕かれたとしても無駄であり、これらの命令された見解が有益な真理となるであろう。(38)

こうして近代社会の人間は、そうした信仰を一緒くたにして非合理と断罪したくもなるだろう。しかし、それにもかかわらず、人びとが結びつく信仰（信じる対象）を欲し、また民主主義においてはなおさらそれが要請されてきた事実を無視するわけにはいかない。この点で、思想史研究は絶えずその事実に向き合わなければならなくなるのだろう。

（たかやま・ゆうじ／政治思想史）

**注**

(1) ここで個々の事例は挙げられないが、一例として、山田園子氏による『イギリス革命とアルミニウス主義』（聖学院大学出版会、一九九八年）をはじめ一連の研究がある。また、宗教学や神学から社会思想に接近した研究も少なくないが、たとえばイスラーム教圏に焦点を当てた独自な貢献として、池内恵『現代アラブの社会思想』（講談社現代新書、二〇〇二年）がある。

(2) 社会思想史学会第四二回大会は二〇一七年十一月四日に京都大学で開催された。筆者は共通シンポジウムで、池内恵（東京大学）・森本あんり（国際基督教大学）両氏の報告に対してコメントを行なった。本稿は、そのコメントに基づいて全面的に再構成したものである。なお、思想史研究の最新動向を踏まえるかたちで初めて宗教をテーマに選ばれた代表幹事の坂本達哉先生をはじめ同学会幹事の方々、特に同企画を主導してくださった宇野重規・山岡龍一両先生に、この場を借りて深い敬意と感謝をお伝えしたい。

(3) 日本国内の社会科学でも宗教が再評価されている一例として、近年政治学会の学会誌で「宗教と政治」の特集が組まれたことが挙げられる。『年報政治学（特集 宗教と政治）』二〇一三（一）。

(4) ピーター・L・バーガー『異端の時代――現代における宗教の可能性』薗田稔訳、新曜社、一九八七年、五七頁。

(5) 筆者は、そのうちの一人、ピエール・ルルーについて論じたことがある。「未完の「市民宗教」――ピエール・ルルーとリベラルな社会主義の萌芽」前掲誌『年報政治学』一〇一―一二一頁。

(6) ここで言うポピュリズムの定義はカス・ミュデ、クリストバル・カルトワッセル『ポピュリズム――デモクラシーの友と敵』（永井大輔・髙山裕二訳、白水社、二〇一八年）一四頁を参照。

(7) 以下、「教科書」からの引用箇所は本文中に頁数のみ記して示す。

（8）出口勇蔵氏による本書の書評も参照。『経済学史学会年報』一九六三年一巻一号、三九—四一頁。

（9）プルードンの社会思想はしばしば非宗教的とされるが、それほど単純ではなく、「超越的な神のごとき存在」を手放さなかった彼の正義論を丁寧に追った近年の成果として、金山準「神と「正義」——プルードンの場合」宇野重規・伊達聖伸・髙山裕二編『社会統合と宗教的なもの——十九世紀フランスの経験』（白水社、二〇一一年）一三五—一六四頁がある。

（10）特にこの点では、社会思想史の教科書である城塚登『社会思想史』（放送大学教育振興会、一九八五年）、なかでも第一—二章を参照のこと。

（11）本書はキェルケゴールにも言及しているが、同時期の別の教科書でも社会問題を論じたキリスト教思想家としてラインホールド・ニーバーやカール・バルトにわずかに言及したものがある。城塚登編『社会思想史入門』有斐閣、一九六五年、V—2（浜井修氏執筆）。

（12）平井俊彦・徳永恂編『社会思想史 2 現代』有斐閣新書、一九七九年、一七七—一七八頁。

（13）平井俊彦編『社会思想史を学ぶ人のために』（世界思想社、一九九四年）、序章の叙述を参照。

（14）平井俊彦・徳永恂編『社会思想史 1 近代』有斐閣新書、一九七九年、九頁。

（15）前掲書『社会思想史』（一九八五年）でも同箇所が参照されている（一二九頁）。本文の引用は、ウェーバー『職業としての学問』（尾高邦雄訳、岩波文庫、一九八〇年）、七二—七三頁による。なお、ウェーバー自身は神経症を患った後に宗教（プロテスタント）の鎖から脱してニーチェに接近したことが指摘されてきたが、その後に展開される思想（世界観）はある意味で多分に「宗教的」だったのではないか。Cf. 山之内靖「ニーチェ、ヴェーバーと宗教」『岩波講座 宗教と科学 5 宗教と社会科学』岩波書店、一九九二年、二七五—三〇二頁。

（16）宗教社会学の分野では、世俗化論の見直しは遅くとも一九六〇年代に始まっていた。しかしカサノヴァによれば、それによって「啓蒙主義的な宗教批判というイデオロギー的な起源」から世俗化論を分離することはできたが、「機能主義的な世俗化論」が新たに登場し——トマス・ルックマンの『見えない宗教』によって体系化された——、宗教を私事に閉じ込め、その後に「公的領域に突然噴出する」宗教の公的役割は説明できなかった。『近代世界の公共宗教』津城寛文訳、玉川大学出版部、一九九七年、二九—三〇頁。以下の引用は本文中に訳書の頁数のみ記す。宗教学における世俗化論とその検証に関する整理としては、たとえば山中弘「宗教社会学の歴史観」『岩波講座 宗教 3 宗教史の可能性』（岩波書店、二〇〇四年）一〇七—一三〇頁がある。

（17）デュルケームは近代の市民宗教論の問題を社会学の言語で解決しようとしたが、所詮そのジレンマを焼き直ししたものにすぎないと、カサノヴァの評価は手厳しい（八一頁）。なお、デュルケームないしその学派における「宗教の社会科学的研究」は日本国内では宗教学のなかで蓄積されてきた。一例として、宇都宮輝夫「デュルケム宗教社会学の形成過程——デュルケムに対するW・R・スミスの影響」『宗教研究』（七二（二）、一九九八年、二一五—二四〇頁）や山﨑亮『デュルケーム宗教学思想の研究』（未來社、二〇〇二年）がある。

（18）後のカサノヴァの自己批判については、高田宏史「公共宗教と世俗主義の限界——ホセ・カサノヴァとチャールズ・テイラーの議論を中心に」前掲誌『年報政治学』四九—五三頁がある。

（19）ユルゲン・ハーバーマス『自然主義と宗教の間——哲学論集』

庄司信・日暮雅夫・池田成一・福山隆夫訳、法政大学出版局、二〇一四年、一三三頁。

（20）同上「民主主義的法治国家における政治以前の基盤」『ポスト世俗化時代の哲学と宗教』ヨーゼフ・ラッツィンガー共著、フロリアン・シュラー編、三島憲一訳、二〇〇七年、二〇頁。

（21）ロールズにおいて宗教が公共的理性ないし討議を単に補完するという役割を超えた意味を持ちうる点については、田中将人『ロールズの政治哲学——差異の神義論＝正義論』（風行社、二〇一七年）の次の一節に適確に表現されている。「というより、包括的教説に根ざした政治的構想への積極的なコミットがなければ、政治的リベラリズムの安定性は極めて危ういものとなってしまう。時として政治的構想は、理念へのコミットの媒介を経た、内部からの更新の試みを必要とする、さもなくばそれは形骸化を免れえない」（二四九頁）。

（22）前掲書『自然主義と宗教の間——哲学論集』一五〇頁。

（23）前掲書『社会統合と宗教的なもの』、同編『共和国か宗教か、それとも——十九世紀フランスの光と闇』白水社、二〇一五年。また、同様な関心のもとに近代フランス思想を「ライシテ」概念を軸に描き出した宗教研究の力作として、伊達聖伸『ライシテ、道徳、宗教学——もうひとつの19世紀フランス宗教史』（勁草書房、二〇一〇年）がある。

（24）ルソーの市民宗教論について、むしろ「寛容を支持する構想」であると論じた近年の成果として、関口佐紀「ルソーの市民宗教論における寛容——近代寛容論への批判と発展」『政治思想研究』（一七、二〇一七年）一九四—二二六頁がある。

（25）ジャン・カスー『一八四八年——二月革命の精神史』二月革命研究会訳、法政大学出版局、一九七九年、三一頁。以下、二月革命の「宗教的」理解は同書、第一章を参照。

（26）同上、三七頁。

（27）ミシュレの講義が中止されるまでの経緯を描いたものとして、藤本治「一九世紀フランスの教育現実とミシュレ」『一橋論叢』（五三（二）、一九六五年）、二二四—二三三頁がある。

（28）Oscar A. Haac, 'La Révolution comme Religion: Jules Michelet' in *Romantisme* (50), 1985, pp. 75-82.

（29）ミシュレ『フランス革命史』第三巻三「ヴェルサイユ行進」（桑原武夫・樋口謹一・多田道太郎訳、中公文庫〈上巻〉、二〇〇六年）を参照。

（30）Jules Michelet, *Le Peuple* [1846] (Paris: Flammarion, 1974), p. 216（『民衆』大野一道訳、みすず書房、二五〇頁）. 以下、引用の際は *Peuple* と略記し、原書と訳書の頁数を併記する。

（31）リュシアン・フェーヴル『ミシュレとルネサンス——「歴史」の創始者についての講義録』ポール・ブローデル編、石川美子訳、藤原書店、一九九六年、二八八—二九二頁。

（32）ミシュレは、同僚のミッキェーヴィッチのような「メシア主義的神秘主義」に批判的で、彼個人は（理想的には）上（天才）よりも下（民衆）から信仰／生命が湧き上がるといった表現を好んだ。「われわれの方法は、生命は民衆からやってきて偉大なる人の方に達するということを欲するものだ」。大野一道『ミシュレ伝——一七九八—一八七四（自然と歴史への愛）』藤原書店、一九九八年、二五八頁。

（33）Jules Michelet, *L'Étudiant, cours de 1847-1848* (Paris: Calmann Lévy, 1877), pp. 56-57.（『学生よ——一八四八年革命前夜の講義録』大野一道訳、藤原書店、一九九五年、四九—五〇頁）。以下、引用の際は *Étudiant* と略記し、原書と訳書の頁数を併記する。なお、ミシュレの死後に刊行された本書には十回の講義録が収録されているが、本文で説明した通り講義が中止させられたため、実際に行われたのは第三回までである。

(34) この点で、『フランス革命史』で人民の〈声〉を代弁するロベスピエールの存在は興味深いが、ここではこれ以上考察できない。前掲書、二七八頁。

(35) ミシュレにとって、「人民」は文字通り「すべての人びと」という全体を指していた。前掲書『フランス革命史』一三五頁。確かに、それは一八四六年の著書でも事実上は農民を中心とした「民衆（庶民）」を指して使われ、それがしばしば理想化されているが、「祖国」や「フランス」としばしば並列される « Un Peuple! » といった社会統合の理念として用いられる場合は、ブルジョアや労働者をも包含した「すべての人びと」を指すと考えられるため、本稿ではその意味で同書のタイトルを「人民」とあえて訳出してある。Cf., Alain Pessin, *Le mythe du peuple et la société française du XIX$^e$ siècle* (Paris: PUF, 1992), pp. 112-113. なお、ミシュレの「ポピュリズム」を今日的それと区別したうえで、その可能性を指摘した論考として、Federico Tarragoni, 'Le peuple et son oracle. Une analyse du populisme savant à partir de Michelet' in *Romantisme* (170), 2015, pp. 113-126. がある。

(36) この点で少なからず蓄積のある近代フランスに限定されない思想史研究の成果が発表されている。堀田新五郎・森川輝一編『講義 政治思想と文学』ナカニシヤ出版、二〇一七年。一方、文学研究から宗教思想に接近した近年の成果の一例として、工藤庸子『近代ヨーロッパ宗教文化論——姦通小説・ナポレオン法典・政教分離』（東京大学出版会、二〇一三年）がある。

(37) この点でルソーと対比してスミスの特質を語った、内田義彦「アダム・スミス——人文学と経済学」（『作品としての社会科学』一九八一年、岩波書店、Ⅱ）を参照。じっさい、アダム・スミス研究に代表される戦後日本の社会思想史研究では、スミス自身がそうであったように、宗教とは呼ばれなくても人文学との関係ないし緊張が意識されてきたように思われる。

(38) クロード・ラングロワ「カトリック教会と反教権＝世俗派」谷川稔訳、ピエール・ノラ編『記憶の場——フランス国民意識の文化＝社会史《対立》』岩波書店、二〇〇二年、一九三頁。

**キーワード** 市民宗教、ジュール・ミシュレ、世俗化論、ポピュリズム、宗教的なもの、ハーバーマス、ロールズ

# 公募論文

〈公募論文〉

# ヘーゲル『イェーナ体系構想Ⅲ』における陶冶と普遍意志の構成

## 【ルソーの国家理論への対応を軸として】

小井沼広嗣

## はじめに

本稿の目的は、ヘーゲルの『イェーナ体系構想Ⅲ』で展開されている「人倫」の構想を、ルソーの国家理論への対応という観点から総体的に検討することである。

イェーナ期に始まるヘーゲルの人倫構想は、その短い期間に大きく変転する。イェーナ前期のヘーゲルは、古典古代の政治学を範とした実体的人倫の立場に立脚しつつ、近代の自然法論に対して批判的な姿勢をとったが、イェーナ後期に執筆された精神哲学構想、とりわけ『イェーナ体系構想Ⅲ（1805/06）』（以下、『構想Ⅲ』と略記）では、近代的な個人の主体性が再評価されることにより、それまで批判的であった近代自然法論に接近した理論構成が取られるに至る。

『構想Ⅲ』にはルソーの名が直接言及されている箇所はない。しかし、先行研究は二つの点から、ヘーゲルがこの草稿でルソーの問題圏に取り組んだことを推察している。一つは、同書の第三部のなかで、ヘーゲルが国家としての人倫の境位を「個別意志」と「普遍意志」の統一として把握している点である。[1] すなわち、ヘーゲルは人倫を諸個人に先立つ実体的なものとしつつも、それを「普遍意志」という術語を用いて論じてもいるが、M・リーデルはこの点のうちに、ルソーの一般意志論をアリストテレス的な古典政治学の立場から再構成しようとするヘーゲルの意図を読み取っている(2)。もう一つは、同じ箇所で、個別意志を普遍意志へと高める「陶冶 Bildung」の過程が、諸個人の特殊性の「外化（譲渡）Entäußerung」という観点から捉えられていることである(3)。この点は、南條文雄や佐山圭司が指摘するように、社会契約に諸個人の全面的な「譲渡 aliénation」の意義を込めたルソーの教説からの影響が認められる(4)。以上の主張は重要なものであり、本稿もこれらの知見を踏まえて展開を試みるものである。けれども、これらの研究におけるルソーとの関連の考察は、同書の第三部のごく限られた叙述に依拠しており、それゆえ、同書の人倫構想のモチーフと展開をこうしたルソーの問題圏との関連から総体的に検討するには及んでいない(5)。そこで本稿では、これらの研究では十分明らかにされていない以下の論点を際立たせる仕方で、この課題を遂行することにしたい。

まず本稿では、『構想Ⅲ』におけるルソーの国家理論の積極的受容の中軸が、《普遍意志に従うことが自己の意志に従うことでもある》という、「共同」即「自律」とも呼ぶべきルソーの一般意志論の論理の継承にある点、そしてまた、同書で展開される人倫構想がもつ《近代性》はこの点に由来することを指摘する。さらにこの観点から、ヘーゲルの人倫構想がルソーの「譲渡」論のみならず、彼の説く「自由への強制」や「立法者」論とも深く関わってくることを指摘する。そうした考察を踏まえつつ、本稿では両者の社会思想の近さと遠さをも明らかにすることを目指したい。

以下では次の順序で考察を進める。一節では、ルソーの『社会契約論』の基本的な論点を、本論考の問題にかかわる範囲で検討する。二節では、『構想Ⅲ』におけるヘーゲルの社会契約説批判を確認し、次いで、ヘーゲルが普遍意志と個別意志との関係をどのように把握しているかを検討する。三節では、『構想Ⅲ』で展開される諸個人の「陶冶」の過程が、ルソーが提示した「譲渡」概念、ならびに「自由への強制」という論理を改釈するなかで叙述されていることを読み解く。四節では、社会契約説を退けるヘーゲルが、歴史上の国家創設の事態をどのように捉えているのかという問題を検討し、それを踏まえて、ヘーゲル独自の「普遍意志の構成」の議論枠組みを支える基礎を明らかにする。

## 一　ルソーによる自由人の共同体の構想

ルソーは『社会契約論』の冒頭部で探究テーマをこう提示する。「私は、人間をあるがままに捉え、法をありうる姿に捉えた場合に、社会の秩序のなかに正当で確実な統治の何らかの規範がありうるかどうかを探求したい」（OC3, 351）。国家社会の正当性を根拠づける《原理》とは何か。これがルソーの提起する課題である。ルソーによれば、人間はほんらい自由である。ルソーのいう自由とは、自分が「自分自身の主人となる」こと、すなわち自己に関わる一切のことを自己決定しつつ生きられることである。こうした自由の本源性に立脚するならば、強者の権利、征服権、奴隷権など、力によって「権利」を説明しようとする従来の政治理論は、すべて無効なものとして退けられねばならない。そこで人間のあいだの正当な政治的権威の根拠としては、個々人の自発的な意志による「合意」だけが残ることになる（OC3, 352）。その最初の合意こそ、社会契約に他ならない。

社会契約とは、「各構成員が全体に結合しつつ、しかも自分自身にしか服従することなく、結合前と同様に自由である」（OC3, 360）ような状態を可能にする唯一の結合形式である。ルソーによれば、こうした社会契約はただ一つの「条項」、すなわち「各構成員が自己をそのあらゆる権利とともに、共同体全体に対して全面的に譲渡すること」（*ibid.*）に帰着する。各人が一斉に自己の自由、能力、財産のすべてを譲り渡すという点で、条件はすべての人にとって平等であり、しかも譲渡の受け取り手である共同体は、全員に対等な権限を与え、それを公的に保証するものであるがゆえに、各人は特定の誰にも自分を譲り渡さないことになる。こうしてルソーは社会契約の本質を「各人が自らの人格とすべての力を共同して、一般意志の最高の指揮の下に置く」（OC3, 361）ことと定式化する。この結合行為によって各人の「特殊な自己」に代わり、「一つの精神的で集合的な団体」が生み出される（*ibid.*）。人民の一般意志という「共同の自我」（*ibid.*）の存在が措定され、各人がそれに自らを全面的に委ねるかぎりで、いわば、自己に課した法に従うという《個人の自律》と、自分たちに課した法に従うという《共同体としての自律》とが重なり合うことになる。「一般意志」は共同の利益だけを考慮する意志であり、それは法によって具体化される。そしてこの国家では、個人は立法活動に参与する「市民」であると同時に、国家の法に服する「臣民」でもある（OC3, 362）。各人がこれら二重の規定をもつかぎりで、「服従と自由との合致」（OS3, 427）ともいえる関係が成り立つのである。

このように、ルソーの社会契約の根幹をなすのは「全面的譲渡」であり、それは、個々人が自らの特殊性を放棄することで、かえって普遍的な自己を獲得するという逆説的な事態を意味している。そしてこの点で、ルソーの説く国家は、ホッブズやロックといった、先行の社会契約論者の提示した国家像とは一線を画する特質をもっている。それはすなわち、彼らにとって国家とは、個人の生命や所有権を首尾よく保護するための法的・政治的機構にほかならなかったが、ルソーにとっての国家とは、そうした外面的な秩序にとどまらず、人間がそこにおいてはじめて真に自己となりえるような、倫理的共同体としての意義を有している、という点である。それが証拠に、ルソーは自然状態から社会状態への移行によって生じる人間性の変化について、次のように論じている。この移行によって、「義務の呼び声が肉体の衝動に、権利が欲望にとって代わり、それまで自分のことしか考慮しなかった人間が〔…〕自分の好みに従う前に理性に図らなければならないことに気づく」(OS3, 364)。このことは、「人間を真に自己の主人たらしめる」ような「道徳的自由 liberté morale」(OS3, 365)の獲得であり、かくして人間は社会状態のうちではじめて、「たんなる欲望への衝動は隷従であり、自ら定めた法への服従こそ自由である」(*ibid.*)ことを自覚するに至る。そうであるかぎり、ルソーの説く社会契約は、たんに「結合前と同様に自由である」状態の達成ではなく、むしろ実際には自由の質的転換――自然的自由の放棄、市民的自由と道徳的自由の獲得――を意味しているのである。

　さて、以上によって唯一正当といえる国家の構成原理は示されたといえる。しかしながらルソーはここで議論を終息させずに、新たな問題を提示する。それは、個人が「市民」であり「臣民」である以前に、一個の「人間 l'homme」であるということである。

　「実際、人間としての各個人は、市民としての彼が持っている一般意志に反した、あるいはそれとは異なる特殊意志を持つことがありうる。彼の特殊利益は、共同利益とはまったく異なる語りかけをすることがありうる」。

(OC3, 363)

　ここで指摘される問題は、いま見た社会契約の《原理》から生じてくる問題ではない。というのも、この問題に対する原理上の解決は、各人が自らの特殊性を「全面的に譲渡」し、「一般意志の最高の指揮の下に置く」という結合形式のうちにすでに与えられているからである[6]。だが、こうした問題設定のうちに、ルソーは近代という《現実》を見据えていると考えられる。つとに指摘されるように、ルソーの国家論は人民主権というきわめて近代的な統治原理を提示するものであると同時に、古典古代の共和主義の復権を企図するものでもある。共和制は自由な市民の自治によって運営される政体であり、それが成り立つためには、自己の私的利害を国家全体の共同の利害へと従属させうるような政治的な「徳 vertu」をもつことが各人に要請される[7]。しかしルソーその人が『学問芸術論』や『人間不平等起源論』で論じたように、文明社会に生きる近代人はそうした能動的な市民たるような資質をもはや具えておらず、私的利益の追求に汲々としている。それゆえルソーはこの『社会契約論』でも、単なる《原理》の提示に終始せずに、私的利益を優先する「人間」という近代の《現実》に対峙しようとするわけである。

「自由への強制」という有名なテーゼや「立法者」の必要性といった事柄が取り上げられるのは、こうした文脈においてである。前者については次のように言われる。

> 「社会契約を空虚な公式に終わらせないためには、この契約は、一般意志への服従を拒む者は誰でも、団体全体によって服従を強制される、という約束を暗黙のうちに含んでいるのであり、そして、この約束だけが他の約束に力を与えうるのである。そしてこれは、各個人が自由であるように強制されるという意味に他ならない」。
> (OC3, 364)

ルソーが示す国家は法治国家であり、そこでは自分たちの制定した法に自ら服従するという自己立法が実現される。ところが国家の構成員が一般意志を志向する「市民」である以前に、現実には自らの特殊意志を優先する「人間」であるとすれば、彼にとって一般意志は本来的には自分の意志であっても、自覚的にそうであるとはかぎらない。その場合、本来は自らに課した法に従うという自律的な行為が、「強制される」という他律的な様相を呈することになる。これはある種の自己疎外の事態だといえる。しかし他面、この強制はたんなる強制ではなく「自由への」強制であると指摘されるかぎりで、強制される者を本来の自律的な主体へと高める教育的機能をもつことが示唆されている[8]。先に触れた「道徳的自由」も、こうした論点との関連で読むことができる。つまり、道徳的自由は社会状態への移行に伴っておのずと獲得されるものではなく、自由へと強制されることではじめて獲得されると考えられるわけである。

さてしかし、ここで問題となるのは、そうした能動的な市民を育成する良き法が誰によって作られるのか、という点である。むろん、ルソーの掲げる人民主権の理念からすれば、法の制定者は人民自身でなければならない。だがここにルソーは困難をみいだす。「一般意志は常に正しいが、それを導く〔人民の〕判断が常に啓蒙されているわけではない」(OC3, 380)。あるがままの人間の意志は決して一般意志に一致しないがゆえに、人民にはよき導き手が求められる。その役目を担う人物こそ、「立法者 législateur」である。立法者は「諸国民に適した社会の最良の規範を発見する」ことができる「卓越した知性」の持ち主であり(OC3, 381)、未成熟な民衆に代わって、彼らのために最上の法を起草することを任務とする。立法者が与えた法の下、人民が「社会的精神」（OC3, 383）を具えた主体へと形成されることで、一般意志と特殊意志の乖離が解消されることが見込まれるわけである。

しかしながら、こうした立法者の要請を事柄の決定的な解決として捉えるのは難しい。というのも、《自ら法を立て、自らそれに服する》という自己関係の構造が成り立ってこそ、他に依存しない、人民による自己立法が成り立つ。それを顧慮してルソーは、立法者を国家体制の外部の人間と位置づける。「立法者は施政者でも主権者でもない。その職責は国家を組織することだが、国家体制のなかには位置を占めない」（OC3, 382）。しかしそうであれば、そのような外部の人間が提示する法案を、いまだ未熟で蒙昧な人民が採択に応ずる必然性はどこにもなく、したがってまた、「自由への強制」に実効性を与えるものはどこにもないことになる(9)。

以上の考察を総括しておこう。ルソーは自律が即共同であるような国家の《原理》を提示するのみならず、あるがままの《現実》である「人間」に対峙し、普遍意志と特殊意志との乖離をいかに解消させるのかという大変な難題を引き受けた。しかし、この問題への対処として提示された「自由への強制」や「立法者」の議論が市民の育成の具体的方途とはなりえていない点を鑑みるかぎり、ルソーは充分な解決を示しえていないといえる。それではヘーゲルはこうしたルソーの問題圏をどのように引き受け、それにどう対処しようとするのか。次節ではそれを、『構想Ⅲ』の第三部「国憲 Konstitution」の叙述に即して検討していこう。

## 二　ヘーゲルによる「普遍意志の構成」の意味

ヘーゲルは『構想Ⅲ』において、ルソーの国家理論にならい、共同体の正当性の原理を意志論という視座から把握する。ヘーゲルによれば、正当な国家においては、「私が〔国家の〕共同意志 dem gemeinsamen Willen のなかに自らの肯定的な自己をもつこと」（GW8, 255）を私自身が承認している。それは、「私が共同意志のうちに自己を否定的に、〔すなわち自らの特殊性の〕外化〔譲渡〕を通じて〔…〕もつこと」（ebd.）を私自身が知っているからである。前述のように、ルソーの説では、自由な共同体は諸個人が自らの特殊性を全面的に「譲渡」し、一般意志のうちに自分の意志を措定することで成り立つ。ヘーゲルはルソーが提示したこの否定的肯定とも呼ぶべき論理を、同じ意味合いをもつ「外化（譲渡）」という語を用いつつ、自らの国家構想のうちに積極的に受容しているといえる。すなわち、ヘーゲルは、国家のうちで諸個人の自由な共同が達成されると考える点、また、そのためには諸個人が特殊性を「外化（譲渡）」し、自らの意志を共同意志（普遍意志）のうちに措定することが不可欠であると考える点では、ルソーと同一歩調をとるわけである。それでは、ヘーゲルはルソーの教説をいかなる点で批判するのだろうか。それは、ルソーが「譲渡（外化）」を「社会契約」という仕方で提示した点に向けられる。

「〔社会契約説では〕現実の〔諸個人の〕集合が、共同体を構成するものと考えられている。〔…〕しかし彼らの肯定的な個別性は、それがまだ外化〔譲渡〕されたものではなく、あるいは、否定性を自分自身のうちに具えていないがゆえに、普遍的なものにとって偶然性である。〔…〕〔社会契約説では〕諸個人が即自的に普遍意志であることが同時に前提されている。この即自は彼らの現実の意志とは異なるものであり、彼らは自分たちの個別意志をまだ外化〔譲渡〕してもいなければ、普遍意志を承認してもおらず、むしろ普遍意志において妥当性をもつのは彼らの個別性だけである」。(GW8, 257f.)

ヘーゲルによれば、社会契約説では、諸個人の意志の「集合」によって共同体と一般意志の構成が説明される。そこではたしかに個別意志の「外化（譲渡）」という「否定」の契機が語られており、そのさい、ルソーの想定では、各人の人間性の変化が起こるとされていた。しかしながらヘーゲルは、社会契約によってはそうした「外化」が真になされるとは考えない。なぜならそこでの「外化」は、たんなる契約上の条項として形式的に示されたものにすぎず、それゆえそこには、個別性の「否定」を具体的に導く媒介項が何ら示されていないからである。こうしたヘーゲルの批判は決して故なきものとはいえない。というのも、彼の批判は、『社会契約論』が孕む次のような相反する見地を鋭く捉えていると考えられるからである。すなわちルソーは、一般意志よりも自らの特殊意志を優先する「人間」の問題を指摘したが、このことは、現実の人間が一般意志を自発的に志向するような市民たりえないことの表明である。しかしながら他面で、ルソーの説く社会契約説は原理上、国家社会の設立行為を各人の自由意志による合意に求めるかぎりで、あらかじめ自然状態のうちで、一般意志を自発的に志向するような、言い換えれば、自分自身の主人であるような、自由な主体を前提せざるをえない。この点は、ルソーの次の記述から明らかである。

「〔…〕市民の結合はあらゆるもののなかで最も自発的な行為である。あらゆる人間は生まれながらにして自由であり、自己自身の主人であるから、誰であれ、彼の同

意なしにはどんな口実のもとでも彼を服従させることはできない」。(OC3, 440)

ここに示されるように、社会契約という結合行為においては、あくまでも諸個人が自発的に自らの特殊性を外化（譲渡）しなければならない。だがルソーの現実認識においては、あるがままの人間は自らの特殊性を優先する以上、そのような想定はほんらい望むべくもない。それゆえここには次のような背離が認められる。すなわち、ルソーは、《現実》においては乖離していることを認める一般意志と特殊意志を、《原理》の上では無媒介に合致するものと前提している、と。だがヘーゲルからすれば、先の引用箇所が示すように、そのような「前提」はあくまで前提にすぎず、それは「彼らの現実の意志とは異なるもの」であるがゆえに、普遍意志のもとで現に妥当しているのは諸個人の「個別性」に他ならないこととなる。

こうしたヘーゲルの社会契約説批判は、彼のフランス革命への批判に通じている。ヘーゲルはルソーの国家理論の具体的適用をフランス革命のうちに見いだそうとするが、『構想Ⅲ』と同時期に書かれた『精神現象学』の「絶対的自由と恐怖」の箇所では、この革命が破壊とテロルに帰着せざるをえない所以が次のように論じられる。自分が絶対的に自由であると確信した意識は、自分の意志が直接的に「普遍意志（一般意志）」であると僭称する。しかし、現実には「特殊意志」にすぎない意識ないし一党派が、自分が普遍意志であることを確証するには、それに敵対する他の意志をすべて特殊なものとして抹殺する以外にすべがない。ここに「破壊の凶暴」(GW9, 319) が招来せざるをえないことになる。

それでは、ヘーゲルは自らの国家理論を構想するにあたり、どのような仕方で普遍意志と個人の意志との関係を把握しようとするのか。彼はこう述べる。

「普遍意志は、さしあたり諸個人の意志から、普遍意志として構成され sich zu konstituieren なければならない。それゆえ諸個人の意志が原理とエレメントであるかのように見えるが、反対に、普遍意志こそが第一のもの、ならびに本質である（欄外――アリストテレス、「全体は本性からして部分に先立つ」）。そして諸個人は自己の否定、すなわち外化と陶冶によって、自己を普遍的なものとなさなければならない」。(GW8, 257)

ヘーゲルによれば、普遍意志こそ個別意志に先立つ「第一のもの」である。欄外でアリストテレスを挙げていることが示すように、『構想Ⅲ』でもヘーゲルはそれ以前と同様に、古典的な全体性優位の立場を堅持している。普遍意志はたんに直接的な諸個人の意志の「集合」として導出されるものではなく、むしろ個別性から純化された、真に全体をなすような実体的な意志である。個人は自己の個別性の否定、外化と陶冶を通じて、自己を普遍へと高めなければならず、そのかぎりでのみ、個人の意志は普遍意志と合致することができる。普遍意志はそのさい、アリストテレスにならい、「目的」とも表現される。「目的。彼ら〔諸個人〕は同じ普遍性を、それが即自的にあるがゆえに、欲したのである」(GW8, 257)。すなわち、ヘーゲルは普遍意志を、諸個人の陶冶の運動が目指すところの即自的な「目的」、この運動を先行的に導く原理として捉えるわけである。

　では、こうしたヘーゲルの立論は、ルソーの一般意志論を完全に否認するものなのだろうか。そうとは言い切れない。むしろヘーゲルは、ルソーその人が示した、人間は直接的には自らの特殊性を追求するという認識、また、それゆえにこそ普遍意志の構成には個別意志の譲渡・否定が不可欠であるという論点を、ルソー以上に首尾一貫した仕方で受け止めようとするからこそ、ルソーその人の個体主義的な前提を退け、普遍意志を実体論的な仕方で捉え直そうとしていると解しうるのである。

　また、普遍意志が個別意志に先立つとは言っても、ヘーゲルは単純に古典的な実体的人倫の立場に立つわけではない。むしろ『構想Ⅲ』は、人倫構想にさいしてヘーゲルが《近代》に立脚することを明記した最初のテキストとして知られるが、それは具体的には、「絶対的な個別性の原理」(GW8, 263)の受容のうちに示されている。この原理によれば、諸個人は「完全な自立性を自らのうちにもって」おり、「自らの現実性を放棄し、ただ自らの知においてのみ妥当する」(GW8, 262)。個人が共同体から距離をとった、自立した存在でありうるかぎりで、近代国家は普遍と個別との分裂の契機を抱えている。しかし、この個別者の知が自己の内で完結せず、「他在のうちで自己を直観する」(GW8, 209)という認識へと進むかぎりでは、それは共同性の土台ともなる。すなわちヘーゲルは、個別意志の陶冶の運動を、《普遍意志のうちに自己の意志を見出す》という個人の自己知の獲得過程として叙述するが、それは同時に、この運動が、共同体の正当性が諸個人によって認識される過程でもあることを意味している。この点のうちに、個人の自発的な意志を重んずるルソーの意志論の論理が息づいている。

　それゆえヘーゲルが『構想Ⅲ』で描こうとするのは、万人の知によって媒介された共同体である。即自的な普遍意志は諸個人の知を介して具体化されなければならない。そこでヘーゲルが試みるのは、個々人が社会関係を介して自己の個別性を「否定」し、普遍的なもののうちに自己を見いだすに至る「陶冶」の過程を、潜在的であった普遍意志が法や制度という具体的なかたちをとって顕在化する過程と相即するものとして、相互媒介的に描き出すということである。したがってヘーゲルの言う普遍意志の「構成」とは、契約説が説くような、諸個人が集合して国家を一から設立する行為を意味しない。むしろそれは、法や制度を媒介とした個別者の陶冶の過程と、それを通じた普遍意志の顕在化の過程とが、相即の事態として示されることを意味する。つまり、ルソーの社会契約説が《いかなる共同体であれば、自由な個人がその構成員たることに同意しうるのか》という問いから出発するのに対し、ヘーゲルは反対に、《もし個人が自由で理性的な主体へと陶冶されるとすれば、いかなる法や制度のもとでの社会関係がそれを可能とするのか》という問いから出発するわけである。

ヘーゲルはこうした独自の問題構成のもとでルソーの「全面的譲渡」の概念を改変し、それを「外化-陶冶」の論理へと編み変える。前述したように、ヘーゲルの「外化」概念は、ルソーの「譲渡」と同様、諸個人が特殊な自己を放棄し、代わって一つの共同の自己を措定するという含意がある。しかしルソーの「譲渡」は、社会契約の「条項」であるかぎりで、実質的な「否定」を見込めない形式的なものにとどまったのに対し、ヘーゲルの場合、「外化」は、他者関係や社会関係を媒介として諸個人が経験する実質的な「陶冶」の意味と重ね合わされており、そのかぎりで、それは漸次的に達成される過程と捉えられる。具体的には、個別者のなす「外化」は、他者との闘争、労働・交換・契約などの経済活動、さらには法律や国家体制との関係など、多面的かつ段階的に語られる。しかしそれらに通底する基本論理は、個人が自らの個別性を対象・他者・制度のうちへと「外化」し、それらとの媒介関係のうちに与えられた普遍的な意義のほうに本来の自己を見いだしていく、という点にある。以上のヘーゲルの基本線を踏まえ、次節では、その具体的な過程を当該テキストの第一部・第二部に即して検討することとしよう。

## 三 「承認態」を具体化するものとしての普遍意志

『構想Ⅲ』の「陶冶」論の特質は、それが「承認 Anerkennung」概念との密接な関連のもとで展開されている点にある。陶冶とは「普遍的なもののうちに自分を直観すること」(GW8, 247)であるが、それは諸個人の社会化の過程を意味するかぎりで、「他者のうちに自己を見いだす」という相互承認の実現、共同性の創出と不可分である。

ヘーゲルによれば、人間はその「概念」からして自由であるが、それは諸個人が没交渉的であるような「自然」（自然状態）のうちで自由であることを意味しない（GW8, 214）。自然の人間はいかなる権利も義務も持たず、それゆえ自由な「人格」ではない。ヘーゲルはフィヒテの自然法論にならい、法的権能を持つ「人格」を、相互的な承認行為を通じて産出されるものと捉える。そして相互承認の成り立ちを、ホッブズ流の闘争状態から導き出すという理路を提示する。それが《承認をめぐる闘争》の議論である。

　ヘーゲルはこの闘争を占有の問題から説き起こす。占有とは何らかの物を自分のものにすることを意味するが、占有は、当の物から他者を排除するという仕方で、他者への否定的関係を含んでいる。このことが露顕すると、排除した者と排除された者との闘争が惹起される。排除された者は排除した者の占有を侵害する。しかし彼は「物に向かうのではなく、他者の自己知に向かう」（GW8, 219）。つまり、占有からの排除によって各々が自覚するのは、自分にとって重要なのは物そのものではなく、むしろ《当の物が自分のものである》という自己の知であり、この知のうちで確証される自己の自立性（「対自存在」）だということである。したがって回復されるべきは「自分についての自己知」であるが、いまやそれを他者の知を介して取り戻す必要があり、それゆえ目指されるのは「承認されること」である（GW8, 220）。こうして承認をめぐる闘争は、どこまでも他者を否定し、自己の自立性の主張を貫こうとするかぎりで、かえって自らの生命を危険にさらす事態に陥る。しかしこうした「死を賭けた闘争」の結果、「各人が相手を純粋な自己と見ること」、すなわち占有や生命といった現存在への固執から純化された、自律的な主体として承認しあうという「意志の知」が成立する（GW, 221）。

　「この知る意志はいまや普遍意志である。それは承認態 Anerkanntsein である。〔…〕個別者の意志は普遍意志であり、普遍意志は個別意志である。これが人倫一般であり、直接的にはしかし法である」。（GW8, 221f.）

　個別者から共同性を導出する以上の議論は、一見、近代自然法論の個体主義を踏襲しているかのようにみえる。しかしここでの議論は、「相互に自由な自己意識」であるという人間の「概念」が、諸個人間の闘争関係を介して自らを実在化する運動として展開されている（GW8, 214）。そのかぎりで運動を導く真の主体はあくまでも「概念」、前節の表現を使えば、即自的な「目的」の側にある。また、この闘争論の狙いは、諸個人の自己保存や占有の確保のために国家社会が導出されるということではなく、むしろ反対に、共同性の創出はそうした諸個人の個別性の契機の全面的な否定を必要とするという点を示すことにある。つまり、闘争の成果として相互に承認しあうのは、あらゆる個別性から純化された「純粋な自己」、ルソー的に表現すれば、真に自己自身の主人であるような「道徳的自由」の主体であり、それゆえにこそ、ヘーゲルはここでルソーにならって「普遍意志」と「個別意志」との合致というテーゼを掲げるわけである。この点で、ヘーゲルはホッブズともフィヒテとも袂を分かち、むしろ、国家を「共同」が即「自律」でもあるような倫理的共同体として構想するという、ルソー的なモチーフを受け継ごうとする[10]。

ただし、両者には大きな相違もある。ヘーゲルは共同体の成立によって、ただちに普遍意志が十全に実現されるとは考えず、むしろさしあたりの人倫の境位を「直接的にはしかし法である」とし、その欄外には「個別的、偶然的なものにおける恣意的な自由の制限」(GW8, 222) とも付記している。ここには、各人の「恣意的な自由の制限」として現れるような《法と経済》の領域を、《国家》とは区別される人倫の一段階として捉えようという狙い、言い換えれば、ルソーにおいては自由な共同体を掘り崩すものと見なされた私人(「人間」)の特殊利益の追求を、近代の人倫を構成する積極的な契機として位置づけようとする狙いが認められる。

かくしてヘーゲルの行論によれば、普遍意志はさしあたり、「承認態」として実現される。それは具体的には、各人が自らの欲求充足のために活動する経済関係、ならびに各人の私的所有を保護する法的関係を意味し、後年の「市民社会」に該当する領域である。この境位では、各人は法的「人格」として妥当し、以前の「占有」は合法的な「所有」に転化する。そこでヘーゲルは次に、「労働」「交換」「契約」といった経済活動を介した諸個人の陶冶の過程を論ずると同時に、いまだ抽象的な「普遍意志」が「権力をもつ法律」として具体化される理路を示そうとする。

ヘーゲルは「承認態」を経済的な相互依存の関係として描き出す。諸個人は自分の欲求充足を目指すが、経済社会が普遍的な分業体系である以上、自らの欲求充足のためには自他の労働の成果を交換しあわなければならない。そのさいヘーゲルは、労働と交換は「同様の外化」(GW8, 227) であると指摘し、いずれにも《他在のうちで自己を知る》という知の働きを見て取る。労働においては「私は自らを直接的に物に、すなわち存在である形式にする」(ebd.)。私は自らの直接的な欲求充足を放棄し、自己を物へと形成しつつも、加工された物のうちに自己の形式を保持する。こうして出来た生産物は、次に、貨幣を介して他者の労働生産物と「交換」される。「私は私の現存在〔所有物〕を外化し、それを私にとって疎遠なもの〔他人のもの〕にしつつも、このなかで私を保持する。私はまさにこの点で私が承認されていることを直観する」

(ebd.)。ヘーゲルによれば、生産物を譲渡しあう「交換」は、互いを所有権の主体たる「人格」としてそのつど確証し合うという意義をもち、こうして「法」的な承認態が具体的な制度として実質化されることとなる。

経済的な交換を法的関係としてより具体化するのが「契約」である。近代自然法論では社会契約こそが国家の設立行為であり、ルソーにかぎっていえば、一般意志を構成するものであった。これに対し、ヘーゲルによれば、契約関係はすでに成立している「承認態」に依拠するものであり、その効力は私的所有にかかわる範囲に制約される。それゆえ契約が構成しうるのは「普遍意志」ではなく、当事者同士の合意である「共通意志 gemeinsamer Willen」にすぎない[11]。普遍意志はそのつどの共通意志を成立させる根拠として潜在しているが、いまだ「普遍意志は特定の物件の背後に隠れている」(GW8, 231)。つまり、契約にさいして焦点が当てられるのは、純粋な人格としての承認関係そのものではなく、各々の特殊な利害関心の一致であり、そのかぎりで共通意志にもとづく共同はいまだ偶然的なものにとどまる。

ヘーゲルは普遍意志が諸個人に顕在化する理路を、「犯罪と刑罰」という否定的な事態から説き起こす。「犯罪」とは個人が共同性から離反し、自己の個別性に還帰することを意味するが、それは具体的には、契約という共通意志に具わる強制力にその締結者の一方が反抗し、その契約を破棄することとして生じる。だが、犯罪はたんに契約の当事者間の共通意志を毀損するだけではない。それはむしろ共通意志を成り立たせる「承認態」という基底そのものの侵害につながる。こうして犯罪は「〔潜在的であった〕普遍意志を鼓舞し、刺激し喚起して活動させる」(GW6, 235)。ここでの普遍意志の活動とは、毀損された承認態が自己修復に向かう運動であり、犯罪者に対する「刑罰」として具体化される。刑罰を履行するのが「権力をもつ法律」であり、それは司法権による犯罪者に対する「強制」という形をとる。しかし、この強制は、犯罪者にとって外面的な強制、《他律》を意味するものではない。刑罰の本質は「毀損した承認態を元に回復すること」(ebd.)にあるが、このことは社会秩序の回復を意味するだけではなく、普遍意志から離反した個別者をその本来の意志へと連れ戻すこと、当の意志と和解させることをも意味する。

> 「法律は強制する。〔…〕法律によるこのような強制によって、もはや私の名誉が毀損されることはない(陶冶)。なぜなら、この強制はもはや私の服従を含んでいないからである。この強制は他者に対する私の自己の消滅を含んでいるのではなく、私自身に対する私自身の消滅を、普遍的なものとしての私自身に対する、特殊なものとし

ての私の消滅を含んでいるからである」。（GW8, 247）

司法権は犯罪者に刑罰を科すが、犯罪は犯罪者自身の本来的な意志である普遍意志に背反しているのであり、彼が受ける刑罰はじつは彼自身の意志に由来する。そのかぎりで、法律の「強制」は、私の特殊な自己を否定し、私の普遍的な自己を実現する、という意義をもつ。それはルソーが「自由への強制」という表現で示唆した理路に通じる。すなわち普遍意志への服従を強制することは、自由であるように強制することに他ならず、そこには和解と同時に「陶冶」の意義が含まれるわけである。(12)

こうした犯罪と刑罰の運動を通じて、個人は「純粋な人格」へと陶冶され、いまや法律は疎遠な権力ではなく、むしろ「純粋な普遍意志としての個別者の本質」（GW8, 249）であることが自覚される。こうして個別意志と普遍意志、主観的な知と客観的な法律とが媒介的に合致するに至るが、ヘーゲルはこうした地平のうちに「国民の精神」、ならびにその具体的表現としての「国憲」の成立を見定める。普遍意志は、はじめは抽象的な「承認態」、次には客体的な「法律」として登場したが、いまやこの「国民精神」こそが、最も具体的な意味での「普遍意志」であることが明らかになる。「この〔国民〕精神が諸個人の本性であり、彼らの直接的な実体であり、これの実体の運動および必然性である」（GW8, 254）。かくして、個別意志の普遍意志への陶冶の運動は、いまや国民精神そのものの「自分自身を目指す」（ebd.）運動であったことが判明する。とはいえこの運動は、つとに懸念が向けられるように、個人を全体へと解消しようとするものではない。ヘーゲルは国民精神の本質を「個別者の完全な自由と自立性における普遍性」（ebd.）と表現しており、また、国家権力の生成は「盲目の必然性」（ebd.）ではなく、個別者の「知によって媒介された必然性」（ebd.）であることを強調している。つまりヘーゲルがここで提示する国家は法治国家であり、万人の知によって媒介された共同体なのである。

さて、それではいま辿ってきた「普遍意志の構成」の理路は、ルソーの問題圏にどのように対応するものなのか。ヘーゲルは、《普遍意志に従うことが同時に自己の意志に従うことでもある》という「自律」即「共同」の論理をルソーから継承しつつも、「普遍意志の構成」を、《社会契約》としてではなく、法や制度を介した《相互承認》の実質化の過程として把握する。そのさい、ルソーの「譲渡」は「陶冶」の理路へと改釈される。「外化〔譲渡〕–陶冶」を通じて、個人は、自由な人格としての自己の存立が法や制度を介した他の人々との承認態のうちでのみ可能であることを自覚していく。それはまた、自己の特殊利益だけを追求するのではなく、自分がその一員である共同体の公共利益を重んじる姿勢を体得することにつながる。ヘーゲルはこのように、「普遍意志の構成」を相互承認が制度的に実質化される過程と個人の陶冶の過程との相即として捉えることで、ルソーには欠けていた、普遍意志と個別意志とを媒介する具体的な理路を提示しえたのである。

もっとも、ここで展開されたヘーゲルの人倫構想は、普遍意志と個別意志の統一というルソーの課題を引き受けつつも、ルソーが描いた国家像とは大きく異なる共同体のあり方を提示している。ここでの「普遍意志の構成」は、《経済-法-国家》という諸段階を含む重層的な過程として展開されるが、ここには、すでに示唆したとおり、《法と経済》の領域と《国家》の領域の区別と媒介を捉えようとする意図が認められる。ひるがえるに、ルソーにおいてはまだ、そうした国家と市民社会との明確な区別はない。そのかぎりでルソーの国家理論では、普遍意志と個別意志の直接的な統一が志向されているといえる。先述したように、ルソーの国家論は古典古代の共和制を範としている。共和制は、直接的な政治参加と市民相互の強い結束が可能であるために、領域的に小規模でなければならず、また、個々人の関心が公共の事柄に集中するように、平等と質実な生活が保たれなければならない。そうした条件下ではじめて、個々人が自らの特殊意志を一般意志に従属させ、公共生活に能動的に参加することが期待できたのである。ヘーゲルは青年期以来、そうしたルソー的な国家理念を古代ギリシアの民主制と重ね合わせて理想視してきたが、『構想Ⅲ』でも、古典古代の民主制を個と全体が美しく調和した「一個の芸術作品」(GW8, 263)と評している。しかし「近代の個別性の原理」の出現を歴史的必然と認めるならば、もはや個と普遍の直接的統一は望むべくもない。それはかえって、フランス革命後の恐怖政治のようなグロテスクな事態を招来させうるからである。こうしてヘーゲルは、近代の国家体制の構想にさいしてはルソーと袂を分かち、市民社会と国家、私人と公民の区別、また多元的な諸身分から成る、「立憲君主制」を志向するわけである。

## 四　国家創設期における強制と陶冶

前節で見たように、『構想Ⅲ』の中心的モチーフは、諸個人の陶冶と相即しつつ、普遍意志が具体的な法や制度として顕在化する、その道筋を描き出すという点にある。しかしこうしたヘーゲルの議論は、個体主義的発想から出発する社会契約説の立場からは、次のような疑義が寄せられうるだろう。——ヘーゲルの理論構成では、普遍意志が潜在的な仕方においてにせよ、あらかじめ存在していることが前提されている。

しかし、そのような前提を立てることがいかに正当化されうるのか。それは不当な論点先取ではないのか、と。では、この問いに対してヘーゲルはいかなる答えを持ち合わせているのだろうか。本節ではこの問題を考察してみたい。

先述したように、ヘーゲルの社会契約説批判の要諦は、契約という手続きには諸個人の意志の外化（譲渡）を導く実在的な媒介項が欠けている、という点にある。この批判の含意は、諸個人は共同体における諸関係を媒介にしてはじめて自由な主体へと形成されうる、ということにある。それゆえヘーゲルからすれば、共同体の成立以前に自由な主体が存在すると前提することのほうが論点先取だということになる。しかしそうであれば、ヘーゲルは、自由な個人の形成と存立を可能にする共同体がどのように成立したと考えるのだろうか。ヘーゲルは『構想Ⅲ』の第三部「国憲」において、社会契約説を批判した直後の箇所で、「偉人 der grosse Mensch」による国家創設の経緯を叙述している。当該箇所は、個別意志を介した普遍意志の概念的な生成過程という、先に見てきた第一部・第二部の理論構成とは異なり、歴史哲学的な観点からの議論が展開されているが、本節の課題に対するヘーゲルの回答をなすものとして読み解くことができる。

ヘーゲルはここでも、社会契約の考え方に抗し、普遍意志を「即自」（GW8, 258）、本来的に存在するものと捉えるが、それは国家創設期においては、一人の傑出した「偉人」の権力として現れる。偉人が体現する普遍意志は、諸個人にとって「彼らを強制する外的な権力」（ebd.）という性格をもつ。しかしながら、

> 「彼らの意に反して、〔潜在的には〕偉人の意志が彼らの意志なのである。〔…〕こうした権力も、それが国家をこの現実的な個体として創設し、保持するがゆえに、必然的かつ正当なものである。〔…〕圧制 Tyrannei によって、現実の個別意志の直接的な外化が帰結する。この外化は服従への陶冶〔である〕。普遍的なものをむしろ現実の意志だと知るこうした服従への陶冶によって、圧制は不要なもの überflüssig となり、法律の支配が登場する。圧制者が行使する権力は、即自的には法律の権力である。服従を通じて、法律さえももはや疎遠な権力ではなくなり、意識された普遍意志となる」。（GW8, 258ff.）

共同体のもとでこそ自由な主体の形成が可能になると考えるヘーゲルにとって、国家は国民精神が自らの自由を実現するために不可欠な境位である。しかしヘーゲルは、人間は直接的には自らの個別意志を追求するという認識を、ルソーよりもいっそう真摯に受け止めるがゆえに、諸個人が自発的に

自らの個別性を外化し、国家を創設できるとは考えない。それゆえ国家の創設は、一人の偉人によって暴力的に――諸個人にとっては他律的に――果たされるほかはなく、諸個人は圧制の下、やむなく自らの個別性を「外化」する。しかし、諸個人はそうした「服従への陶冶」を通じて、自らを律し、互いを自由な人格として承認しあい、法の支配を理性的なものとして把握するに至る。すると、陶冶された諸個人にとって、もはや圧制者は「不要なもの」となり、打倒されることになる。ヘーゲルは、たとえばテセウスやペイシストラテスといった強権者による支配ののちに民主制が成立するに至ったアテナイの歴史を、このような見地から意義づけるのである。[13]

ヘーゲルはこのように、「偉人」の圧制のうちに諸個人の普遍意志への歴史的な陶冶の意義を認める。注目すべきは、このヘーゲルの所論が、ルソーの説く「立法者」の必要性という論点を現実の歴史過程のうちに読み込んだものという性格を帯びている点である。ヘーゲルは社会契約説を否認するが、国家創設の具体的歴史を把握するにあたっては、むしろルソーの「立法者」論へと接近し、諸個人に先んじて普遍意志を体現する傑出した政治指導者の必要性を説くわけである。そして、ルソーが「自由への強制」という表現で示唆した、強制を通じて自由な主体が形成されるという逆説的な理路を、ヘーゲルは刑罰論のみならず、偉人による国家創設の事業のうちにも認める。

もっとも一見して明らかなように、ヘーゲルの説く「偉人」には、ルソーの「立法者」像とは決定的に異なる点がある。ルソーの説く立法者は、前述のように、国家を創設する権力も法律を制定する権力も持たないがゆえに、「自由への強制」に実効性を与えるものではなかった。他方、ヘーゲルの所論では、偉人は絶対的な権力によって自ら国家を創設し、圧制を強いて諸個人の「外化-陶冶」を促す。ここには、ヘーゲルの所論がルソーの「立法者」論よりもむしろ直接的にはマキアヴェリの「君主」論の影響下に書かれているという事情がある。[14] 実際、当該箇所には「マキアヴェリの『君主論』は〔…〕偉大な考えのもとで書かれている」(GW8, 258)という記述がある。とはいえ、ヘーゲルは圧制や権力政治を国家統治の一般原理として提示しているわけではない、という点は留意すべきである。「偉人」は国家創設を果たし、国民を自律的な主体へと高める使命を負うが、それが実現された暁には「不要なもの」となる。この点を鑑みるかぎり、ヘーゲルの政治的志向はあくまでも国民自身が普遍意志の担い手となることに向けられており、その点ではルソーが抱いた志に通じている。

ともあれ、ルソーの「立法者」論とヘーゲルの「偉人」論の相違のうちには、《原理》と《現実》を捉えるさいの両者の対照的な姿勢が示されている。ルソーは《力は権利を作らない》ことを強調し、原理と事実を峻別する。こうしたルソーの立場からすれば、ヘーゲルが語る「偉人」の権力政治は、ルソーが「最強者の権利」と呼ぶ偽りの権利と変わらないものであり、到底容認できるものではない。この点で、ルソーの思想的企図は現実を適切に裁定するための原理の確立に向けられていたといえる。これに対し、ヘーゲルは「あるところのものの理解」(GW5, 163)を哲学の課題として掲げたことで知られる。とはいえ、このことはヘーゲルが単なる現状肯定を企図したことを意味しない。むしろヘーゲルの歴史叙述の狙いは、いま見たように、暴力性を孕む歴史的現実のうちに理念的なものが胎動するさまを見て取ろうとする点にある。ヘーゲルは、《あるべきもの》(=概念)が現実化せざるをえないその必然性を認識しようとしたのであり、その点では、ルソーが原理として示したもの――自由人の共同体――が実質化される論理を模索したのだといえる。確かに、ヘーゲルの「偉人」論は、国家統一のためにはいかなる悪辣な手段も許容されるとする判断を安易に助長しかねない危険性を孕んでおり、こうした所論が政治的実践にさいしての《規範》として妥当するか否かについては慎重を期す必要があるだろう。しかしながら、それを、歴史的事象を意味づけるものとして捉えるならば、ヘーゲルの見解には軽視できないものがあるといえる。そこには原理と現実、《あるべきもの》と《あるところのもの》を媒介する理路が提示されているからである[15]。

さて以上の考察を踏まえるならば、いまや、普遍意志を諸個人の意志に先立つ本質と見なすヘーゲルの理論構成を支える基礎は何であるのか、という問題に答えることができる。その答えは、ヘーゲルの理論構成は偉人による圧制という歴史的な陶冶の段階を経た、近代の国民精神に依拠するものだ、というものである。ヘーゲルの考えによれば、特定の国家体制ならびに法や制度は、国民精神が具体的に形態化されたものである。諸個人はそうした法や制度のもとで陶冶されるわけだが、そのさい、国民精神そのものも諸個人の陶冶を介して自らを陶冶する。そして国民精神が歴史的に発展を遂げると、その形成陶冶の度合に応じて、時の国家体制、法や制度のあり方は変革されていく[16]。したがって、前節で辿ったような、「普遍意志」を即自的な概念に据えるという議論の枠組みは、偉人による強制と服従という歴史的段階を経て発展してきた、近代の国民精神の境位においてはじめて成り立つものなのであり、ヘーゲルの理論構成はこうした歴史的地平を基礎として構想されたものだったのである。

## おわりに

これまでの考察を概括しておこう。『構想Ⅲ』におけるヘーゲルの人倫構想は、「自律」が即「共同」でもあるような自由人の共同体という理念をルソーと共有しており、また、その実現のための理路として、《諸個人が自らの個別意志を否定し、普遍意志のうちに自らの意志を見いだす》という、ルソーの提示した「譲渡」の論理をも受容するものであった。しかしヘーゲルは、「譲渡」の論理が《社会契約》のうちで実現されると捉えることを拒絶し、代わりにそれを、法や制度を介した《相互承認》の実質化の過程として捉えようとする。こうしてヘーゲルにおいて、「外化（譲渡）」は、先立つ普遍意志がそうした社会関係を通じて諸個人の意志によって媒介され、そのかぎりで諸個人の本来的な自己として主体的に担われるに至る「陶冶」の理路へと編み変えられる。しかも、この「外化-陶冶」の過程は、ルソーの説く「自由への強制」や「立法者」の必要性という論点をも、改変しつつ、具体的な社会的、歴史的コンテクストのうちに組み込むものであった。

けれども最後に、両者の意志論がもつ射程の隔たりについて、一点付言しておかなければならない。ルソーの説く「一般意志」は、社会の構成員の現実の意志には必ずしも還元されない理念性を帯びているが、あくまでも共同利益を志向する政治的意志として設定されている。一方、ヘーゲルの「普遍意志」は、最終的に「国民精神」と重ねられている点を鑑みるかぎり、政治的な国家のみならず、文化的・歴史的な共同体の意志としての広がりを有している。ヘーゲルが「国憲」との連続性で、芸術、宗教、哲学を、精神の自己知の境位として捉え、精神哲学体系の終局に位置づけることになったのは、こうした事情が絡んでいると考えられるのである。

（こいぬま・ひろつぐ／哲学・倫理学）

**凡例**

ヘーゲルの著作は、*Hegel Gesammelte Werke*, hrsg. v. Rheinisch-Westfälischen Akademie der Wissenschaften. に拠る。引用・参照のさいには、略号［GW］に続けて巻数、頁数の順で記す。引用中の傍点は、原著者による強調である。ルソーの著作は、*Œuvres complètes de Jean-Jacques Rousseau*, éd. publiée sous la direction de B. Gagnebin et M.Raymond, Paris, Gallimard, Bibliothèque de la Pléiade. に拠る。引用・参照のさいには、略号［OC］に続けて巻数、頁数の順で記す。

**注**

（1）ルソーの la volonté générale とヘーゲルの der allgemeine Wille は、ともに国家意志として重なる意味合いを持つが、慣例に従い、ルソーの文脈では「一般意志」、ヘーゲルの文脈では「普遍意志」と訳す。

（2）Vgl. Riedel, M., *Studien zu Hegels Rechsphilosophie*, Suhrkamp, 1969, S.59ff. リーデルの研究を承けて、滝口清栄もまた、『構想Ⅲ』のうちにルソーの一般意志論の批判的継承というモチーフを読み取っている。滝口清栄「意志論と原法哲学の成立——ルソーの批判的継承」、同『ヘーゲル「法（権利）の哲学」——形成と展開』御茶の水書房、二〇〇七年、第四章を参照。

（3）ヘーゲルのEntäußerungは「外化」と訳すが、ルソーの「譲渡aliénation」概念との対応を特に強調したい文脈では「外化（譲渡）」と表記することにする。

（4）南條文雄「ルソーの社会哲学とヘーゲル」、同『人倫の哲学——ヘーゲル・カント・ルソーと現代』北樹出版、一九九一年、第二章、五六—五七頁。佐山圭司「ヘーゲル法哲学における伝統と革命」『ヘーゲル哲学研究』第一〇号、二〇〇四年、二九—四〇頁。

（5）いま挙げた先行研究で取り上げられているのは、もっぱら同書の二五七—二五八頁の叙述である（Vgl. GW8, 257f.）。たしかにこの箇所は、ヘーゲルがルソーを意識しつつ自らの「普遍意志」理解ならびに社会契約説批判を展開していることが伺える重大な箇所であり、本稿でも二節でこの箇所を詳しく検討する。しかし、同書の人倫構想の総体的な検討という課題を果たすためには、当該箇所の考察だけでは不十分であり、ルソーとの関連において読み解きうる他のテキスト箇所の検討を、三節、四節で行う。

（6）この点については、吉岡知哉『ジャン゠ジャック・ルソー論』東京大学出版会、一九八八年、一一三頁以下を参照。

（7）「徳」については『社会契約論』では語られないが、『政治経済論』では、市民の「公教育」の必要性とともに、非常に重視される（Cf. OC3, 252ff.）。

（8）「自由への強制」の教育的機能、ならびに「道徳的自由」との関連については、吉岡、前掲書、一一四頁以下を参照。

（9）ルソーは、立法者が未熟な人民を説き伏せる手段として「神の権威」（OC3, 383）を利用することを提案している。しかしそうなると、権威への信奉を促すことが自律的な態度の育成と背反しないのかという疑念を招き寄せることとなり、やはり問題の十全な解決には結びつかない。

（10）当該闘争論とルソーのモチーフとの関連については、星野勉「承認をめぐる闘い——イエナ期ヘーゲルのホッブズ自然法論への対応」、浜田義文・牧野英二編『近世ドイツ哲学論考——カントとヘーゲル』法政大学出版局、一九九三年、二六三頁以下を参照。

（11）前節の冒頭で引用した箇所（GW8, 255）でも、dem gemeinsamen Willenという語が使われていたが、これは文意からして明らかに、普遍意志とほぼ同義の、国家の「共同意志」を含意しているので、契約の場面で言及される「共通意志」とは訳し分けた。

（12）イェーナ前期のヘーゲルは「強制」概念をフィヒテの国家論を批判する文脈のなかで取り上げ、それを《相互制限としての自由》に基づく「普遍的な強制の体系」（GW4, 443）に結びつくものとして、きわめて否定的に捉えていたのに対し、『構想Ⅲ』の「強制」概念は一転して、個別意志の普遍意志への「陶冶」を導くものとして積極的な意義を帯びるようになる。滝口清栄はこうした変化について、フィヒテの自然法論への批判から受容へと転じたものと解釈しているが、フィヒテの「強制」概念そのものからこうした陶冶という積極的意味合いを読み取れる根拠については何も言及していない（滝口、前掲書、第二章「人倫構想の変転——フィヒテの「強制」概念を軸として」、六五—六八頁）。本稿はこうした「強制」概念の転換の要因を、フィヒテではなく、ルソーの受容のうちに認める。

(13) こうした当該箇所の「偉人」論は、後年の歴史哲学で説かれる「英雄の権利」や「世界史的個人」の考え方の原型をなしている。また、ここでの《服従を介した陶冶》という論点は、『精神現象学』や『エンツィクロペディー』の「自己意識」論で展開される《主と奴の弁証法》の論理の原型をなすものでもある。

(14) ヘーゲルはイェーナ初期の『ドイツ憲法論』のなかですでに、強力な政治支配者の必要性を説くマキアヴェリの教説を、四分五裂したドイツの政情に対する自身の問題意識と重ね合わせ、深い共感を示していた（Vgl. GW5, 131ff., 205f.）。ところで、ルソーもマキアヴェリの影響を受けた一人であり、『社会契約論』の「立法者」論は、マキアヴェリの『ローマ史論』における「立法者」論との比較考察もなされている。Cf. Leduc-Fayette, D., *Jean-Jacques Rousseau et le Mythe de l'Antiquité*, Paris, 1974, p. 93. しかし、マキアヴェリは「立法者」を、政治権力を独占する支配者として把握しており、その点ではやはりルソーの「立法者」像と大きく異なっている。その点で、ルソーの「立法者」論は、マキアヴェリの拒絶、あるいはそれへの対抗という性格を持っている。

(15) 理念と現実に対する両者の思想的特質を比較考察した先行研究としては、高柳良治「あることとあるべきこと」、同『ヘーゲル社会理論の射程』御茶の水書房、二〇〇〇年、第四章を参照。ただし、高柳は「あること」の認識を強調するヘーゲルの姿勢に現状肯定的なものを認め、それに批判を投げかけている。その点で、本論考の見解とは異なる。

(16) この論点については、神山伸弘「教養の鏡としての国家——ヘーゲル『法の哲学』における国家の正当性について」、同『ヘーゲル国家学』法政大学出版局、二〇一六年、第四章第三節を参照。神山の論考は体系期のヘーゲルのテキストに即したものだが、同様の見方はこの『構想Ⅲ』についても成り立つと考えられる。

**キーワード**　ヘーゲル、ルソー、普遍意志（一般意志）、陶冶、外化（譲渡）

〈公募論文〉

# ネグリ＝ハートにおける抵抗と哲学

## 【哲学の位置づけをめぐって】

**飯村祥之**

アントニオ・ネグリとマイケル・ハートが『〈帝国〉』によって開始した議論は、二つの基本的な見解を理論の主軸としていた。はじめの一つはペシミスティックなものであり、資本主義の進展に伴い、いまや新たな権力形態、すなわち〈帝国〉が姿を現しつつあるというものである。この権力形態の量的な広がりに注目するならば、それは地球規模の範囲全体を覆う。さらに重要なこととして、この権力形態の質に注目するならば、それは管理社会、すなわち社会的な生そのものを管理する「言論や想像力にもおよぶ完璧このうえない支配の達成」である[1]。こうした管理としての統治への移行という定式を、彼らはジル・ドゥルーズとともに、ミシェル・フーコーから受け取っている[2]。フーコーがこうした権力形態に先行するものとして分析した「規律型」の権力のばあい、その個人の生への侵入には、いまだ抵抗が応じえた。たいする「管理型」の権力は、言論や想像力、コミュニケーションといった個人の社会的生の構成そのものを管理し、生が抵抗によって応答することをあらかじめ不可能にしているという意味で「完璧このうえない」のである。

一方、いま一つのものは、こうした管理による生の圧倒、生の徹底的な受動性といったペシミズムをくつがえす。これから検討することになるが、それはさまざまな闘争こそが支配の発展や再編成にとって必須の要素となっているという見解である。ここにおいて抵抗は、支配を逃れる残余としてではなく、むしろ支配のメカニズムにとって本質的な要素として捉えられている。この観点では、権力に応答する抵抗という因果関係は転倒し、むしろ権力のほうがそれに先立つ抵抗に応答する。すなわちいかなる抵抗の可能性も失われていくかにみえる精緻な権力形態の勃興を論じつつ、同時に失われざる抵抗の可能性を示すというアクロバットが、〈帝国〉をめぐる一連の議論、そして彼らの提示する新しい階級闘争の理論であるマルチチュード論を貫いている。

しかしこうした理論的前提は、直ちに次のような疑問へとわたしたちを導く。すなわち〈帝国〉論を特徴づけるオプティミズム、つまり支配のメカニズムへの抵抗の伏在という見方は、抵抗についての自然発生主義だろうか。ところがネグリとハートは、とりわけ『コモンウェルス』において「今日の知識人の役割 the contemporary role of the intellectual」を論じている。[3] ここで彼らは抵抗と新たな諸制度の構成における知識人の積極的な役割を認めており、また抵抗が組織化されることの重要性は彼らの論の至るところに繰り返される。しかし、ここですぐさま指摘しておかなくてはならないのは、彼らはまた「統一性、中央の指導者、そして階層秩序にもとづく伝統的な組織形態」のいずれも拒否しているということである。[4] このように彼らがあらゆる統一性、また統一性を与える超越性の不要を説くとき、その比喩（「指揮者なしで拍子を保つオーケストラ an orchestra keeping the beat without a conductor」）は、限りなく自然発生主義に近づくように見える。では彼らが「自然発生性とヘゲモニーだけが唯一の選択肢というわけではない」というとき、ここに現れているアンチノミーの解決はいかにして与えられるだろうか。つまりネグリとハートにおける抵抗は、実践のなかからの自然発生でもなく、また理論のヘゲモニーにも依らないというヴィジョンの提示を試みるが、いかにしてこの背反するように見える特徴を備えた抵抗は可能だろうか。こうした問いから出発し、本稿は次の問いへの回答を試みる。すなわちネグリとハートは、具体的な抵抗の実践に対し、彼らの哲学的な書物によっていかなる介入を試みようとしているだろうか。こうした問いの下、彼らの議論において一つの起点をなす『〈帝国〉』を中心に、その所論を以下に検討してゆく。

## 一　ネグリとハートにおける抵抗概念

まず本題の検討に先立って、その語の一般的な解釈に反し、むしろ能動性によって特徴づけられているネグリとハートにおける抵抗の概念について、彼ら自身による規定を明確にしておかなければならないだろう。彼らの抵抗概念が明確に叙述されるのは、『〈帝国〉』から九年後の議論、『コモンウェルス』においてである。そこで彼らが、フーコーの権力‐抵抗論への大筋の賛同とともに、次の注釈を行なっていることに注目したい。

〔…〕フーコーは、これらの著作のいたるところで、ときに挿話や傍注のような形をとりつつ、権力にとっての他者——というより、別の権力とさえいえるもの——を理論化している。だが、彼はその適切な名称を見つけるにはいたっていない。彼自身しばしば「抵抗」という語を使っているものの、それはフーコーが考えているものを正確にはとらえていない。抵抗とは、一般的な解釈によれば、抵抗の当の対象である対立する権力に過度に依存し、従属しているからである〔…〕私たちの見るところ、これらのフーコーの著作を貫く権力の別の側面は、単に権力に抵抗するだけでなく、権力からの自律性をも目指すような主体性のオルタナティブな生産と規定するのが、もっともふさわしいと考える。[5]

ここでは、フーコーの用いた抵抗の概念が、その概念への一般的理解に付きまとう受動的な性格にとどまらず、むしろ能動性によって特徴づけられていることが指摘されている。しかしネグリとハートは、彼らにおける抵抗概念が、フーコーのそれと共にあることを明かしつつ、その名称をそのまま用いることへの逡巡を表明する。

抵抗の表象は、一般には支配への応答であり、またそのスタイルはときに権力を模写するかのようである。しかしネグリとハートが、フーコーとともに思念しているそれは、決して権力に応答するのではない。それは自律した「別の権力」であり、また既存の権力には似つかない「権力にとっての他者」である。そしてその意味するところは、抵抗という名称よりもむしろ「主体性の生産」という、フェリックス・ガタリから受け取られた概念によりよく馴染むという。したがってネグリとハートにおける抵抗概念の含意は、彼らとガタリの仕事が交叉する地点を参照することで明らかになる。一九八五年のネグリとガタリとの共著において、すでに両者の間で「主体性の生産」という概念は共有されているが[6]、より注目すべきは、ガタリがイタリア・アウトノミア運動との接触を始めた一九七七年のテクスト、とりわけ自由ラジオ運動に寄せた批評である。[7] ここではアウトノミアの一翼を担った実践としての自由ラジオの運動が、いかにして「主体性の生産」であるかが明瞭に示されている。ガタリは、数千あった自由ラジオ局のなかでも、特にラジオ・アリーチェの独創性を強調する。

（公共電波利用の）国家独占の廃止のあと、極左翼から極右翼まで多数の独立ラジオ局が開設され、あれやこれやの個別の運動分野のスポークスマンとなる。

　ラジオ・アリーチェの独創性はこれらの独立ラジオ局のいわば純粋に〈社会学的〉な性格を越えて、自らを計画推進体として引きうけていくことである。[8]

　自由ラジオ運動を担った多くの左翼独立局は、議会権力への応答として「社会学的」な性格をもち、また支配的なメディアの、ニュースや特集番組といったプロフェッショナルの形式を転写していた。これにたいし、ラジオ・アリーチェは日々の放送用の番組表もなく、ある程度決まった時間帯の政治日報、ヨガレッスン、音楽や詩の朗読といった内容を放送していた。[9] ここに権力への応答はなく、また支配的なメディアの形式との類似もない。こうした意味でラジオ・アリーチェは「計画推進体」としての自らにのみ依拠するのであり、一般的な意味での、つまり応答としての抵抗とはかけ離れたスタイルを示した。

　ガタリは権力、たとえば現下の資本主義的秩序によるマイナーな価値への抑圧[10]にたいし、そうしたマジョリティの価値体系による捕捉を逃れる可能性によって自由ラジオを称揚した。ラジオ・アリーチェのような自由ラジオは、マジョリティの価値体系、主体性＝主観性を奪い取ろうとするのではなく、まったくマイナーな、マジョリティにとっての「他者」として新たな主体性＝主観性を生産する。こうした支配されざるものを生みだすこと、すなわち「主体性」の生産にこそガタリの関心はあり、また抵抗を論じるネグリとハートが寄せる関心もそこにこそある。ネグリとハートにおける抵抗概念には、こうした「主体性の生産」という含みがあることに留意したい。

　以上がネグリとハートにおける抵抗概念の骨子であるが、こうした権力‐抵抗の関係性における転回は、フーコーにおける、抵抗が権力に先立つヴィジョン[11]と共鳴しつつ、またそれ以前に、イタリアのマルクス主義、とくにアウトノミア運動の理論的前身である労働者主義 operaismo に参画した人々が共有していた権力論に端を発している。[12] ネグリとハートの所論を検討する前に、ここではまず「コペルニクス的転回」と呼ばれる、この労働者主義に独特なヴィジョンの大まかな道筋を確認しよう。労働者主義の中心的な理論家であったマリオ・トロンティは、一九六五年に次のように述べている。


　この研究を進めるなかで、もし私たちが産業の客観的メカニズムを通してますます実現されるようになってきた、労働者にたいする資本の支配の今日的な形態の発展を辿ろうとするならば、それ（産業革命）は私たちの研究の出発点でなくてはならない。そこにおいて、生きた労働と資本の不変部分との関係性の発展は、生産の社会的条件と同様、集合的労働者と資本の全体性との間の階級関係の発生に暴力的に従わされる。産業のメカニズムにおける全ての技術的な変革は、階級闘争の特定の契機によって決定づけられるだろう。[13]

この論述は、トロンティにおける重要な論点を示しており、それは支配とは対象を一次元化してゆくのではなく、支配のメカニズムを発展させてゆくため、むしろ支配と被支配との間の闘争をこそ必要としているというものである。この議論と同時期、マルクーゼや、アドルノ、ホルクハイマーらは、資本主義の成熟を社会の一次元化として論じる点で一致していた。[14]彼らは、生産・消費のメカニズムが発展した資本主義社会を論じ、その支配は直接的な監督・指揮にとどまらず、それに先立つテクノロジーや文化産業による支配対象＝労働者の均質化を伴うと指摘する。つまりかつてマルクスが予期したように、成熟した資本主義社会は監督・指揮によって労働者を直接的に支配する、すなわち労働者を「形式的」に生産関係へと「包摂」するばかりでなく、労働者の組織化をより容易にする諸々の技法を伴う「実質的包摂」によって特徴づけられるという。そしてその技法こそ、テクノロジーや文化産業による均質化である。こうして彼らは抵抗の不可能性として、資本主義的生産関係の発展、すなわち均質化ないし一次元化による「包摂」の徹底化を描いた。

一方トロンティは、むしろ闘争こそが産業の客観的メカニズム、すなわち生産関係における変革を決定づけ、その発展を引き起こしてきたものであると論じる。この指摘の重要性は、資本主義的支配のメカニズムが「中立的」なものではありえないこと、支配が均質化という戦略をとりえないことを明らかにした点にある。つまり支配のメカニズムは、それを駆動し、発展させる闘争、つまり支配される対象がもつ過剰な力としての抵抗と、それに対する応答としての支配によって構成される。つまりトロンティが示すのは、資本主義的支配が労働者の主体性を必須の前提としているという逆説である。

このようにトロンティが示した、資本主義的生産関係の発展や再編成をさまざまな闘争が先取りしているというヴィジョンのネグリによる継承は、ネグリ自身による一九六八年の試論「周期性と恐慌におけるマルクス」において明らかにされている。[15]ハートとの共著である『〈帝国〉』においてもこのヴィジョンは採用されており、[16]とりわけ二十世紀後半に姿を現してきた資本主義的生産関係の新たな発展、資本のグローバリゼーションを「プロレタリア・インターナショナリズムに対する一つの応答」と解釈していることは、それを単にレーニンによって解釈された「帝国主義」のプロセスへと還元してしまうことから遠ざけ、プロレタリア・インターナショナリズムの脱中心的な闘争にたいし、資本によって極めて適切になされた応答として〈帝国〉的権力の構築を描くための理論的立脚点となっている。つまり脱中心的な闘争への対応物として、脱中心的な権力が構成されたのであった。その一方で、この管理社会としての〈帝国〉による「完璧このうえない」支配の実現を描きつつ、なお従属する個人の主体性こそが構成的なモーメントであるという主張もまた、この労働者主義流の図式から同時に引き出されている。かくしてネグリとハートはグローバリゼーションという現象に、世界規模の管理社会の到来と、それに先立つ世界規模の闘争、すなわち世界のプロレタリアートが持つ「生きた労働」の過剰さの諸表現による生産という両義性を見てとる。このように支配の圧倒的優越の実現としての資本主義の成熟というヴィジョンをくつがえし、むしろ支配のただなかで従属する生にこそ優越性を見出す「コペルニクス的転回」の理論は、『〈帝国〉』のネグリとハートにおいて、フーコーらと共鳴させられつつ、グローバルな管理社会の分析としての〈帝国〉論と、階級理論の再解釈であるマルチチュード論との双子に結実する。こうした理論的影響の下、『〈帝国〉』によって開始された議論は、いかに成熟した資本主義社会が現出しても、なお抵抗が存在しうるというオプティミズムを保つのである。

## 二 闘争における哲学の位置づけ

このようにネグリとハートは、極めて精緻な〈帝国〉型権力による支配のただなかに、必然的に抵抗が存在することを論じる。とはいえ、これを直ちに闘争についての自然発生主義的な見方と取り違えてはならない。つまり彼らは理論に、たとえば彼ら自身の哲学的な書物に、あくまで闘争の実践のなかで占めるべき場所を与えているのである。彼らは新しい階級概念、すなわちマルチチュードを論じるが、ではその闘争を論じるなかで、哲学にいかなる任務が与えられているだろうか。まず『〈帝国〉』における彼らが、歴史哲学を批判しつつ、哲学について次のように宣言していることに注目しよう。

哲学は、歴史が実現した後に、その幸せな結末を祝福するために飛び立つミネルヴァのフクロウなどではない。むしろ哲学とは、出来事に用いられる主体的な命題、欲望、実践である。[17]

この「ミネルヴァのフクロウ」によって象徴されるのは、直接には『法の哲学』のヘーゲルであり、より一般化するならば歴史への観想的態度である。そしてそれこそはマルクスが、ヘーゲル、そしてヘーゲル左派を乗り越えるときに拒否した態度にほかならない。その拒否は、歴史のなかで活動するものと、それをたんに観照するものとの分裂を拒否することである。[18]こうした反ヘーゲルの端的な表現は、フォイエルバッハ・テーゼの最も有名なもの[19]に代表される。またマルクス主義歴史論の思想史的記述を行なったマーティン・ジェイによって、このようにヘーゲル主義を脱するマルクスについてなされた表現を引用するならば、マルクスにおいて「ミネルヴァのフクロウは、黄昏を待つことなく、歴史の創造者たちが歴史を作るその都度に彼らとともに歩む[20]」。ネグリとハートが、一八二〇年のヘーゲルによる観想的な歴史哲学を批判するとき、それはマルクスとともに歴史にたいする哲学の受動性を拒否することを意味している。またこのように哲学に能動的な地位を与えるならば、それは歴史を作ること、すなわち「実践」と、哲学が何らかのしかたで手を携えて歩むことを意味する。こうした歴史への態度については、ネグリとハートを含め、およそマルクスを引き継ぐ哲学ならば一般に同意するであろう。

しかしマルクスに連なる諸哲学にとって、このマルクス化された「ミネルヴァのフクロウ」がどのようなしかたで歴史の創造者とともに歩むかは、つねに論争的なテーマであった。[21]かくして先の引用前半部における驚くにはあたらないヘーゲル批判にたいし、続く部分でネグリとハートの哲学に与えられる、「主体的な命題、欲望、実践」としての哲学という規定には慎重な検討が必要である。

## 1　哲学と実践

ここまでに述べたような意味を、そしてアントニオ・グラムシのよく知られた表現を踏まえるならば、「実践」としての哲学とはマルクス以来の系譜一般を示唆するだろう。しかし、ここでの哲学と「実践」との連関は注意深く読まれるべきであり、私たちは、かつてアルチュセールによって論じられた、「実践の哲学」と「哲学の実践」との間にある根本的な差異についての議論を想起すべきである。[22]ここでのアルチュセールは、グラムシに代表される「実践の哲学」としてのマルクスの哲学という定式化に抗して、マルクスがマルクス主義の哲学者に課したのは、新たな「哲学の実践」を発明するという任務にほかならないと主張する。[23]彼によれば、マルクスは、新しく、また「面喰わせるような仕方で」哲学を実践してみせた最初の人物であり、哲学を哲学として生産することを拒み、哲学を、政治的、批評的、科学的な著作において実践したのである。「実践の哲学」としてのマルクス解釈は、いまだ「実践」をマルクスの哲学における中心的な概念として扱うに留まる。一方、アルチュセールの解釈において、「実践」ないし「社会的実践」とは哲学の外部であり、哲学はそのために存在する。彼はそうした哲学の外部に、まさにその哲学によって介入する仕方を発明することこそがマルクス主義の使命であると論じる。つまりアルチュセールの解釈において哲学とは、歴史の創造者、つまり実践によって歴史をつくる者に知恵を（すなわち理論を）授ける、まさに「ミネルヴァのフクロウ」である。

ネグリとハートのテクストもまた、歴史を、政治を、文化を、経済を、つまり彼らの能うかぎりで最大限に広範な対象を論じる、アルチュセールが述べた意味での面喰わせるようなスタイルを持つといえる。それは過去の哲学テクストへの参照を中心とせず、いかなる既存の哲学的文体においても生産されてはいない。それでいて彼らのテクストは、『〈帝国〉』の序文が述べるとおり、「それぞれ同等の資格において、哲学的かつ歴史学的、文化論的かつ経済学的、政治学的かつ人類学的であることをめざしている」[24]。そして後に詳論するが、そのテクストは哲学でありながら、アルチュセールに倣って言えば、哲学を実践すること、すなわち哲学によって「実践」の領野に介入することを明確に目論む。

しかしながら、ネグリにおける「哲学の実践」を論じたジェイソン・リードによれば、ネグリが哲学を「実践」とかかわらせる仕方は、こうしたアルチュセール流のマルクス主義理解には還元しきれないものである[25]。リードの論述によれば、それは『哲学の実践』を通じて、新たな『実践の哲学』を展開する」ものであり、ここにおいて実践と哲学は相互に往還する。ネグリにおける哲学とその「実践」について、リードの論述を引用するならば、「人間の活動の構成的次元についての実践の哲学は、純粋な思考の運動として思弁的にのみ展開されることはできず、構成の条件・限界、世界の歴史性、物質性との継続的な対峙を通じて展開されなくてはならない」[26]。すなわち、単純な事実ではあるが、「実践の哲学」は「実践」の領野、すなわち哲学の外部なくしてはありえないのである。

それではハートにおいて、いかにして理論と「実践」とは関連づけられているだろうか。ネグリがただ中において経験した、イタリアにおける政治運動、とりわけオペライズモと、その後継たるアウトノミアの運動について、ハートが論じている箇所を参照しよう。

イタリア思想の特異性は、イタリアの社会・政治運動の歴史が跡づけてきた特異性について幾分かでも理解がないことには把握されえない。実際、そうした理論化は過去三〇年余りにわたって運動の波に乗ってきたのであり、その集合的実践の一部分をなすものとして現われてきたのである。著作はつねに、夜遅くのくすねた時間で拵えあげられたという印象を与えつつ、ある日の政治闘争を解釈して次を計画するという、現実の政治的直接性を持ってきた。長きにわたってそういった多くの著者たちは、陣営の理論家であり、政治活動を生業としてきた。アルチュセールは、革命理論がなければ革命的実践はありえないと述べたレーニンを引用するのを好んだ。（しかし）イタリア人たちは、逆の関係性をより強調した。つまり革命理論は、実際の闘争のなかで提起された問題についてのみ効果的に取り組むことができ、そして逆にこの理論化は、ただ実践の領野における創造的な実行を通してのみ記述されうる。理論と実践の関係は開かれた問題系にとどまり、それは新たなアイデア、戦略、そして組織化の効果を試すための、ある種の実験室である。革命は実験のこの絶えず開かれたプロセスにほかならず、それ以外ではありえない(27)。

レーニンとともにアルチュセールが主張した、革命理論がなければ革命的実践がありえないこと、つまり「哲学の実践」における哲学的理論、思弁的なものの先行性・優越性にたいし、イタリアの活動家＝理論家らによって強調されたのは、むしろ「実践」からこそ理論的問題は提起されるという道行きであったとハートは論じ、彼らの活動を、理論と実践との間を行き来する「実験」と表現し、それを評価している。

このように論じられたイタリア思想との同時代性において見るならば、先に論じた『哲学の実践』を通じて、新たな『実践の哲学』を展開する」哲学というヴィジョンはより明確に理解されるだろう。ネグリとハートにおいて現実についての哲学は、思弁にとどまるのではなく、種々の活動という形式において実践を持つ。こうした活動の成功／頓挫のいずれもが次の活動を計画するための理論的な検討に付され、それは実践を導く新たな哲学として再び展開される。このように「人間の活動の構成的次元」、つまり歴史を作る活動としての「実践」は理論によって導かれるが、その理論を条件づけるものは、つねに哲学の外部としての世界の歴史性、物質性、つまり「実践」の領野なのである。この理論‐実践の往還は、アルチュセールによって強調された「哲学の実践」と、それとは逆の道行き、すなわち「ある日の政治闘争を解釈して次を計画する」ような、実践の解釈から新しく拵えあげられる「実践の哲学」との間の循環である。言い換えれば、それは既存の理論と現実の活動についての解釈とを組み合わせる、いわば器用仕事によって作られる、実践についての新しい哲学的検討であり、種々の活動にアイデア、戦略、組織化を与えるような介入を目指すという機能によって、それはまた「哲学の実践」でもある。

アルチュセールによって理解されたマルクス主義において、いまだ哲学は、歴史の創造者とともにありつつも、つねに彼らを上空から見下ろす「ミネルヴァのフクロウ」である。それは哲学に、超越的ないし超越論的なカテゴリーを導き入れる。一方で「実践」を哲学に先立たせる、つまり現実における活動の解釈として、その都度新しい哲学を作りあげてゆくことは、哲学を地上に引きずり下ろし、あらゆる超越性を拒否することである。ネグリとハートの「実践」としての哲学は、その「実践」と哲学との間の相互循環に特徴づけられる。こうした哲学はもはや「ミネルヴァのフクロウ」であることをやめ、直接に歴史の創造者であることを目指す。

## 2　主体的な命題としての哲学、ドゥルーズとガタリへの批判

では次に、本節冒頭の引用で与えられていた「哲学とは欲望 desire である」という規定を検討しよう。これによって彼らが示唆するところは、直接にフロイト以来の精神分析の系譜であるよりも、第一にはスピノザにおける「欲望 cupiditas」の問題系であるだろう。実際のところ、ネグリとハートそれぞれの著作、そして共著を通じて、彼らが直接に精神分析理論に依拠することはない。彼らが精神分析に発する「欲望」の問題系と接触をもつとすれば、それはあくまでドゥルーズとガタリを通過するかぎりにおいてである。また一九八〇年代のネグリによるスピノザへの接近すら、一九七八年のパリでの講義の際、彼が当地で聴講したドゥルーズによるスピノザ講義を強力な動機としている。[28] つまりネグリとハートが「欲望」というタームを用いるとき、そこではやはりドゥルーズとガタリの議論が想起されなくてはならない。

ネグリとハートの「欲望」の問題における、もう一方の強力な極、つまりスピノザをひとまず措くとして、ここではさしあたり、ドゥルーズとガタリにおける「欲望」の問題への彼らの言及に注目したい。とりわけ次のような数少ない批判的言及は、彼らがドゥルーズとガタリから何を受け取り、どの点で乗り越えを図っているかを明らかにし、したがってネグリとハートに特有な「欲望」の問題を明らかにするだろう。

彼ら（ドゥルーズとガタリ）は、私たちの注意を社会的生産の存在論的実体へとはっきりと向けてくれる。諸機械 machines が生産するのである〔…〕ところが、ドゥルー

ズとガタリが積極的な仕方で構想しうるのは、絶え間ない運動と絶対的な流れへと向かう諸傾向 tendencies だけでしかないようにみえ、かくして、彼らの思考においてもまた、社会的なものの生産に関する創造的な諸要素とラディカルな存在論は、実体を欠いた無力なものに留まっている[29]。

ドゥルーズとガタリにおける「機械 machine」の概念は、スタティックな構造概念に対立するものとしてあり、彼らの共同作業を、社会革命を論じる政治性へと導いた[30]。彼らは、社会体を「欲望を内在的原理としてひとつのサイクルを欲望する諸機械[31]」と捉える。このように欲望を再生産し、またその欲望によって次なる再生産へと駆り立てられる諸機械の接続として、まず彼らは社会の構造論的な見方を提示する。しかし彼らはこうした諸機械が「変調」を、それも慢性的な「変調」をきたしつつ作動していることを指摘する[32]。この「変調」は、再生産を超え出てしまう主体の欲望の過剰さであり、再生産における偏差といえる。このような社会的再生産の生産性を含意していることによって、「機械」の概念は構造概念と対立するのである。そして、このように社会的なものの革命的切断の可能性を認める点で、ネグリとハートは、いまだドゥルーズとガタリと共にある。

しかしネグリとハートについて私たちが注目すべきは、彼らがドゥルーズとガタリから離れる地点である。そして先の引用におけるドゥルーズとガタリへの批判は、そこに現れている「傾向」という概念に注目することで明晰になるだろう。「傾向」概念は、ネグリが一九七八年のパリでの講義、すなわち『経済学批判要綱』（以下、「要綱」）を論じた講義のなかで強調していたものであり、彼がこの語を用いる以上、あくまでかつての講義における含みを想起しなくてはならない。

ではネグリにおいて「傾向」概念は何を意味するだろうか。『要綱』講義のうち、第三講義は「経済学批判序説」（以下、「序説」）、とりわけその第三項である「経済学の方法」の分析を中心とする。そこで彼は、マルクスの経済学批判の方法を次のように論じる。

一方に、具体的なものにおいてその実在性を求める抽象（規定された抽象 astrazione determinata）が、他方に、抽象において自らの規定を求める具体的なもの（傾向の過程 processo della tendenza）がある。傾向とは、生産と階級闘争が規定する歴史的運動である[33]。

ここでの「規定された抽象」とは、ガルヴァノ・デッラ・ヴォルペの用語に対応するものだろう。『実証科学としての論理』において、デッラ・ヴォルペは思弁的で普遍的な抽象概念に反対し、歴史的な現実に立脚した抽象として「規定された抽象 astrazione determinata」の概念を示しており、この後者の抽象こそ、厳格な科学的抽象であり、またマルクスの経済学批判の方法であると主張した。[34] その概念としての実在性は、まさに具体的なものに立脚するのであり、先の引用におけるネグリは、この用語法を引き継いでいるとみるべきだろう。つまり「規定された抽象」とは、具体的なもの（たとえば国家、諸国民間の交換、世界市場）から、抽象的な規定（たとえば労働、分業、欲望、交換価値）を分析的に導き出す研究の道行き、いわゆる「下向法」の段階である。[35]

それでは他方の「傾向」の過程とは、いわゆる「上向法」に対応するものだろうか。具体的なものは、抽象的な概念によって叙述されることで、その規定された歴史的運動がもっている「傾向」をあらわにする。したがってネグリの論じる「傾向」の過程とは、複雑で具体的なものの表象の、より単純で抽象的な概念からの説明、すなわち「上向法」による体系的叙述の道行きを示していると考えてよいが、ネグリは「上向法」による叙述のプロセスについて、「生産と階級闘争によって規定された歴史的運動」の方向性、つまり「傾向」をあらわにするという働きを独特に強調しているのである。

このように、マルクスが「序説」において説明していた経済学批判の方法を、ネグリは独自の含みにおいて理解しつつ、これらを『要綱』の全編を貫く方法的原則として捉える。そしてネグリは『要綱』に比類なき重要性を認めているが、それはテクストの「我々の諸知覚を徐々に拘束していき、ついには、集合としての労働者と集合としての資本家との敵対的関係という決定的な契機を把握させる」[36] 働きにおいてであり、このように彼が指摘するテクストの直接的な政治性は、先の方法的原則と深くかかわっている。ネグリの理解では、『要綱』における剰余価値の分析は「敵対的傾向という方法」に従う。[37] つまり資本家と労働者との「差異」の分析は、資本家が掠め取る剰余労働による、労働者の分け前たる必要労働への圧迫という、二つの集団の間の敵対的関係を導き出し、その関係の極限、「危機＝恐慌 crisi」へと至る展開を「傾向」として提示する。そして敵対的な「傾向」を認識させることの効果こそが、ネグリにとっての『要綱』の重要性の核心である。つまり『要綱』においては、「剰余価値の量的定義と労働日の二つの部分（必要労働と剰余労働）への分割が純粋な学説的要素ではなく、労働者の闘争における武器として現れるように、万事はあらかじめ配置されている」[38] のであり、その武器の効果とは、「闘争の主体性として階級を形成する」[39] というものである。つまりネグリによる『要綱』の読解において、そこで読み出されている敵対的な「傾向」は、人々を闘争の主体性へと導く、すなわち階級として主体化するための梃子として現われている。

では『〈帝国〉』の議論に戻ろう。こうして明らかになるのは、以上に検討してきた「傾向」論が、それから二〇年を経て『〈帝国〉』で展開された、ささやかだが大きな意味をもつドゥルーズとガタリに対する批判を論理的に導くことである。そこでのネグリとハートは、ドゥルーズとガタリによる社会体の「絶え間ない運動と絶対的な流れへと向かう諸傾向」の提示、そうした存在論が無力さに留まっていることを指摘していた。このような指摘において彼らが問題としているのは、そのテクストがもつ主体化の機能である。

ドゥルーズとガタリは社会的再生産の生産性（創造的な生産、諸々の価値の生産、社会的諸関係、さまざまな情動や生成変化）を発見してはいるのだが、しかし彼らはたんにそうした生産性を、カオス的で不確定 indeterminate な地平として、その場限りの皮相な仕方で分節化することしかできないのだ[40]。

ドゥルーズとガタリの分析が示した、社会体の歴史的運動についての「傾向」は、「社会的再生産の生産性」、すなわち社会的なものの革命的切断に向かう潜勢力を認めつつ、あくまでそれを不確定なものとして捉えるに留まる。しかし七八年の講義において、ネグリがその主体化の機能によって称揚したマルクスのテクスト、それが示した歴史的運動の「傾向」は、「生産と階級闘争が規定する determinano 歴史的運動」であり、決して不確定 indeterminate なものではありえない。つまり本節冒頭に示したドゥルーズとガタリへの批判は、彼らが規定されざる絶対的なものとしての「傾向」を観照するばかりであること、とりわけ歴史的条件としての資本主義の分析を欠くことに向けられている。

したがってドゥルーズとガタリのテクストは、歴史的なものである具体的な欲望、またそれを表現する「主体的な命題」を示しえないと言えるだろう。翻って講義のネグリは、『要綱』の執筆プランに現われつつも書かれることのなかった「賃金に関する章」のありうべき内容を論じ、そこでは「欲求の、享楽の、闘争の、そして必要労働のレベル」が扱われるはずであったと述べている。つまり労働者階級が何を望みうるか、そうした具体的な欲望を表現する「主体的な命題」が、そこでは必然的に展開されるはずであったというのがネグリの見立てである。この読解の文献学的な正当性は措くとして、このようにして彼がテクストに与える役割は明白である。それは圧迫を強める資本の「傾向」と、被抑圧者の欲望を表現する「主体的な命題」との対峙を示すことであり、これによって両者の敵対的関係を現実において主体化することである。この七八年講義のネグリと、ハートとの共著である『〈帝国〉』の議論とを連続性において見るならば、本節冒頭の引用における「哲学とは、主体的な命題、欲望である」という宣言の意味が理解されるだろう。闘争の実践のなか、哲学は階級を主体化する任務を与えられており、そのために闘争の主体性にとっての欲望を表現する命題をもたなくてはならないのである。

## 三　結論、階級とマルチチュード

本稿第一節で検討したように、ネグリとハートにおいて前提されている抵抗の概念は、確かに自然発生性と言ってよい特徴をもっていた。ガタリの用語に倣えば「主体性の生産」と言い換えることのできるこの抵抗は、支配に先立つものである。しかし第二節で検討したように、あくまでネグリとハートは抵抗の実践における理論的なものの重要性を認識しており、哲学に「闘争の主体性」としての階級の形成、すなわち階級を主体化する言説としての機能を負わせている。では抵抗の自然発生性にもかかわらず、なぜネグリとハートの哲学はそこに介入してゆくだろうか。それは彼らの理論において構想されている新しい階級概念、すなわち闘争の主体性としてのマルチチュードの性質にかかわっている。

ではネグリとハートの哲学における中心概念ともいえる、マルチチュードとは何か。この概念について、その簡潔な定式化は『マルチチュード』の第二部冒頭に行われている。ここでのネグリとハートは、マルチチュードという概念が階級概念の再解釈であることを明かし、マルチチュード論と伝統的な階級理論との連続性を強調している。

かつてマルクスは、階級カテゴリーが経済的な差異に特徴づけられた階級、すなわち資本家階級／労働者階級へと収斂してゆくことを提示してみせた[41]。このように経済的な差異、すなわち生産的財産を所有する者／しない者との差異は、マルクスにおいて特権的な重要性を与えられていたといえるが、ネグリとハートはこうしたヴィジョンに変更を加える。もちろん『要綱』講義のネグリにおいては、その形成が待望されていた「闘争の主体性」としての階級は、あくまでマルクスのカテゴリーに忠実なものとして、いわゆる「対自的階級」であり、いまだ経済的差異によって基礎づけられる集合であったとみるべきだろう。しかし『〈帝国〉』と、それに続く議論は、経済的差異が資本主義社会において一つの強力な分裂と二極化を生みだしているというマルクスないし伝統的マルクス主義の主張を認めつつも、人種・民族性・地理的配置・ジェンダー・セクシュアリティといった諸要因が、経済的差異と同様に階級を特徴づけるものであり、階級が経済的階級へと収斂する傾向にたいし、階級がそうした諸要因によって特徴づけられた無数の階級へと拡散してゆくという、反マルクス的ないし反マルクス主義的な主張もまた認めている[42]。つまりネグリとハートにおいて、階級の構成は諸要因によって重層的に決定されるのであり、さらに言うならば、経済的な差異はそれを決定づける最終審級ではない。

このように経済的審級の特権性を剥奪したうえで、彼らはそうした政治的集団性が生みだされるプロセスについて、これまでなされてきた客観主義的な説明からの転換を試みる。彼らは人種にもとづいた集団性の生起を例として、次のように述べている。

なかには反ユダヤ主義がユダヤ人を生みだすと述べたジャン＝ポール・サルトルのように、人種は人種に対する抑圧によってつくられると主張する者もある。だがこの論理をもう一歩進めるべきだ――人種は人種的抑圧に対する集団的抵抗を通じて立ち現れるのだ、と。同様に経済的階級も、集団的な抵抗活動を通じて形成される[43]。

彼らは、かつてサルトルが『ユダヤ人』において示した、人種主義による人種の創出といういまや通俗化したヴィジョンを反転させるところから論を始める。サルトルは、ユダヤ人への抑圧によって、抑圧の根拠たるユダヤ人のユダヤ人性が与えられてゆくと論じた[44]。彼の論考もまた、近代以前の論理を、つまりユダヤ人性が先行し、そののちに反ユダヤ主義が起こるという論理を反転するものであった。しかしネグリとハートが「人種は人種的抑圧に対する集団的抵抗を通じて立ち現れる」と主張するとき、サルトルの主張する、人種主義的抑圧が人種をつくり出すという権力優勢の図式はさらなる反転を加えられる。つまりサルトルは人種の政治的な構築プロセスを、権力の側のワンサイドゲームとしてのみ理解し、いまだ人種を、ただ抑圧によってのみ構成されるものとする。しかしネグリとハートにおいて人種集団は、むしろ抵抗‐抑圧の相互的プロセスのなかで構築されるものとして理解される。そしてここでは、本稿第一節で検討された、彼らにおける抵抗の概念を想起すべきである。再度述べるならば、ネグリとハートにおいて抵抗とは、抑圧、権力に応答するのではない自律性をもっていた。したがって彼らによるサルトルの図式の再反転は、経験的な差異（肌や毛髪の色、血など）に基づいた人種観に対する批判、すなわち本質主義的な人種観への批判をサルトルから引き継ぎつつ、さらに抵抗そのものに、彼ら自身を政治的に構成する力能が見出されると主張するものである[45]。

先述のように、経験的な諸差異は、政治的集合性を、収斂と拡散との相反する方向へと導く。したがってネグリとハートの階級理論は、もはや諸階級の自然な収斂、あるいは拡散といった客観的法則性を見出だすことには満足しない。彼らは、諸階級がそのような客観的要素によって構成されることではなく、むしろ諸階級が客観的な要素を乗り越え、横断的な主体性として自らを構成することに関心を寄せる。こうした政治的集団性の概念は、もはや従来の客観的要素を中心とする階級理論、すなわち既成の諸条件を基盤として形成される階級から大きく遠ざかっている。マルチチュードとは、すなわち客観主義的な階級理論との切断を特徴とする、階級概念の再解釈である。

以上のようにマルチチュード概念を捉えたならば、次のことが明らかになる。つまり抵抗は自然発生的だが、マルチチュードは自然発生的ではないのである。そしてマルチチュードの自己形成、その主体化は、「主体的な命題、欲望、実践」としての哲学を、その梃子として要請する。こうした必要からネグリとハートは、来たるべき階級＝マルチチュードの闘争に向け、哲学的な書物を準備するのである。このように階級闘争において哲学が占めるべき位置づけを明らかにして本稿を結ぶこととするが、主として『〈帝国〉』以降の共著の分析、とりわけ抵抗という視点に限定した本研究は、八〇年代のスピノザ論から、九〇年代の構成する権力＝憲法制定権力 potere costituente をめぐる議論に至って成熟した、ネグリの権力論と関連づけられることで、はじめて政治哲学としての全体像を明らかにするだろう。こうした課題を明らかにしたところで、筆を擱くこととしたい。

（いいむら・よしゆき／アントニオ・ネグリ研究）

**注**

（1）ネグリによるドゥルーズへのインタビュー中、ネグリの発言より。ジル・ドゥルーズ（聞き手＝アントニオ・ネグリ）「管理と生成変化」『記号と事件――1972-1990年の対話 改訂版新装』宮林寛訳、河出書房新社、一九九六年、二八七頁。

（2）ハートが論じるように、フーコーの著作やインタビューに、規律社会から管理社会への移行を明示した箇所そのものを見つけるのは難しい。ハートに従い、この移行の定式化は、フーコーのテクストにおいて曖昧に示唆されたアイデアが、ドゥルーズによって明確にされたものと言うべきだろう。Hardt, Michael, "The global society of control," *Discourse Vol. 20, No. 3*, 1998, p. 139. 邦訳「グローバルな管理社会」『思想』第九一四号、水嶋一憲訳、岩波書店、二〇〇〇年、三〇―三一頁。

（3）Hardt, Michael and Antonio Negri, *Commonwealth*, Harvard University Press, 2009, p. 110. 邦訳『コモンウェルス（上）〈帝国〉を超える革命論』水嶋一憲監訳、幾島幸子・古賀祥子訳、ＮＨＫブックス、二〇一二年、一九四―一九五頁。

（4）*Ibid.*, p. 166. 邦訳（上）二六四頁。

（5）*Ibid.*, p. 56. 邦訳（上）一〇五―一〇六頁。

（6）たとえば次の箇所など。フェリックス・ガタリ、アントニオ・ネグリ『自由の新たな空間』杉村昌昭訳、法政大学出版局、二〇〇七年、三七頁。

（7）ガタリとイタリア・アウトノミア運動とが出会う時期の伝記的事実については次のものを参照。櫻田和也「ふたつの分子革命——あるいは地球計画から惑星の思考へ」『現代思想』四一巻八号、青土社、二〇一三年、一八四—一九七頁。

（8）フェリックス・ガタリ『分子革命——欲望社会のミクロ分析』杉村昌昭訳、法政大学出版局、一九八八年、一一一頁。

（9）粉川哲夫『これが「自由ラジオ」だ』晶文社、一九八三年。

（10）「資本主義の秩序は諸個人にひとつの交換システム、一般的翻訳の可能な価値体系に適合する生しか許容しようとせず、その手前のところでは、ほんのわずかの欲望でも非社会的で危険で罪深いものと感じられるようにすべてがしくまれている」。フェリックス・ガタリ『分子革命——欲望社会のミクロ分析』杉村昌昭訳、法政大学出版局、一九八八年、六五頁。

（11）「抵抗がまず最初に来ますし、それはそのプロセスの全ての力に優っています」。Foucault, Michel, “une interview: sexe, pouvoir et la politique de l'identité,” *Dits et écrits 1954-1988, tome IV 1980-1988*, Éditions Gallimard, 1994, p. 741. 邦訳「ミシェル・フーコー、インタヴュー——性、権力、同一性の政治」西兼志訳、筑摩書房、二〇〇二年、二六二頁。

（12）とりわけフーコーとイタリアのオペライズモの間にある理論的親近性、つまり権力論における転回がおよそ同時代の著者たちによって理論化されたことについて、ネグリはインタビューにおいて語っており、フーコーによる貢献の大きさとともに、労働者主義の理論的先駆性もまた強調している。アントニオ・ネグリ（聞き手＝中村勝己）「マルチチュードの現在——原子力国家・反ナショナリズム・力の契機」『現代思想』四一巻九号、中村勝己訳、二〇一三年、四三—四五頁。

（13）Tronti, Mario, *Operai e Capitale*, 2006, DeriveApprodi. p. 237.

（14）Marcuse, Herbert, *One-dimensional man: Studies in the ideology of advanced industrial society*, Routledge, 2006. 邦訳『一次元的人間——先進産業社会におけるイデオロギーの研究』生松敬三・三沢謙一訳、河出書房新社、一九八〇年。またマックス・ホルクハイマー、テオドール・アドルノ『啓蒙の弁証法』徳永恂訳、岩波書店、二〇〇七年。

（15）『〈帝国〉』におけるネグリとハートは、支配に先立つ抵抗、それを追いかける資本による再領土化というモデルについて、ネグリ自身によるこの論考の参照を指示している。ここではトロンティの理論が階級闘争のためには不完全であるとして批判されつつも、権力関係の歴史性を客観的に説明する理論としては、トロンティからの影響は大いに反映されている。Negri, Antonio, “Marx on Cycle and Crisis,” *Revolution Retrieved: Selected Writings on Marx, Keynes, Capitalist Crisis & New Social Subjects 1967-83*, Red Notes, 1988, pp. 24-45.

（16）「グローバリゼーションに先立ち、それを予示していた諸々の闘争は、生きた労働の力の諸表現にほかならなかった。そして、この生きた労働の力は、領土化を推進する厳格な体制による押しつけから自己を解放することを求めていた」。Hardt, Michael and Antonio Negri, *Empire*, Harvard University Press, 2001. p. 52. 邦訳『〈帝国〉——グローバル化の世界秩序とマルチチュードの可能性』市田良彦監訳、水嶋一憲・酒井隆史・浜邦彦・吉田俊実訳、以文社、二〇〇三年、七七頁。

（17）*Ibid.*, p. 73. 邦訳七三頁。本稿の論述に合わせて、訳文は一部改変。

（18）マルクス主義の前史については、次を参照。Jay, Martin, *Marxism and totality: the adventures of a concept from Lukács to Habermas,* University of California Press, 1984. 邦訳『マルクス主義と全体性　ルカーチからハーバーマスへの概念の冒険』荒川幾男ほか訳、国文社、一九九三年。とりわけ p. 64. 邦訳八七―八八頁。

（19）「哲学者たちは、世界をさまざまに解釈したにすぎない。大切なことはしかしそれを変えることである」。カール・マルクス「フォイエルバッハにかんするテーゼ」『フォイエルバッハ論』松村一人訳、岩波書店、一九六〇年、九〇頁。

（20）Jay, Martin, *Marxism and totality: the adventures of a concept from Lukács to Habermas,* University of California Press, 1984. p. 64. 邦訳八八頁。

（21）*Ibid.,* p. 64. 邦訳八八頁。

（22）Althusser, Louis. (trans. Ben Brewster). "Transformation of the philosophy." *Philosophy and the spontaneous philosophy of the scientists & other essays,* London: Verso, 1990. p. 249.

（23）*Ibid.,* p. 248.

（24）Hardt, Michael and Antonio Negri, *Empire,* Harvard University Press, 2001. p. xvi. 邦訳九頁。

（25）Read, Jason, "The potentia of living labor: Negri and the practice of philosophy." *The Philosophy of Antonio Negri: Revolution in Theory,* Pluto Press, 2007. p. 29.

（26）*Ibid.,* p. 29.

（27）Hardt, Michael, "Introduction: Laboratory Italy," *Radical thought in Italy: A potential politics.* University of Minnesota Press, 1996. pp. 1-2.

（28）フランソワ・ドスによるドゥルーズとガタリの評伝に、ドゥルーズによるスピノザ講義を次のように回想するネグリの発言が引かれている。「私はこの講義をきっかけにスピノザ主義者になった」。Dosse, François, *Gilles Deleuze et Félix Guattari: biographie croisée,* Découverte, 2007, p. 353. 邦訳『ドゥルーズとガタリ 交差的評伝』杉村昌昭訳、河出書房新社、二〇〇九年、三〇九頁。

（29）Hardt, Michael and Antonio Negri, *Empire.* Harvard University Press, 2001, p. 28. 邦訳四七頁。括弧内は引用者による。

（30）ドゥルーズとガタリにおける「機械」概念については、次のものを参考にした。佐藤嘉幸「ガタリ＝ドゥルーズ――『アンチ・オイディプス草稿』における分裂分析と新たな主体性の生産」『I. R. S.-ジャック・ラカン研究』第一五号、日本ラカン協会、二〇一七年、二―二四頁。

（31）ジル・ドゥルーズ、フェリックス・ガタリ『アンチ・オイディプス（上）』宇野邦一訳、河出書房新社、二〇〇六年、二四頁。

（32）「欲望する諸機械は、たえず自分の調子を狂わせながら、変調の状態においてしか作動しないものなのである」。前掲書、二六―二七頁。

（33）Negri, Antonio, *Marx oltre Marx,* Feltrinelli, 1979, p. 59. 邦訳『マルクスを超えるマルクス――『経済学批判要綱』研究』清水和巳・小倉利丸・大町慎浩・香内力訳、作品社、二〇〇三年、一一〇頁。

（34）Della Volpe, Galvano, "Logica come scienza positiva," *Opere vol. IV,* Editori Riuniti, 1973, pp. 281-532.

（35）カール・マルクス『経済学批判』武田隆夫ほか訳、岩波書店、一九五六年、三一一―三一四頁。

（36）Negri, Antonio, *Marx oltre Marx,* Feltrinelli, 1979, p. 16. 邦訳三五頁。

（37）「敵対的傾向という方法」は、『要綱』講義における第三講義の表題である。

（38）Negri, Antonio, *Marx oltre Marx,* Feltrinelli, 1979, p. 138. 邦訳一五五頁。

（39）*Ibid.,* p. 29. 邦訳四一頁。

（40）Hardt, Michael and Antonio Negri, *Empire,* Harvard University

Press, 2001. p. 28. 邦訳四七頁。

（41）例えば「資本主義的蓄積の歴史的傾向」と題された、『資本論』第一巻の第二四章第七節。カール・マルクス『資本論（三）』向坂逸郎訳、岩波書店、一九六九年、四一二―四一七頁。

（42）Hardt, Michael and Antonio Negri, *Multitude: War and democracy in the age of empire*, Penguin, 2005, p. 103. 邦訳『マルチチュード（上）〈帝国〉時代の戦争と民主主義』市田良彦・水嶋一憲監訳、幾島幸子訳、ＮＨＫブックス、二〇〇五年、一七七―一七八頁。

（43）*Ibid.*, p. 104. 邦訳一七八頁。

（44）「われわれは、一般に拡がっている見解とは逆に、ユダヤ人の性格が反ユダヤ主義を惹き起こしているのではなく、反対に、反ユダヤ主義がユダヤ人を作り上げたのだということを見てきた」。ジャン＝ポール・サルトル『ユダヤ人』安堂信也訳、岩波書店、一九五六年、一七七頁。

（45）この論点は『コモンウェルス』に引き継がれ、議論は経験的な差異や、抑圧によって与えられたアイデンティティの「解放 emancipation」をめぐる闘争の限界の指摘へと進む。さらにフランツ・ファノンらを参照しつつネグリとハートが称揚するのは、脱アイデンティティへと向かう闘争の、横断的な闘争としての自己形成の可能性であり、彼らは「自由への生成 liberation」という概念でこうした闘争を名指している。Hardt, Michael and Antonio Negri, *Commonwealth*, Harvard University Press, 2009, pp. 325-340. 邦訳（下）一九四―二一八頁。

**キーワード**　アントニオ・ネグリ、マイケル・ハート、マルチチュード、〈帝国〉、『マルクスを超えるマルクス』

〈公募論文〉

# 非暴力と乳汁

## 【南アフリカ滞在期におけるガーンディーのブラフマチャリヤの実験】

間　永次郎

### はじめに(1)

「偉大な魂《マハートマー》」の尊称で知られるインド建国の父、モーハンダース・K・ガーンディー（一八六九―一九四八年）に関する聖人伝的《ハジオグラフィカル》解釈は現在様々な点から見直されつつある。(2) その中でも最も論議を醸し出しているのが、ガーンディーが一九〇六年七月下旬から開始し、その後生涯に亘って継続した性的な自己統制の実験である「ブラフマチャリヤ（*brahmacarya*）」(3)である。通常、性的禁欲の戒律を意味するブラフマチャリヤと異なり、ガーンディーは自身の思想を、杓子定規の禁欲を強要する「正統派」のブラフマチャリヤとは異なる「心の状態（*mānsik sthiti*）」に応じた「生殖器官の統制（*jannendriya saṃyam*）」であると定義した（*HJB* 紙一九四七年六月二十二日号）。最もよく知られるところでは、晩年のガーンディーがブラフマチャリヤの実験の名の下に行った側近女性たちとの裸の同衾を挙げることができる。(4) 複雑な政治的・社会的事情からも、ブラフマチャリヤの実験に関する研究は、ガーンディーが没してから半世紀を経た一九九〇年代後半に至るまで自由に出版されることがなかった。だが、二〇〇〇年以降の十数年の間に、ブラフマチャリヤの実験について論じた幾つかの研究書が出版されるに至っている。(5)

このブラフマチャリヤという研究領域の発展は、「サッティヤーグラハ（*satyāgraha*）[6]」や「非暴力（*ahiṃsā*, nonviolence）[7]」といったガーンディーの重要概念に対する従来の解釈を少なからず変えつつある。例えば、医療人類学者のジョセフ・オルターは、一九〇六年にガーンディーのブラフマチャリヤの誓いが交わされた直後にサッティヤーグラハ闘争が開始されたという事実を指摘し、私的宗教実験であるブラフマチャリヤと公的政治実践であるサッティヤーグラハとの関係が「決定的《クリティカル》」であることを論じた[8]。また、間は、インドで展開したガーンディーの非暴力ナショナリズム運動の発展が、ガーンディーのブラフマチャリヤの実験に見出されるセクシュアリティ認識の変化と連動的な関係にあったことを示した[9]。宗教学者のヴィーナ・ハワードは、このようなガーンディーの公的政治参加と私的なブラフマチャリヤの実験とを接合するガーンディー独自の宗教政治の枠組みを「禁欲的行動主義（ascetic activism）」と名付けている[10]。近年のブラフマチャリヤ研究は、これまで専ら政治学的観点から論じられる傾向のあったガーンディーの非暴力行動に、「身体」、「性《セクシュアリティ》」、「霊性《スピリチュアリティ》」といった観点を導入することで新たな解釈の可能性を提示している。

とはいうものの、ガーンディーのブラフマチャリヤ研究には未開拓な領域が多い。その中の一つが、ガーンディーの南アフリカ滞在期（一八九三―一九一四年）におけるブラフマチャリヤの実験である[11]。これまでのブラフマチャリヤ研究の多くはガーンディーが南アフリカからインドに帰国して以降の独立運動期（一九二〇―一九四七年）、特にガーンディーの晩年の時期（一九四四―一九四八年）に議論が集中していた。これに対して、先に述べたオルターの研究はガーンディーの南アフリカ滞在期におけるブラフマチャリヤの実験とサッティヤーグラハ闘争との「決定的」な繋がりを指摘したが、具体的に前者がいかなる内容を持っており、それが後者にいかなる影響を与えるものであったのかという内在的な思想分析にまでは至っていない[12]。

本稿では、南アフリカ滞在期におけるサッティヤーグラハ闘争（一九〇六―一九一四年）と同時並行して行われていたガーンディーのブラフマチャリヤの実験を、その実験の「主要な（*mukhya*）」（*AK*: 344）参加者であったヘルマン・カレンバッハ（Hermann Kallenbach: 一八七一―一九四五年）という人物との交流に着目しながら探究していく。カレンバッハとは、一八九六年にヨハネスブルグに移住してきたドイツ系ユダヤ人であり、石工・大工・建築家の資格を持つ裕福な白人エリートであった（*HK*: 10-11）。もともと奢侈な生活を送っていたが、一九〇三年にガーンディーと出会ったことを機に、生活を一転させ、タバコ・アルコール・セックスを放棄して質素な生活を送るようになった（*AK*: 352-353; *HK*: 15-17; *GK*: 2-6）。一九〇七年以降は、ガーンディーのサッティヤーグラハ闘争の最も身近な協力者の一人となった（*HK*: 12; *AK*: 352-354; *DASI*: 279-296）。

南アフリカ滞在期にカレンバッハと行われていたブラフマチャリヤの実験の内容を明らかにする作業は、同時並行して行われていたガーンディーのサッティヤーグラハ闘争や、後に提唱されるようになる非暴力《アヒンサー》思想の意味を正しく理解する上で必要不可欠である。ガーンディーが、非暴力思想をサッティヤーグラハ闘争と関連付けて提唱し始めるのは、一九一五年にガーンディーがインドに帰国して以降の時期である[13]。とはいえ、南アフリカ滞在期のガーンディーはすでにヒンドゥー教・ジャイナ教・仏教で説かれる非暴力思想を様々な文献や人物との交流を通して学んでいた。はっきりと言語的に分節化されるには至っていなかったものの、ガーンディーが南アフリカ滞在期の時点で非暴力思想に対する不動の信念を確立しつつあったことは疑いない。本稿では非暴力の語がサッティヤーグラハ闘争と関連付けて語られる以前のガーンディーの非暴力的発想を、便宜的に「原非暴力《プロト・ノンヴァイオレンス》」と呼ぶことにし、この原非暴力と南アフリカ滞在期のブラフマチャリヤの実験との関係を明らかにしていきたい。

## 一　乳汁放棄の誓い

### 1　*DASI* の記述

南アフリカ滞在期のブラフマチャリヤの実験について、ガーディー自身が記録した自伝的史料として、『南アフリカのサッティヤーグラハの叙事詩《イティハース》（*Dakṣiṇ Āphrikāno Satyāgrahano Itihās*）』（一九二四、一九二五年）（以下、*DASI*）と『真理の諸実験、あるいは、自叙伝《アートマカター》（*Satyanā Prayogo athvā Ātmakathā*）』（一九二七、一九二九年）（以下、*AK*）がある。本稿では、これらの史料をグジャラーティー語原文から分析していく。本節ではまず *DASI* の記述を見ていきたい。

*DASI* の中では、合計三章（第九章―一一章）に亘って、南アフリカのサッティヤーグラハ闘争中に、ガーンディーが闘争の参加者たちと自給自足の共同生活を行っていた「トルストイ農場[14]」での生活が描かれている。その中でも、第一一章には、トルストイ農場でガーンディーがブラフマチャリヤの「自己浄化（*ātmaśuddhi*）」の一環として行った少女の髪剃り、宗教間《コミュナル》融和、蛇の殺生、現地役人との交流、食生活の改善といった公私に跨る様々な実験／出来事が網羅的に記されている（*DASI*: 279-296）。

本節では紙数の関係からこれら全ての実験を扱うことはで

きないが、上記の実験の中でも、ガーンディーが唯一カレンバッハとのみ行った食生活改善の実験である「乳汁放棄（*dūdhnā tyāg*）」という実験を見ていきたい。乳汁放棄とは、菜食主義者のガーンディーとカレンバッハにとっては重要な栄養源の一つである雌牛の乳汁を摂取することを断念する実験である。この実験をガーンディーは「極めて重要な実験（*atyant agatyano akhatro*）」と呼んでおり、第一一章で列挙されている様々な実験を総括する最後に位置付けて次のように述べている。

> 上の事例においてこのように行われた様々な食事の実験（*orākna akhatrā*）は、健康の観点から（*ārogyanī dṛṣṭie*）のものだった。だが、この農場のただ中で、私は自身に対して、ある極めて重要な実験（*atyant agatyano akhatro*）を行った。それはただ霊的観点から（*ādhyātmik dṛṣṭie*）のものだった。
>
> （*DASI*: 294; 強調筆者）

ここで考察すべき第一の問いは、そもそもなぜカレンバッハと行った乳汁放棄の実験が性の問題が関わるブラフマチャリヤの実験の一環と看做されていたのかということである（この問いは他の実験にも当てはまるが、本稿では他の実験の分析は紙数の関係から割愛する）。第二に、乳汁放棄がなぜ他の実験と区別される「極めて重要」な実験と看做されていたのかということである。恐らく、これらの問いを解く鍵は、ガーンディーが僅かに仄めかしている「霊的観点（*ādhyātmik dṛṣṭie*）」という言葉にあると考えられる。

とはいうものの、ガーンディーはこの「霊的観点」が具体的に何を意味するのかを一一章の中で語っていない。一一章では、「霊的観点」に対応すると考えられる「霊的利益」と呼ばれるものについて、以下のように書かれてあるのみである。

> 農場に住んでいた時に、私の手元に届いた著作、あるいは、小冊子の中で、カルカッタにおいて、牛や水牛を絞って、その乳汁を抽出することが行われていることを知った。その記事の中には、プーンカー（*phūnkavũ*）[15]の非道（*ghātkī*）で恐ろしい（*bhayānak*）行為が記述されていた。ある時に、カレンバッハ氏と一緒に乳汁を飲むことの必要性について議論していて、その一部に、この行為〔＝プーンカー〕の事も私は〔話〕した。〔この〕他に乳汁放棄に伴う霊的利益（*ādhyātmik phāydão*）についても私は説明をして、また、乳汁の放棄がなされれば良いと私は言った。カレンバッハ氏は極めて勇敢であったゆえに、乳汁を止める実験をすぐに準備をすることにした。彼には私

のした（＝言った）ことがとても気に入ったのだった。そして、ちょうどその日から、我々は二人とも乳汁を絶ち、また、最終的に我々は二人ともただ乾燥した、また、野性の果実にのみに依拠するようになった。

（*DASI*: 294-295; 強調筆者）

このように一一章の中でカレンバッハと共に乳汁放棄に至った経緯が記されている。そして、二人が乳汁放棄を決意するに至って、「プーンカー」の事実を知ったことが重要な契機となったことが述べられている。つまり、乳汁放棄はガーンディーの動物に対する非暴力的配慮（＝原非暴力）に密接に関わる問題であったことが書かれている。ただし、ここで注意しなければならないことは、上の引用箇所で語られているプーンカーは、乳汁放棄を特徴付ける「霊的観点」とは直接に結び付けられていないことである。上の引用箇所をよく見ると、強調部にある通り、プーンカーとは別に何かしらの「霊的な利益」があったことが仄めかされているのである。

では、この乳汁放棄を特徴付けていた「霊的観点」（あるいは「霊的利益」）とは何であったのか。また、先にも述べたように、なぜ*DASI*の中ではその「霊的観点」の内容が語られていなかったのか。これらの問いに答えること無しに、南アフリカ滞在期におけるガーンディーの原非暴力の意味も、乳汁放棄がブラフマチャリヤの実験の一環として捉えられていた理由も正しく理解することができない。

だが上の問いに答えるために、今一度、乳汁放棄の実験に対する次のより根本的な問いに注意を向けたい。そもそも、なぜガーンディーはこの「極めて重要」とされた乳汁放棄の実験だけを、トルストイ農場の住人全員とではなく、カレンバッハとのみ行ったのか。トルストイ農場で行われた様々な実験の中で、カレンバッハと二人だけの間で行われた実験は乳汁放棄のみであった。

## 2　AKの記述

断片的ではあるものの、*AK*でもカレンバッハと共に行った食事の実験について書かれている。それらは、*AK*の第四部・第二七章（「食事のさらなる実験（*Khorāknā Vadhu Prayogo*）」）（*AK*: 342-344）、第三〇章（「統制に向けて（*Saṃyam Prati*）」）（*AK*: 352-354）、第三一章（「断食（*Upavās*）」）（*AK*: 354-357）である。だが、これらの章の中で、乳汁放棄について触れられているのは三〇章のみである。以下では、この三〇章の内容を中心に、*DASI*の一一章で語られていた「霊的観点」が何を意味していたのかを見ていく。

三〇章では、ガーンディーが南アフリカ滞在期に行った「食事のいくつかの変化」について語られている（*AK*: 352）。これらの食事の実験は、健康との関係から行われたものと、「ブラフマチャリヤの観点から（*brahmacaryani dṛṣṭie*）」から行われた二種類のものがあったと言われる（*AK*: 352）。すなわち、*DASI* の第一一章で語られていた「健康の観点」と「霊的観点」との対比は、ここでは健康の観点と「ブラフマチャリヤの観点」に置き換えられている。

*AK* の三〇章の中で、ブラフマチャリヤの観点から行われた食生活改善の「最初の変化」は、南アフリカ滞在期の初めの頃に行われた「乳汁をやめること（*chodvāno*）」、すなわち、乳汁放棄の実験であったことが語られている（*AK*: 352）。そして、*AK* の中では乳汁放棄に至った経緯が、*DASI* とは異なる仕方で以下のように述べられている。

> ブラフマチャリヤの誓い（*brahmacaryanum vrat*）を立てていなかったうちは、乳汁をやめることを特別に企図することはできなかった。身体の維持（*śarīrnā nibhāv*）のために、乳汁は必要ではないということを、私はずっと以前から理解していたのであった。だが、それは急に止められるような事ではなかった。感覚器官の抑制（*indriyadaman*）のために乳汁をやめることが必要であると私はもっともっと理解していった。そのような中、雌牛や牝水牛に対して牛飼いによって実施されている残虐性（*ghātkipaṇā*）に関するいくつかの文献が私のもとにカルカッタから届いた。この文献の影響は呪術的（*camatkārī*）だった。私はそれについてカレンバッハ氏と一緒に議論した。
>
> （*AK*: 352; 強調筆者）

*DASI* 同様に、ここでガーンディーは自身の乳汁放棄に至る過程において、プーンカーが決定的役割を果たしたことを語っている。しかしながら同時にガーンディーは、それより「ずっと以前から」乳汁放棄の重要性を「理解していた」とも語っている。ガーンディーは一九〇六年に「ブラフマチャリヤの誓い」を交わす以前から乳汁放棄の重要性に留意しており、その誓いを交わした後に、乳汁放棄をやめることを「特別に企図する」ようになったという。なぜなら、この頃から乳汁放棄が「感覚器官の抑制のため」に重要であることを「もっともっと理解していった」からであった。このようなプーンカー以前にガーンディーの中に起こったブラフマチャリヤの誓いと感覚器官の抑制に対する理解の深度という点は、*DASI* の一一章では説明されていない事柄である。すなわち、この「ブラフマチャリヤの観点」から行われた「感覚器官の抑制」こそ、*DASI* で僅かしか触れられていなかったプーンカーとは別の「霊的観点」を意味する事柄であったと考えられるのである。

またガーンディーは*AK*の三〇章の冒頭で、より明確に「乳汁は感覚器官の情欲（*indriyavikār*）を生み出す物質である」と語っている（*AK*: 352）。つまり、乳汁が「感覚器官の抑制」の問題に絡むのは、乳汁が「情欲（*vikār*）」を生み出す原因となるからであった。そして、ガーンディーは*AK*の中で、このような乳汁と情欲との因果論的関係を最初に、自身と同じ西インド・グジャラート出身のジャイナ教徒であるシュリーマッド・ラージチャンドラ(16)（一八六七―一九〇一年）という人物から学んだことを語っている（*AK*: 352）。乳汁と情欲との因果論的関係については、ガーンディーが南アフリカ滞在期に熟読していたラージチャンドラの代表作『解脱の詞華集（*Mokṣamāḷā*）』の第六九課「ブラフマチャリヤの九つの柵（*Brahmacaryanī Nav Vāḍ*）」の中に書かれてある。ラージチャンドラはこの課の中で、「乳汁、カード、ギーなどのような甘く油性の物質」が、「精液（*vīrya*）」を作り出し、「性欲（*kām*）」を増加させるものであることを記している(17)。つまり、ラージチャンドラは「乳汁→精液→性欲」という単線的な因果論的関係を説いていた。それがゆえに、精液の発生と性欲の増加を食い止める乳汁放棄は、「魂《アートマー》の〔解脱の〕探求者（*ātmārthī*）」であるブラフマチャリヤの実践者にとって「霊的な利益」となると考えられていたのであった。ガーンディーはこの六九課の内容を晩年に至るまではっきりと暗記していた(18)。

これまで*AK*の記述において、乳汁が精液、情欲、さらに、「感覚器官の抑制」や「絶食」といった禁欲主義的な主題と結びつけられるものであったことを見てきた。しかしながら、*AK*の記述においても、先に投げかけたもう一つのより根本的な問い、すなわち、この実験がなぜカレンバッハとの間においてだけ行われたのかという問いに対する回答を見出すことはできない。

とは言うものの、*AK*の三〇章の中には、*DASI*には書かれていなかった次のような含みのある言葉を見出すことができる。

> 彼〔＝カレンバッハ〕は完全に独り身だった。〔…〕最初の入獄の後に、我々は二人で一緒に住み始めた。〔…〕この我々の同居生活の間に（*bhegā vasvāṭnā samay darmyān*）、乳汁についての議論が起こった。カレンバッハ氏は提案した。「乳汁の欠陥（*dūdhnā doṣo*）を、我々はしばしば話している。それなら、我々は乳汁を止めようではないか？それの必要はそもそもない」。私はこの意見によって喜びと驚き（*sānandāścarya*）を得た。私はこの提案を称賛した。そして我々は二人でトルストイ農場の中でまさにその瞬間に乳汁を放棄した。この出来事は一九一二年に起こった。
>
> （*AK*: 352-353; 強調筆者）

この僅か二つの段落には、サッティヤーグラハ闘争が開始されてからガーンディーが最初に投獄され出獄した後の一九〇八年からトルストイ農場が設立された後の一九一二年に至る五年間の時の経過が凝縮されている。ガーンディーは*DASI*でもあったように、トルストイ農場に居住している時に、プーンカーに関する文献を読み、一九一二年に乳汁放棄に至ったと書いていた。しかしながら、上の引用箇所では、プーンカーについては一言も触れられていない。その代わりに、上の引用箇所では、トルストイ農場が設立される以前の時期に、すでにガーンディーとカレンバッハとの間で乳汁の「欠陥」について話し合われていたことが書かれているのである。この「欠陥」とはこれまで見てきた通り、一九一二年以前に乳汁をめぐって問題になっていた「情欲」の問題である。そして、上の引用箇所では、これらの事柄に加えて、乳汁の欠陥について話し合っていた時期に、ガーンディーとカレンバッハとが「同居生活」を送っていたことが僅かばかりであるが語られているのである。

本節で投げかけた問い、すなわち、ガーンディーがなぜ乳汁放棄をカレンバッハと二人の間だけで行ったのかという根本的問いに答えるためには、この情欲の問題が話題に上がっていたと言われる二人の同居生活を見ていく必要がある。

## 二　カレンバッハとの同居生活

*AK*においては、ガーンディーとカレンバッハとがトルストイ農場設立以前の時期に同居生活を送っていたことが僅かばかり言及されていた。だがそこでは、彼らの同居生活が具体的にいかなるものであったのかについては語られていなかった。なぜか。その理由は、近年のいくつかの研究によっても指摘されてきているように、ガーンディーとカレンバッハとの間に、「非凡に親密」な「ホモエロティック」な関係が築かれていたからと考えられる。[19]

大英帝国のインド駐在官によって建てられたグジャラートの名門であるアルフレッド高等学校で英語中等教育を受け、ロンドン大学付属のインナー法曹院で法廷弁護士の資格を取り、南アフリカ滞在中の弁護士時代も長きに亘って「大英帝国の臣民」[20]であることに誇りに感じていた当時のガーンディーの中に、性に関する過剰なヴィクトリアン・モラリティを見出すことは困難ではない。[21]ましてや、同性間のエロティックな「ラサ（*ras*; 審美的感情、味わい）」を、自身の内ではっきりと知的に分節化する手立てを、当時のガーンディーが持ち合わせていたはずはなかった（*AK*: 344）。性的感情は異性に対してのみ発生しうるというのが当時の「生物学的」見解で

あった。(22)

管見の限り、トルストイ農場が設立される以前の二人の同居生活について初めて論じたのは、一九九七年にベルリンで出版されたカレンバッハの又姪であるイーサ・サリッドらによる『ヘルマン・カレンバッハ――南アフリカにおけるマハートマー・ガーンディーの友人』（以下、*HK*）という伝記著作である。(23) この著作の中で、ガーンディーとカレンバッハとが同居生活をしていた「クラール（Kraal; アフリカーンス語で「（家畜）小屋」を意味する）」と「テント（tent）」と呼ばれた小さな居住地について言及されている。しかしながら、サリッドが学者ではないこと、また、この著作がベルリンで自費出版されていたこともあり、シモン・レヴとラーマチャンドラ・グハの先行研究を除いて、(24) *HK* は現在でもほとんどの研究者の間で認知されていない。以下では、サリッドやレヴの二次文献と、筆者が現存しているヨハネスブルグのクラールとインドで入手した一次史料を参考に、ガーンディーとカレンバッハとの同居生活の実相を明らかにしていきたい。(25)

ガーンディーは一九〇八年二月下旬からトルストイ農場が設立される一九一〇年六月までの間、カレンバッハと同居生活を送っていた。その内、一九〇八年二月から一九〇九年七月までは、ヨハネスブルグのパイン・ロードに建てられた「クラール」という小さな小屋に住んでいた。そして、残りの一九〇九年六月から一九一〇年十月までは、クラールから約一キロメートル南にあるリンク・フィールドリッジのマウンテン・ヴューという丘上にカレンバッハが建てた「テント」と呼ばれる小さな居住地にも住んでいた（*GK*: 12n2）。

二人の同居生活が開始してから約二ヶ月半が経過した一九〇八年五月十六日に、ガーンディーは友人のジョン・コールズに次のような書簡を送っている。

この数日間に私たちの――つまり、カレンバッハと私との――共同生活（joint life）の形式の中にある偉大な変化（a great change）が起こりました。私たちは自分で料理から全てをこなすので、使用人はいません。そのような余地が全くないのです。もし私たちが十時にベッドに向かうならば、我々は五時に起床します。もし私たちが十時過ぎにベッドに向かうならば、我々は五時半に起床します。日曜日はもう少し怠けることにして、私たちは果樹園に散歩に行って帰ってきます。私たち二人がエプロン姿でいることは最高の光景です。（*GK*: 18）

この書簡の中で、ガーンディーは「偉大な変化」を経験したことを語っており、二人が寝起きを共にしていたことを語っている。カレンバッハが一九三七年にガーンディーの秘書であるマハーデーヴ・デーサーイーに南アフリカでの同居生活について伝えたところによると、彼らは「同じ部屋に住んで」おり、「ほとんど同じベッドの中で」寝起きを共にしていたという（*HJ*、一九三七年六月二十九日号）[26]。

二人の同居生活が開始されて約一年が経過した頃のガーンディーの書簡には、すでにガーンディーとカレンバッハとの親密な関係を示す言葉が見受けられる。「あなたは確実に私が毎日想っている一人です。私の体はあなたといなくても、私の魂（spirit）はいつもあなたと一緒にいます。（一九〇九年四月五日付 *GKP*, Group 5, NAI, S. No. 26)」「あなたのことを想わなかった日は一日もありません。私たちは互いをあまりに良く知っているから、言葉で話さなくても話ができるし、また何をすべきか、それをする前から理解できるのです。（一九〇九年六月十一日付、*KP*）[27]」

多忙な二人は、しばしば遠方に出張することがあり、一時的に離れ離れになった。その度に二人の間に書簡が交わされたが、このような出張期間が最も長く続いたのが、一九〇九年七月から十一月までの間にガーンディーが南アフリカのインド人の権利向上のためにロンドンに陳情に行っていた時期であった。ガーンディーはロンドン滞在中に、カレンバッハに次のような書簡を送っている。

〔一九〇九年八月三十日付〕
私はあなたから論理的で魅力的な愛の手紙（logical and charming love notes）を受け取り続けています。〔…〕私はあなたの愛を拒むことはしません。それはあなたにとって良いことです。私にとってそれはあたかもあなたとの関係において私の自己中心性が義務であるかのように私を堕落させえるものです。〔…〕人々が歴史書や小説の中で読む過ぎ去った時代の友情を、あなたは私に思い出させてくれます。私はこれを約束します――私の心の中に見つけたあなたの居場所を〔他の人で〕二度と満たすことができないように祈るし、その愛が失われることは決してないだろうことを。それはほとんど超人間的（superhuman）なのです。（*GKP*, Group 1, NMML, S. No. 14; 強調筆者）

〔一九〇九年九月二十四日付〕
あなたの写真が私の部屋の暖炉の上に飾ってあります。暖炉はベッドの向かいにあります。永久不滅の楊枝がここにあります。櫛、コットンウッドとワセリンを見る度に思い出してしまいます。〔…〕あなたと私に言いたいことは、あなたがいかに徹底的に私の体を奪ってしまったかを伝えることなのです（how completely you have taken

possession of my body)。

（*GKP*, Group 1, NMML, S. No. 17; 強調筆者、丸括弧内の補足語原文）

ガーンディーはしばしば二人の間の書簡を「愛の手紙」や「ラブレター」と表現していた。また上の引用にあるように、二人が同居生活中に生活用品を共有していたことや、その言葉の意味が具体的に何を意味するかは定かでないものの、「あなたがいかに徹底的に私の体を奪ってしまったか」という言葉は彼らの非凡に親密な関係を示している[28]。

先行研究が指摘するように、二人の関係は明らかに「ホモエロティック」な性質を帯びていたように思われる。とはいうものの、先の引用でもあったように、彼ら自身は自分たちの感情をあくまで「友情」として理解しようとしていた。これに加えて、彼らの間で精液の放出が禁じられていた点は重要である。

〔一九〇八年六月十日付　カレンバッハから兄サイモン宛の書簡〕

私たちはあるこの上なく非凡な生活（ein höchst eigenartiges Leben）を送っており、それは人間を状況に依存させないようにし、より善くすることに役立つものです。〔…〕そして、この十八ヶ月間、私はあらゆる性交渉を放棄しました（habe ich jeden geschlechtlichen Umgang aufgegeben）。この間に、私は自分の人格が向上し、精神的に生き生きとし、身体的な力と肉体の健康が拡大し、改善したと信じています（Ich glaube, dass ich während dieser Zeit an Charakter gewonnen, an geistiger Frische zugenommen & physische Stärke & körperliches Wohlbefinden grösser & besser ist）。

（*GKP*, Group 13, NAI, S. No. 1）

〔一九一二年六月十六日付　ガーンディーからカレンバッハ宛ての書簡〕

一人の受動的抵抗者〔＝サッティヤーグラハの実践者〕として、私は結婚が単に必要でないというだけでなく、積極的に公共的あるいは人道的活動の障害であるという結論に達しました。〔…〕独身（celibate）の生涯を送ろうとする者たちは、確実により偉大な、そして、より広範なエネルギー（much greater and wider scope for their energy）を持ちます[29]。

「性交渉」を放棄することで「精神的に生き生きとし、身体的な力と肉体の健康が拡大し、改善した」というカレンバッハの言葉や、「独身」や「自己統制」によって「より広範なエネルギー」を得るというガーンディーの言葉は、彼らが著名な宗教家であるスワーミー・ヴィヴェーカーナンダから学んだ「精液結集（*viryasaṅgrah*）」というヨーガの実践を、ブラフマチャリヤの実験の重要な一部として取り込んでいたことを示している(30)。精液結集とは、生命力や活力の源泉であると信じられる「精液（*virya*）」を体内に蓄積し、心と魂の「シャクティ（*śakti*: 力、能力、霊力）」を高める実践を意味する。ガーンディーとカレンバッハが出会った一九〇三年とはまさに、ガーンディーが精液結集について論じられたヴィヴェーカーナンダの『ラージャ・ヨーガ』（一八九六(31)）という著作を読んだ同じ年であった（*AK*: 280）。ガーンディーが二人の同居生活を、「生きた実験室（living laboratory）」と呼んでいたことには（*GK*: 13）、このような射精の禁止によるシャクティの向上というヨーガ的発想が関係していた。

先ほど述べたように、ヴィヴェーカーナンダの思想を知る前、ガーンディーは体内の精液の増加が必然的に性欲を発生させてしまうことをラージチャンドラから学んでいた。これと対照的に、ガーンディーはヴィヴェーカーナンダのヨーガ思想を通して、精液を体内に「結集」させたとしても、適切な身体的・心理的コントロールによって、精液は性欲ではなく、シャクティに変換されうることを知った。そして、サッティヤーグラハ闘争の拡大は、カレンバッハとの同居生活の中で、精液が性欲ではなくシャクティに変換されていることをガーンディーに信じさせた。同居生活において二人の親密さが高まるにつれて、同時並行して行われていたサッティヤーグラハ闘争は「極めて凝集していった（*jāmī hatī*）」（*AK*: 344; *GKP*, Group 12, NAI, S. No. 115; 強調筆者）。

とはいえ、ガーンディーはカレンバッハとの同居生活の中で、次第に二人の「友情」が「友情」の域を超える性的性質を帯びているのではないかということに疑いを持つようになっていった。つまり、精液はシャクティだけでなく、部分的に情欲をも生み出しているのではないかということを茫洋とではあるが懸念するようになっていった(32)。一九〇九年にガーンディーがカレンバッハから受け取った書簡を他人に見られないように「破棄」していることからも、ガーンディーがこの時期の二人の感情に、公にし難い何らかの「情欲」や「欠陥」を認識するようになっていたことは明らかであったように思われる(33)。

以上のようなガーンディーとカレンバッハとの間に行われた乳汁放棄をめぐる複雑な性認識の諸相を知る時、*DASI* の中で、なぜガーンディーが乳汁放棄を特徴付ける「霊的観点」の内容を語らなかったのか、あるいは、語れなかったのかという理由、また、なぜ実験の内容が公にされず、二人の間でだけで行われなければならなかったのかという理由を初めて

知ることができるのである。(34)

## 三　プーンカーの隠れた意味

これまで、*DASI* の第二部・第一一章で記されていた乳汁放棄の実験と、そこで内容・意味が説明されていなかった「霊的観点」とがいかなる関係を持つものであったのかを見てきた。次の段階として、この実験と原非暴力との関係、つまり、乳汁放棄を特徴付けていた霊的観点と一九一二年にガーンディーが知ったプーンカーの事実との因果関係について考察を進めたい。

乳汁放棄に至る経緯は、*DASI* には一回、*AK* には二回に分けて記されていることを本稿の第一節で見た。その中でも第一節・第二項の最初に抜粋した *AK* の引用箇所では、プーンカーに関する文献からの「呪術的」な影響という表現が用いられていた（強調箇所参照）。以下では、ガーンディーの乳汁放棄を特徴付けていた「霊的観点」と、この引用箇所で語られていた「呪術的」影響という言葉の関係について見ていく。

すでに論じたように、乳汁は精液と性欲の増加という心理的・倫理的問題と絡むものであった。一方でプーンカーは、本稿の第一節・第二項で述べたように、動物に対する「残虐性」という社会的暴力の問題に絡むものであった。では前者の心理的問題と後者の社会的問題との間には、いかなる因果関係があったというのだろうか。この問いを明らかにして、初めてガーンディーの原非暴力の意味を正しく理解できる。

まずプーンカーの「残虐性」の意味について考察する前に、次の問いに目を向ける必要がある。もしこのプーンカーの残虐性を知った衝撃が、単に雌牛に対する惻隠の情に起因していたならば、搾乳は個人的関心を越えた社会レベルの残虐行為であり、その残虐性から身を引くために、乳汁放棄の誓いはトルストイ農場の住人全員に課せられるべき戒律となるはずではなかったのだろうか。しかしながら、すでに述べたように、ガーンディーはプーンカーを知った後も、乳汁放棄をカレンバッハと二人だけの間で行った。つまり、ガーンディーの原非暴力は、単に物理的暴力の回避という意味以上の事柄を含蓄していたと考えられるのである。

ガーンディーは南アフリカ滞在期にヒンドゥー教の非暴力思想の哲学的意味を、前述したラージチャンドラから最初に学んだ。(35) 以下では、ガーンディーの原非暴力思想を理解するために、南アフリカ滞在期にガーンディーが学んだラージチャンドラの非暴力思想がいかなるものであったのかを見てみたい。

ラージチャンドラの非暴力思想については、一八九四年にラージチャンドラがガーンディーに送った書簡の中で語られている。これはガーンディーがラージチャンドラに送った宗教の意味をめぐる二七個の質問の最後の質問（「もし蛇が噛みついてきたら、それを私は噛ませるままにすべきか、あるいは、私はそれを追い払うべきか？」）に対するラージチャンドラの回答である。(36)

> 魂《アートマー》の益（*ātmhit*）を欲する者であるならば、それ〔＝蛇〕に自身の身体を明け渡すことが可能である。魂の向上を欲しない者がそれにそのようにするだろうか？なので、それの回答は、ただ奈落などの中を行き来する（*narakādimāṃ paribhraman*）〔＝低次の世界を輪廻する〕こと、すなわち、蛇を殺すという教えをどうやってできるだろうか、ということである。〔だが、その者が〕非アーリヤ的性質（*anāryavṛtti*）であるならば殺すことを教えるが良い。(37)

ラージチャンドラの主張は詰まる所、蛇の殺生《ヒンサー》をめぐる決断は、行為者の「魂の益」をめぐる心理的動機に依拠するということである。行為者の魂の覚醒と行為者の非暴力的実践との間に不釣り合いがあってはならない。それゆえ、ラージチャンドラは魂の向上を求めない者（＝非アーリヤ的性質の者）は蛇を殺生すべきであることをガーンディーに教えた。

これに加えて、前節でも述べたように、ガーンディーはカレンバッハと出会った同じ年に、ヴィヴェーカーナンダの『ラージャ・ヨーガ』という著作を読んでいた。ここで重要なのは、この『ラージャ・ヨーガ』の中には、ガーンディーが生涯を通して愛読していた『ヨーガ・スートラ』のサンスクリット語の原文と英語の注解も収録されていたことである。そして、このヴィヴェーカーナンダによる『ヨーガ・スートラ』の注解箇所には、ヒンドゥー教の非暴力思想の意味が詳しく説明されている。以下に、非暴力思想の意味について説明された『ヨーガ・スートラ』の第二章三五節のサンスクリット語原文とそれに対するヴィヴェーカーナンダの英訳及び注解を引用する。

> 〔サンスクリット語の原文〕Ahiṃsāpratiṣṭhāyāṃ tatsannidhau vairatyāgaḥ.(38)
>
> 〔ヴィヴェーカーナンダの英訳〕不殺生（Non-killing）が確立すれば、彼の前で（他者の中にある）全ての敵意は消滅するだろう。
>
> 〔ヴィヴェーカーナンダの注解〕もしある人が他者に対する不傷害（non-injuring）の理想を得るならば、彼の前で獰猛な本性を持つ動物でさえ平穏になる。そのヨーギーの前で虎と羊は一緒に戯れる。あなたがその状態に行き

着いた時にのみ、あなたは不傷害を固く確立したと理解するだろう[39]。

ここに見られるように、ヴィヴェーカーナンダの説く非暴力思想は、行為者が完全に非暴力（＝「不殺生、不傷害」）を「確立」しているならば、行為者は他者を傷つけないだけでなく、他者自身も行為者に対して傷つけることがなくなるというものである。そして、このような内外の非暴力的状態の一致が起こったことを見ることによって初めて、行為者は自身が「不傷害（の誓い）を固く確立したと理解する」とされる。そして、『ヨーガ・スートラ』において、このような非暴力の誓いを含めた自己統制を達成したヨーギーが持つ外的現実への影響力は、「超自然的／呪術的力（*siddhi, aiśvarya*）」と呼ばれていた[40]。

　ラージチャンドラのジャイナ教的非暴力思想も、ヴィヴェーカーナンダのヒンドゥー教的非暴力思想も、同じ意味では無いものの、単なる物理的暴力の否定という意味を越えた行為者の心理状態と外的現実との一致の重要性を説いている点で共通していたのである。ガーンディーがこのような内外一致の非暴力思想から影響を受けていたことは、一九一五年以降のガーンディーの非暴力思想に関する様々な発言からも明らかである[41]。例えば、一九三〇年代後半以降にインドでヒンドゥー教徒とイスラーム教徒との宗教間暴力が激しくなってきた頃からガーンディーは次のような発言を頻繁にするようになった。

> 私は自身の定義上の完全なブラフマチャリヤを達成できたと断言できたことは一度もない。私は自身の思考に対する統制をまだ得ていないがゆえに、非暴力の探求を必要としている。私の非暴力が伝染的（contagious）で感染的（infectious）になるためには、私は自身の思考に対するより大きな統制を得なければならない。
>
> （*HJ*、一九三八年七月二十三日号）

ガーンディーはブラフマチャリヤによる内面の心理的浄化と現象世界における物理的非暴力の実現とが常に共時的に対応していると考えていた。ガーンディーの非暴力社会の理想は、このような意味で、ガーンディー自身の内面における性欲の克服という心理的主題と密接に関連していたのであった。

　こうしたガーンディー独自の非暴力思想の意味に着目した時、ガーンディーがなぜプーンカーの事実を知ることによって、すぐに乳汁放棄の決断に至ったのかという理由も初めて充全に理解できるのである。すなわち、ガーンディーが語っていたプーンカーの文献から受けたという「呪術的」な影響とは詰まる所、プーンカーという残虐な外的現実を知ることによって、ガーンディーがカレンバッハとのブラフマチャリヤの実験が失敗していたことにはっきりと気付いたことを意味したのである。換言すれば、外面世界の暴力性は、ガーンディー自身の心の中に発生していた情欲を反映するものに他ならなかった。

より具体的には次のように説明可能である。第一節・第二項で見たように、ガーンディーはカレンバッハと行っていたブラフマチャリヤの実験の一つである精液結集の実践によって、精液をサッティヤーグラハ闘争に必要不可欠なシャクティに変換することを試みていた。もし、実験が成功していた場合（つまり、精液がシャクティに変換していた場合）、外的現実において非暴力的状態が実現されていたはずであった。だが、ガーンディーが一九一二年に目にしたのはプーンカーという社会的暴力の実態であった。このことは精液がシャクティではなく情欲を生み出していたことをガーンディーに知らしめるものであった。ガーンディーはまさにこの時にそれまで茫洋と感じていたカレンバッハとの感情が「友情」の域を超える性的性質を帯びていたことを悟ったのである。社会的暴力を撤廃する最善の方法が自己の心の「浄化」にあると信じていたガーンディーは、その後にわかに、精液と性欲を増加する恐れのある乳汁を絶つことを誓った。

ガーンディーは一九一三年七月二日付の親戚のジャムナーダース・ガーンディー宛ての書簡の中で次のように告白している。

> 搾乳の主題〔＝プーンカー〕に触れた本にざっと目を通した。私は〔それが〕良いとは思わなかった。だが、私の〔心の〕状態こそがそのよう〔に思わせた〕であった。誰かが肉の中に身体（*śarīr*）に極めて良く働く要素を証明したとしても、〔私は〕それを放棄（*tyāga*）する。そのように乳汁についても信じている。
>
> （*GA* 12: 106; 強調筆者）

また、乳汁放棄が誓われた同じ年に書かれたカレンバッハ宛ての書簡（一九一二年八月三十日付）で[42]、ガーンディーは次のようにも述べている。

> 我々はある意味で、世界の全ての悲惨さ、つまり、我々の周囲にある全ての不完全さのために咎められるべきである。それらは我々が完全になる時に完全になる。
>
> （*GKP*, Group 1, NAI, S. No. 9）

以上、（1）乳汁放棄に至る過程で問題視されていた「霊的観点」や「霊的利益」の意味（すなわち、「情欲」の問題）と、

（2）ガーンディーの原非暴力の形而上学的含意（すなわち、呪術的影響の意味）との関係がいかなるものであったのかを明らかにした。

## 終わりに

本稿では、南アフリカ滞在期のサッティヤーグラハ闘争の背後で行われていたガーンディーとカレンバッハとのブラフマチャリヤの実験について分析してきた。これによって、一見些細に見えるガーンディーのブラフマチャリヤの実験に見出せる性認識が、ガーンディーの原非暴力思想を理解する上で重要な鍵となっていたことを明らかにした。つまり、ガーンディーの原非暴力とは単に物理的レベルの暴力の不在を意味するのではなく、ガーンディー自身の性欲＝情欲という身体的・心理的レベルの暴力の問題と不可分な関係にあるものなのであった。

このような南アフリカ滞在期におけるガーンディーの原非暴力思想の解明は、ガーンディーのインド独立運動期における様々な非暴力行動（第一次非協力運動、塩の行進、不可触民撤廃運動、「インドを立ち去れ運動」等）に対する従来の解釈に少なからぬ修正をもたらすものと考えられる(43)。

（はざま・えいじろう／南アジア地域研究、政治思想史）

### 注

（1）本稿で使用する以下の史料については本文・脚注ともに略号を用いる。ガーンディーの著作・全集：*Dakṣiṇ Āphrikānā Satyāgrahano Itihās*, Amdāvād: Navjīvan Prakāśan Mandir, 1950 は *DASI*、*Satyanā Prayogo athvā Ātmakathā*, Amdāvād: Navjīvan Prakāśan Mandir, 1947 は *AK*、*Gāndhījīno Akṣardeh: Mahātmā Gāndhīnām Lakhāṇo, Bhāṣaṇo, Patro Vagereno Saṅgrah*, 82 vols, Amdāvād: Navjīvan Prakāśan Mandir, 1967-1992 は *GA*、*The Collected Works of Mahatma Gandhi*, 100 vols, New Delhi: Publications Division, Ministry of Information and Broadcasting, Government of India, 1956-1994 は *CWMG*。ガーンディー自身が発行していた週刊紙：*Harijan*, 1933-1955 は *HJ*、*Harijanbandhu*, 1933-1955 は *HJB*。原物史料：*Gandhi-Kallenbach Papers* は *GKP*（尚、*GKP* についてはデリーの National Archives of India (NAI) で収集したものと Nehru Memorial Museum and Library (NMML) で収集したものを用いる。適宜、所蔵館の略号を付記する）、*Kallenbach Paper*, Satyagraha House, Johannesburg は *KP*。二次史料：Sarid, Isa, and Bartolf, Christian, *Hermann Kallenbach: Mahatma Gandhi's Friend in South Africa*, Berlin: Gandhi-Informations-Zentrum (Selbstverlag), 1997 は *HK*、Lev, Shimon, *Soulmates: The Story of Mahatma Gandhi and Hermann Kallenbach*, Hyderabad: Orient Blackswan, 2012 は *GK*。

（2）例えば、Markovits, Claude, *The UnGandhian Gandhi: The Life and Afterlife of the Mahatma*, London: Anthem Press, 2004; Lelyveld, Joseph, *Great Soul: Mahatma Gandhi and His Struggle with India*, New York: Knopf, 2011; Desai, Ashwin, and Vahed, Goolam, *The South African Gandhi: Stretcher-Bearer of Empire*, Stanford: Stanford University Press, 2016 等を参照されたい。

（3）古典的に、パタンジャリの『ヨーガ・スートラ』に記される「禁戒《ヤマ》」の一つであり、（性的）禁欲・独身の誓いを意味する。あるいは、『ダルマ・シャーストラ』の中で制定されるヒンドゥー教の四つの「住期《アーシュラマ》」の一つである「独身期／学生期」としても知られている。

（4）ガーンディーは一九四四年頃から一九四八年に暗殺されるまで、血の繋がりのあるマヌ・ガーンディーやアバ・ガーンディーを始めとした側近女性と裸で寝床を共にする実験を行った。詳細は、間永次郎、「M・K・ガーンディーにおけるナショナリズムと性——晩年『ブラフマチャルヤの実験』再考」『アジア研究』第五八巻四号、二〇一二、三七—四九頁、第五九巻一・二号、二〇一三、五四—五五頁を参照されたい。

（5）Lal, Vinay, "Nakedness, Nonviolence, and Brahmacharya: Gandhi's Experiments in Celibate Sexuality," *Journal of the History of Sexuality*, 9 (1/2), 2000, pp. 105-36; Alter, Joseph, *Gandhi's Body: Sex, Diet, and the Politics of Nationalism*, Philadelphia: University of Pennsylvania Press, 2000; Kumar, Girja, *Brahmacharya: Gandhi and His Women Associates*, New Delhi: Vitasta, 2006; Veena R. Howard, *Gandhi's Ascetic Activism: Renunciation and Social Action*, Albany: State University of New York, 2013.

（6）サンスクリット語・グジャラーティー語の「真理（*satya*）」と「堅持／主張（*āgraha*）」を結合したガーンディーによる造語。一九二〇年代の独立闘争以降、ガーンディーによって「非暴力抵抗（nonviolent resistance）」等の訳語でも提唱されるようになる。

（7）non-violence は、グジャラーティー語・サンスクリット語で「不殺生／不傷害」を意味する *ahimsā* の訳語。本稿では、便宜的に、ガーンディーの non-violence と *ahimsā* の両方を「非暴力」と訳す。*ahimsā* や non-violence という語の使用期限についての詳細は、間永次郎「M・K・ガーンディー政治的 *ahimsā* の起源——"Hind Swarāj" (1909) から *ahimsāvrat* (1915) まで」『南アジア研究』第二三号、二〇一一、七—三〇頁参照。

（8）Alter, *Gandhi's Body*, p. 24.

（9）間「ナショナリズムと性」、および Hazama, Eijiro, "The Paradox of Gandhian Secularism: The Metaphysical Implication behind Gandhi's 'Individualization of Religion'," *Modern Asian Studies*, 51 (5), 2017, pp. 1394-1438 参照。

（10）Howard, *Gandhi's Ascetic Activism*.

（11）ガーンディーは生まれてから十八歳まで（一八六九—一八八八年）を西インド・グジャラートで過ごし、十九歳から二十一歳までロンドンに留学し（一八八八—一八九一年）、二十三歳から四十四歳まで（一八九三—一九一四年）を南アフリカで過ごした。四十五歳（一九一五年）にインドに帰国してからは、七十八歳に暗殺されるまでインドで過ごした。

（12）オルターは、サッティヤーグラハとブラフマチャリヤとの「決定的」結び付きを説明する唯一の論拠を、ガーンディーの秘書による自叙伝の英訳（*The Story of My Experiments with Truth*）の第四部・第二四章のガーンディーの言葉にのみ求めている。すなわち、サッティヤーグラハ開始の直前に、ブラフマチャリヤの誓いが立てられたという時系列的事実のみが、両者の結び付きを説明する論拠となっている（Alter, *Ibid*, pp. 24-25）。

（13）間「政治的 *ahimsā* の起源」参照。

（14）一九一〇年にヨハネスブルグ近郊に設立。トルストイ主義の精神に賛同する約九〇人のサッティヤーグラハ闘争の参加者が、ガーンディーをリーダーとして共同生活を行った。

（15）唐辛子などの刺激物を雌牛の乳に吹き付ける強制的搾乳。

（16）ガーンディーと同じグジャラート出身のジャイナ教徒。ガーンディーはラージチャンドラから甚大な思想的影響を受けていたことを、生涯の様々な場所で述べていた（*AK*: 144-147; *GA* 32: 3; 3: 218; 9: 290-291; 13: 135, 271-274; 282-283; 25: 340; 37: 246-252; 43: 111）。

（17）Rājcandra, Śrīmad, *Mokṣamālā*, Agās: Śrīmad Rājcandra Āśram, 2010, p. 187.

（18）だが、晩年にラージチャンドラの言葉を引用した際に、ガーンディーはその思想の意義を無意味な禁欲主義的戒律として退けた。詳細は、Hazama, "The Paradox of Gandhian Secularism", pp. 1409-1412を参照。

（19）*GK*: 18-20; Leyyveld, *Ibid*., p. 88, 369を参照。

（20）Desai and Vahed, *Ibid*.

（21）Hay, Stephen, "The Making of a Late-Victorian Hindu: M. K. Gandhi in London, 1888-1891," *Victorian Studies*, 33（1）, 1989, p. 86, 89; Caplan, Pat, *The Cultural Construction of Sexuality*, New York: Tavistock, 1987, pp. 271-295.

（22）Mason, M., *The Making of Victorian Sexuality*, Oxford University Press, 1994, pp. 171-2.

（23）本稿の注（1）参照。

（24）*GK*; Guha, Ramachandra, *Gandhi before India*, New York: Vintage Books, 2015.

（25）現在、カレンバッハ関連の一次史料のほとんどはNAI（略号は、注（1）参照）に所蔵されている。しかしながら、筆者が二〇一七年二月から三月にNAIで史料収集をした限り、一部の史料はアクセスができない状態になっていた。だが、これらの多くの史料の複写はNMMLとヨハネスブルグのクラール（現Satyagraha House）で入手できた。

（26）カレンバッハはこの時の同居生活が、「生涯における最も幸福な時間」であったと後に回想している（*GKP*, Group 6, NAI, S. No. 28）。

（27）本稿で引用したガーンディーとカレンバッハ間の書簡は全体の氷山の一角に過ぎない。南アフリカ滞在期で最も多い時は、ほとんど毎日のペースで書簡が交わされていた。中でも、*GKP*, Group. 1, NAI, S. No. 19; Group 5, NAI, S. No. 26; Group 12, NAI, S. No. 115; *GKP*, Group 1, NMML, S. No. 2, 9, 62, 130, 231は、彼らの親密な関係を示している。

（28）「ワセリン」の使用を始め、引用箇所にあるガーンディーの言葉が具体的に何を意味していたのかは定かではない。仮に南アフリカ滞在期の一時期に、カレンバッハとの間に何らかの形の「性交渉」が行われていたとしても、後述する通り、彼らはそれを射精と情欲が発生する限りで原則的に禁じていた。

（29）Hunt, James D., and Bhana, Surendra, "Spiritual Rope-Walkers: Gandhi, Kallenbach, and the Tolstoy Farm, 1910-13," *South African Historical Journal*, 58, 2007, pp. 176n6.

（30）Hazama, Eijiro, "*Brahmacarya* as Romance? Some Unknown Traditional Origins of Gandhi's Religious Politics," in Vinay Lal and Istvan Perczel, eds., *Gandhi in a Globalized World*, New Delhi: Oxford University Press, forthcoming; "The Paradox of Gandhian Secularism," p. 1417n98参照。

（31）Vivekananda, Swami, "Raja-Yoga," in *The Complete Works of Swami Vivekananda*, vol. 1, Calcutta: Advaita Ashram, 1965, pp. 119-313.

（32）例えば、先の引用にもあった通り、しばしばガーンディーはカレンバッハに対する親密な感情を「自己中心性」や「堕落」といった否定的な性質のものとして語っていた。

（33）ガーンディーがカレンバッハに送った書簡は、ガーンディーによって生前中に「破棄」された。一九〇九年七月三十日付のガーンディーからカレンバッハ宛ての書簡には次のように書かれてある。「あなたが送ってくれる手紙は魅力的である。あなたがそれらを私以外の人に読んで欲しくないことを知っている。そして、私がある場所から別の場所へ頻繁に行き来しなければならないので、私はそれらを破棄しようと思う」（*GKP*, Group 1, NMML, S. No. 9）。

（34）ちなみに、ガーンディーの四男デーヴァダースは、一九〇八年から一九一四年までのカレンバッハとガーンディーとの活動についてカレンバッハに自伝を書くことを度々依頼したが、カレンバッハはその依頼に生涯応えなかった（*GKP*, Group 6, NAI, S. No. 30）。

（35）だが、ラージチャンドラは「非暴力」よりも「慈悲（*dayā*）」という言葉をより頻繁に用いていた。

（36）ラージチャンドラの非暴力思想に関する教えは、ガーンディーの質問に対する九番目と一一番目の回答の中でも語られている（Kalārthī, Mukulbhāī, ed., *Śrīmad Rājcandra ane Gāndhījī*, Amdāvād: Gujarāt Vidyāpīth, 2000, pp. 102-104）。

（37）Kalārthī, *Ibid*., p. 112.

（38）「非暴力の状態が確立するならば、その人の傍で、全てが敵意を捨てる」（筆者訳）。

（39）Vivekananda, *Ibid*., p. 262.

（40）Vivekananda, *Ibid*., pp. 270-288, 280-281, 289.

（41）間「ナショナリズムと性」四一—四七頁、および Hazama, "The Paradox of Gandhian Secularism", pp. 1418-1437 参照。

（42）乳汁放棄の誓いは、一九一二年末頃に交わされた（*GKP*, Group 10, NAI, S. No. 4）。

（43）ガーンディーの内外一致の非暴力思想が、独立運動の中で如何に機能するものであったかは、間「ナショナリズムと性」や Hazama, "The Paradox of Gandhian Secularism" を参照。また、Hazama, "The Paradox of Gandhian Secularism" で論じたように、南アフリカ滞在期にガーンディーが影響を受けていたラージチャンドラの精液概念理解は、インド帰国後に近代タントラ思想の受容等により大きく変容した。この点を知ることは、ガーンディー晩年のブラフマチャリヤの実験（女性との裸の同衾）を適切に理解する上で必要不可欠である。

**キーワード**　ガーンディー、非暴力、ブラフマチャリヤ、サッティヤーグラハ、南アフリカ

〈公募論文〉

# 「難民研究」への思想史的アプローチ

## 【リベラルな難民観を超えて】

山岡健次郎

## はじめに

二〇一一年以降のシリア内戦が引き起こした大規模な避難民流出は、国際社会の言論状況を分裂させている。一方で、国境を越えて移動する人々の脆弱性と保護の必要性がクローズアップされ、他方で、そうした人々の大規模な移動が受け入れ社会に引き起こす多様な「問題」が喫緊の課題として論争を巻き起こしている。双方の議論は同時並行で展開されながらも、必ずしも接点を見出せないままにある。そうした分裂の根本的な原因を探求するならば、第二次世界大戦後の国際社会で確立された人の移動をめぐる国際レジームに行き着くであろう[1]。

本論では、第二次世界大戦後の国際社会において難民移動に関する認識枠組みがどのように形成されていったのかを思想史的観点から明らかにし、その固定化した認識枠組みを乗り越える可能性を探っていく[2]。第一に、学問領域としての難民研究が誕生してきたその来歴を素描する。第二に、「難民問題」の解決を目的とした難民研究にとって、難民移動がどのように観念されてきたのかを考察する。第三に、難民という存在と近代以降に確立した国民国家システムとの根源的な関係性について論じる。そこにおいて、難民研究が抱え込む認識論上のアポリアが明らかになるであろう。第四に、難民研究と国際的な難民保護レジームが前提としてきたリベラルな難民観を明らかにする。第五に、そうした従来までのリベラルな難民観が見落としてきた難民移動にまつわる集団性・共同性の次元を指摘する。そして最後に、難民が「エグザイル」として連帯していく可能性を展望する。

## 難民研究のはじまり

難民研究という学問分野が確立されてきたのは、一九八〇年代以降のことである。[3] 言うまでもないことだが、難民移動という現象そのものは、それ以前にも様々な場所と時代で幾度も発生してきた。にもかかわらず、一九八〇年代以前に難民移動が体系的な学問の研究対象とならなかったのは、それが解決困難な「問題」としては認識されていなかったからに他ならない。つまりは、難民移動は変則的な一時的現象であって、やがては終息するものと捉えられていたことを意味する。ところが、一九七〇年代頃から、難民移動をめぐる状況（より正確に言えば、状況認識）に変化が訪れた。難民移動は容易には終息せず、国際社会による何らかの対応が必要であるとみなされるようになっていった。以下、まずはその経過を振り返っておく。

現在では、難民を人道援助の対象とみなすことはごく自然なことのように考えられているが、そもそも難民が人道の対象となったのは歴史的に見ればそれほど古い話ではない。難民移動は古今東西さまざまな場面で発生していたが、難民と人道とが結びついたのは、難民が一つの共同体から追い出されたことによって、新たに定着すべき別の共同体を見つけ出すことができないという事態が発生したことによる。[4] ある種の共同体から排除され移動を余儀なくされる人々というのは人類の歴史上数多く発生していたが、そうした人々は、別の場所に移動しそこで生活を再建していった。そのかぎりで、外部からの人道援助の必要はない。ところが現代の難民のように、ある共同体で住む場所を追われた人々が別のどこかに新たな自分たちの居場所を見出すことができなくなったとき、脆弱な存在として援助を必要とするようになる。難民は、行き場を失ったことによって、人道の対象となったのである。現代的な意味の難民発生のはじまりに一九一七年のロシア革命の動乱をめぐる難民移動が位置づけられるのは、そうした文脈においてである。革命の動乱を逃れた人々は行き場を失い、国際社会の保護が必要な存在となり、「ナンセン・パスポート」という特殊な身分証明書を発行しなければその地位が保障されなくなっていった。[5]

第二次世界大戦中のナチス・ドイツによるユダヤ人迫害に

おいても、ドイツ占領地域を追い出されたユダヤ人の受け入れに関して他のヨーロッパ諸国が消極的な姿勢に終始したことで、ユダヤ人たちは強制収容所以外の行き場を失ってしまった。(6) ヒトラーによる「最終的解決」とは、現代の「難民問題」が抱える本質的な困難を浮き彫りにしている。

そして戦後、ドイツ占領地域に残された東中央ヨーロッパ出身者たちがソ連の影響下にある出身国への帰国を拒んだことによって、そうした人々をいかに保護すべきかが問題化した。このとき、戦後の国際秩序としての東西冷戦体制が人の移動を強く規定することになる。一九五一年の「難民の地位に関する条約」（以下、難民条約）は明らかに、東側の共産圏から自由を求めて西側に移動してくる個人を前提としていて、「鉄のカーテン」が人の移動を制限しているためにそうした移動も大規模になることなく、西側自由主義圏は寛容な姿勢で難民を受け入れ諸権利を保障することができた。冷戦に規定された難民保護レジームの働きによって、ヨーロッパにおける難民危機は一九六〇年代ごろには終息していった。(7)

そのようにして確立した難民保護のための国際的なレジームはしかし、ヨーロッパ外部で発生する難民移動に関しては必ずしも有効に機能しないことが、一九七〇年代に入って徐々に顕わとなってきた。脱植民地化のプロセスで独立していったアジア・アフリカの新興国家の自立化の道は容易でなく、国家形成のプロセスで様々な紛争を抱え込むようになった。その結果、「暴力から逃走」するようにして、大量の難民が発展途上地域で発生していく。(8) 戦後ヨーロッパでの難民移動が「東（共産主義圏）」から「西（自由主義圏）」への移動であったのとは異なり、発展途上世界で発生した難民移動は、「南（発展途上世界）」からその周辺各国の「南」への移動、さらには貧しい「南」から豊かな「北（先進工業世界）」への移動につながっていった。

「南」から「南」への移動では、難民の流入によって同じく発展途上にある隣国の政治・社会的な安定が脅かされるため、難民のキャンプへの収容が広く行われる。難民キャンプが設置されることでＵＮＨＣＲをはじめとする国際機関や国際的なＮＧＯによる人道援助が可能となる。その反面、難民たちは援助に依存するようになりキャンプ生活が長期化し、さらには、キャンプという空間が反政府武装組織の拠点となるなど複雑化した問題が発生してきた。(9)

他方で、さらなる安全と豊かさを目指して「南」から「北」へと移動する移民・難民の波も一九七〇年代後半ごろから問題視され始める。北側先進世界の西欧諸国は、戦後復興のために東欧や旧植民地からの移民を低賃金労働力として受け入れてきたが、一九七〇年代に入って高度経済成長が終わりを迎えたことによって、そうした外国人労働力の受け入れが停止されていった。そのタイミングで新たに「南」の貧しい地域からやってくる難民たちというのは、「北」の先進諸国にとっては重荷でしかなかった。くわえて、「東」からやって来る難民と違って、冷戦イデオロギーとの関わりの薄い「南」からの難民たちを受け入れる政治的なメリットもほとんどなかった。それによって、この頃から難民保護レジームにおける「庇護の衰退」といった事態が注目されるようになっていった[10]。

以上のような状況の変化に応答するようにして、一九八〇年代頃から「難民研究」という学問分野の必要性が高まっていくこととなる。一九八三年にオックスフォード大学に難民研究プログラム（二〇〇〇年以降は、「難民研究所」となる）が開設され、一九八八年には難民研究の専門ジャーナルである *Journal of Refugee Studies* が刊行されている。以後、多様な学問分野の研究者たちによって、学際的な分野として難民研究は発展を遂げていった。そのようにしてスタートした難民研究は、「難民問題」の解決を目指すという実践的な目標を掲げている。この世界で居場所を失った難民がどのようにすればもう一度居場所を取り戻せるのか、という難問こそが、難民研究が取り組むべき共通の課題となった。

## 「難民問題」の解決とは

「難民問題」における一般的な解決策とされるのは、①受け入れ社会への統合、②第三国への再定住、③出身国への帰国である。そのうち①と②、すなわち他国における庇護は、戦後の東西冷戦という枠組みを前提として可能となる解決策であろう。西側の自由主義国が東側の共産主義国から自由を求めて逃れてくる人々を寛容な姿勢で受け入れ市民権を与えるという構図は、東西のイデオロギー競争に支えられてきた。しかし、冷戦体制が崩壊した一九九〇年代以降は、そうした庇護による解決の道は狭まっていった。結果として、③の出身国への帰国が「難民問題」の解決策として強調されるようになっていく。

そうした流れのなかで、難民研究においても新しい問題意識が芽生えてくるようになる。各国で庇護が衰退していく反面で、国際社会ではそもそも難民を発生させている出身国の責任を追及する言説が強まっていった。国連においても一九八〇年代の後半から難民発生の「根本原因」を突き止め発生源から食い止めるという議論が活発になり、さらには難民を発生させるような国家はまともな統治が行われていない「失敗国家・破綻国家」であるとされ、そうした国家に不干渉の主権を言い立てる正統性などなく、国際社会が人道的に介入すべきであるという議論にまで発展していく[11]。そして、難民が他国に「入国する権利」はそれ自体としては認めがたいが、自国に「帰国する権利」は保障されるべきであるとされる。すなわち、難民発生の直接的な原因となった出身国こそが、難民受け入れの負担を担うべきであり、難民を発生させたわけではない豊かで安定した国々がそうした難民を受け入れ保護すべき道義的な責務を担うことには限界があるとする言説が強まっていった。そうした状況に対して問題解決を至上命題とする難民研究は、各国(とりわけ先進各国)における庇護の衰退に対して繰り返し懸念を表明してきたし、出身国に責任を押し付ける論理に対しては国際社会の共同の責任と人権の普遍性を言い立ててきた。難民という脆弱な存在を国際社会の弱肉強食のルールに巻き込んではならない、というのが、難民研究に携わる者たちの共通の思いであったといえる。

さらに一九九〇年代の後半くらいから、従来の難民の定義(政治的迫害からの避難)には必ずしも当てはまらないが、貧困や開発や環境破壊などの多様な原因で移動を余儀なくされている人々の保護という問題にも注目が集まり始め、難民研究を強制移動研究 forced migration studies という枠組みで包括的に再編していく動きも見られるようになってきた[12]。人道的保護の対象は、強制移動のカテゴリーの拡張に伴って拡大していった。

以上のような難民研究の成立と発展の流れが、近年、大きな曲がり角を迎えている。シリア内戦をきっかけとした大規模な難民移動がヨーロッパにまで到達し、それがヨーロッパ社会の安定や安全を揺るがし始めているという認識が広まるにつれて、「移民・難民問題」はこれまで以上に重大な政治的課題として先鋭化してきた。現在、豊かなヨーロッパ世界を目指す人々の動きの中には、多様な移動が混在している。そのため、真に保護が必要な難民移動であるのか、それとも単に経済的な豊かさを求めてやって来ている「経済移民・不法移民」の移動なのかを区別することは難しい。それに加えて、移動のルートも陸路、空路、海路と多様化し、密航ビジネスが横行するなかで、移動を秩序付けることはますます困難になってきている[13]。にもかかわらず、ヨーロッパ各国は、自国の安全とテロリズムへの不安や、国内の雇用がそうした移民たちに奪われ社会保障制度が食い物にされているといった自国民の不満の高まりを受けて移動制限を厳格化している。そのような現状に見合わない政策はそれゆえ、高い緊張を生み出すことになる。欧米各国で連鎖的に起きている「政変」(極右政党の台頭や「ブレグジット」現象など)は、そうした難民移動をめぐる政治・社会的な緊張の産物でもあるだろう[14]。

このような現状に対して難民研究では、移動の性質の変化に注目が集まってきている。難民移動が他の移動と混合してきている状況は、「混成移動 mixed migration」という概念によって把握される[15]。さらには従来までの三様の解決策（統合、再定住、帰国）ではもはや事態に十分に対応できないことから、難民の流動性を前提としたアプローチの必要性が強調されるようになってきている[16]。他方で、ヨーロッパ各国の安全保障に対する懸念を受けて、より現実主義的な対応も模索され始めている。人道の理念がセキュリティの論理に押しきられる場面が増えてきていると言えるだろう[17]。

国境を越える人の移動は盛んになってきているのにもかかわらず、国民国家で区切られた現代の国際秩序はそうした移動を受け入れることができず、結果として保護を必要とする人々を不断に生み出し続けている。そのような事態を引き受け解決することを目的として、難民研究は誕生した。しかしここにきて難民研究は、その出発点から抱え込んでいるアポリア（難関）にあらためて直面させられている。

## 国民国家システムと難民

現代的な意味での難民という存在のあり方は、近代以降の国民国家システムと緊密に相関している。近代国家が中央集権的に権力を掌握するプロセスにおいて、誰がその国家の構成員であるのかというメンバーシップの確定が決定的な意味を持つようになる。国家にとっては、「誰が外国人であるか」よりも先行して、「誰が国民であるのか」を線引きすることが重要な課題となった。国内に居住する住民の「移動手段を独占すること」によって、全国民規模での徴税や徴兵が可能となり近代国家は「国家らしさ」を獲得していった。パスポートという身分証明書が発行される意味もそこにある[18]。

しかし、国家による国民の把握が行き渡るにつれて、国家のメンバーシップに含まれなかった人々がその共同性から排除されることにもなる。西洋において国民国家が形成されるプロセスというのは、同時代的に海外に植民地が獲得されていくプロセスでもあった。そのため、近代国家が抱えきれない余剰人口は、ことごとく植民地に移住させていくことができた。国内の過剰労働力を植民地に移住させることで、帝国主義的な人の移動が活発化していった[19]。ところが、第二次世界大戦後は、植民地主義・帝国主義が根本から否定され、もはや列強も海外に植民地を保有することは許されず、それまで植民地とされていた国々が次々と独立を成し遂げていく。そのようにして、地球の表面が各国民国家で線引きされ主権が言い立てられるようになると、帝国主義時代には開けていた移動の余地がいよいよ狭まっていった。いまや、相手国の同意なしにはそこで居住することはおろか、入国することさえままならなくなった。ここに至って、難民という存在は、国民国家同士の境界の裂け目に落ち込んでいく。

グローバル化が盛んに喧伝される現代世界においてさえ、国境を越えた移動のルートは厳格に管理されなければならないと考えられている。許可なし、文書なしの移動は原則、「不法」なものと見なされ監視と取り締まりの対象となる。そのとき、例外化されるのが、難民移動である。難民移動に限っては、例外的に保護の対象とするというのが、戦後の国際レジームにおける合意であった。国民国家という政治的共同性を維持し続けようとするかぎり、難民をその他の移民と区別する必要がある。難民は、それ自身として難民であるというのではなく、国民国家システムという枠組みに囲い込まれてはじめて「難民」として現象する。その意味で、難民について思考するためには、難民を難民ならしめている背景が認識されていなければならないだろう。多様な人の移動の中で難民移動だけが保護の対象となるというのは、決して自明のことではない。歴史的に特殊な国際秩序（国民国家システム）が存在しなければ、難民が人道の対象となることはなかった。

そしてこのことは、難民研究において追求されてきた「難民問題」の解決策のあり方にも色濃く反映している。難民研究が掲げてきた統合、再定住、そして帰国という三様の解決策はどれも、難民移動を停止させることを、言い換えれば、難民を国民国家システムに（再）包摂することを目標としている。そして包摂できないのであれば、とりあえずはキャンプに収容してその移動を止め、人道援助の対象としていく。難民研究は、一方において難民の人権の普遍性を言い立ててきたことは間違いないが、他方においてその「解決」を追求することで国民国家システムの維持を強化してきた側面があったことも見逃せないであろう。[20]

## リベラルな難民観

そのようなアポリアを抱え込んだ難民研究にあって、難民の人権の普遍性を強調する伝統的な立場は、一方で依然として根強い。しかし他方で、そうした従来までの難民研究に染み付いた「難民中心主義」を相対化し、受け入れ社会の負担や安全保障への懸念を強調するより現実主義的な立場が登場してきている。[21]

両者は難民への対応において対照的に思われるが、その難民観においてはどちらも同じ認識を共有している。難民の人権を強調する立場も国家のセキュリティの重要性を強調する立場も、「難民＝諸権利を剥奪された個人」という認識では一致している。そうした共通認識に基づいて、一方は権利保障の重要性を言い立て、他方はその限界を主張している。すなわち、どちらの立場にしても、冷戦期に確立したリベラルな難民観が共有されている。難民とは、人間として保障されるべきさまざまな権利が剥奪された脆弱な存在であって、それゆえいずれかの国家によって諸権利が与えられ、もう一度人間らしさを回復させなければならない存在として認識される。

このリベラルな難民観こそが、現在の状況においては問い直されていると言える。政治思想家のハンナ・アーレントが『全体主義の起源』において描き出した難民をめぐるアポリアについては難民研究においても繰り返し言及されてきたが、それは戦後の難民保護レジームにおいても必ずしも克服されたわけではなかった[22]。アーレントが問題化したように、近代のリベラリズムの原理は一方において人権の普遍性を言い立てるが、しかし実際にそうした諸権利を保障するのは政治的共同体としての国家であって、そのため、個人が十全な権利を獲得するためには、それ以前にそうした諸権利を保障する能力を備えた政治的共同体の一員となっていなければならない。そのような人権保障の前提となる隠された特権のことをアーレントは、「諸権利を持つための権利」と呼び、難民という存在はそうした政治的共同体に所属する権利を持たないからこそ、根本的な権利剥奪の状況に置かれると論じたのであった[23]。

すなわち、人権とはその理念的な定義からするならば、あらゆる人間に普遍的に保障されるはずであるが、国民国家で色分けされた現実世界にあっては、どこかの国家にメンバーとして受け入れられないかぎりは人権の普遍性も単なるお題目に過ぎずシチズンシップとしての機能を果たさない。フランス人権宣言の「人間と市民の権利宣言」という定式化にすでにそのアポリアは表現されている。「人間」であることと「市民」であることをフランス人権宣言は一致させようとしているが、「人間」ではあっても「市民」ではない「難民」という存在について思考しようとするならば、その権利を誰がどのように保障すべきなのかという根源的な問題を避けて通ることはできない[24]。リベラリズムの原理は「人間」の普遍性に立脚して権利を打ち立てるが、他方でデモクラシーの原理は「市民」の範囲を限定させて統治の正当性を引き出している。そうしたリベラル・デモクラシーに原理的に含まれる「普遍」と「特殊」をめぐるパラドックスが、難民という存在を通して顕在化する[25]。

戦後の難民保護レジームは、国民国家の境界の裂け目に難民が落ち込んでしまわないように、国際条約と国際機関の働きによってその溝を架橋し権利保障を充実させてきた。しかしそれはすでに論じたように、東西冷戦体制という特殊歴史的な状況を前提としなければ機能しない権利保障の方法であった。個人を諸権利の束とみなすリベラリズム的人間観に立つかぎり、難民の権利保障という課題は国家主権の恣意性に妨げられることになるだろう。さらには難民移動の規模が拡大するにつれて、難民性を個別的に審査することは不可能となり、結果として「難民」という法的カテゴリー自体を維持することが難しくなる。

## 難民移動の集団性・共同性

リベラルな普遍性に基づいて難民を受け入れることには限界がある――そうした現実に意識的であったのは、当然のことながらコミュニタリアンの論者たちであった。個人に先行して共同体の存在を強調する共同体主義にとっては、リベラリズムが言い立てる諸権利というのは根なし草のように頼りないものに映る。

代表的なコミュニタリアンの一人であるマイケル・ウォルツァーは、『正義の領分』の中で国境を超えた人の移動を秩序付ける共同体に基づいた構想を提示した。同書でウォルツァーは、配分的正義のあり方について論じているが、第二章において、そもそもそうした配分に与るのは誰であるのか、すなわち成員資格 membership の問題について議論を展開している。そしてその成員資格自体が配分可能な財として捉えられ、共同体の部外者が外からやってきたときにそれが配分されることになる。ウォルツァーによれば、「移民」と「難民」とは、この成員資格という財への切迫度によって区別される。

しかしながら、求めているものが、領地を与えたり富を輸出することでは満たされない、そのような困り方をしている孤立者の集団がある。受け入れることによってしか、その要求は満たされえない。これは亡命者〔難民〕の集団であり、彼らは輸出することのできない財である、成員資格《メンバーシップ》自体を求めている。(26)

ここでウォルツァーが指摘しているのは、リベラリズムの原理が見落としている個人の権利を有効なものとして機能させる集団性・共同性の次元についてである。難民が置かれている窮状は、そうした集団性・共同性から切り離されたことに起因しており、それゆえまずは、受け入れ社会の一員として成員資格を与え、その上で個人の権利回復を図る必要があるとされる。

コミュニタリアンが提起する集団性・共同性の位相というのは、難民移動を考える上でも重要な示唆を与えてくれる。とはいえそれは、ウォルツァーがイメージしたように、無力な難民が受け入れ社会に到達し、そこでメンバーの一員として受け入れられ包摂されるというプロセスとして展開するとはかぎらない。つまり、受け入れ社会の側に集団性・共同性が財として備わっていて、それを難民に配分するというかたちでは必ずしも事態は進行しない。ポストコロニアルな状況でグローバル化が進展する現代世界にあっては、集団性や共同性はもはや国家の独占物ではなく、むしろナショナリズム自体が脱領域化し、ディアスポラとして拡散していく[27]。それゆえ難民自身の立場からすれば、集団性・共同性の位相は、既存の政治的共同体への包摂とは違った次元で発生してくることになるであろう。

難民保護レジームの枠組みの中では、難民は個人として庇護を求めてやってくる。そして各国がその移動を個別に審査し、難民性が認められれば保護されることになる。しかし実際の難民移動のあり方は、そのような個々バラバラの無力な個人として移動しているわけではない。移動のルートや移動先でのコミュニティの構成に集団性や共同性が深く関わっていて、それらに規定されたかたちで人々は移動している[28]。集団性・共同性を捨象された抽象的な個人となってしまうことがどれほど危険な事態であるかを、難民自身が身にしみて熟知している。そのため、移動の最中も移動後も、難民は何らかの意味での集団性・共同性を維持し、あるいはあらたに創造しようとする。

難民とは諸権利を剥奪された存在であって、その権利は外部の権力によって保障されなければならないとするリベラリズム的難民観では、難民は無力な個人に過ぎないが、難民自身はそのような状況に陥ることを恐れている。というのも、そうした状況に陥ってしまうと、自己の生命や自由は他者からの施しものになってしまうし、他者の恣意のままに左右されることを意味しているからだ。リベラルな構想では、難民に諸権利を与えることで難民をエンパワーしようとするが、難民自身は独自の集団性・共同性を確立することで支配的な勢力にその存在の平等性を認めさせ、諸権利を勝ち取ろうとする[29]。

しかしそうした難民自身によるエンパワーメントの動きは、受け入れ社会や支配的な社会勢力にとっては不穏な動向に映る。そのため、難民を保護を必要とした無力な個々人として表象しつづけ、現実にも難民キャンプで援助漬けにし、その主体性が骨抜きにされていく。そこでは、難民は無力で従順な存在であるというイメージが規範化している[30]。国際的な難民保護レジームは、リベラルな難民観を難民自身が乗り越えようとする事態にうまく対処することができなくなっている。

難民という存在を通して見たとき、権利という概念の本質がよく理解できる。自然法的な理解に従えば、人間は生まれながらに諸権利を備えた存在であって、法制度はそれを明文化しているにすぎないということになるであろう。その意味では、難民が諸権利を奪われているというのは、正確な言い方ではない。誰にも権利を奪うことなどできない。支配権力が権利保障の法制度を整備していないか、あるいはそうした法制度を遵守していないために、難民はまるで無権利であるかのような状態に置かれていると理解される。そのとき求められるのは、法制度の整備でありその遵守であろう。しかし無権利状態に置かれた難民自身にとって、「あなたたちも本当は権利を持っている」という理屈はどれほどの意味を持つであろうか。

第二次世界大戦中のロンドンにおいて自由フランス政府の活動に身を投じたシモーヌ・ヴェイユは、解放後の祖国フランスのあり方を展望する中で、フランス人権宣言以降、権利が絶対化されたことによりもたらされたヨーロッパの思想的混乱について指摘している。ヴェイユによれば、権利はいくら言い立てたとしてもそれ自身としては存在しえない。それに対応する義務が認められないかぎりは、権利はまったく機能しない。つまり、無条件に存在しているのは権利ではなく、義務の方である。それゆえ、生まれながらの権利など存在しない。支配権力が自らの義務を引き受けるときにはじめて、難民の権利は生じてくる。権利は権利としては自足していない。義務だけが自立的である。一つの権利が現実に行使されるにいたるのは、その権利を所有する人間によってではなく、その人間にたいしてなんらかの義務を負っていることを認めた他の人間たちによってである。義務は、それが認められたときすぐさま有効となる。だが、一つの義務は、たとえだれからも認められない場合でさえ、なんらその存在の十全性を失うことはない。ところが、だれからも認められない権利は、取るにたりないものである。[31]

それゆえ、難民たちにとっては、リベラルな権利理解はあまり頼りにならない。支配権力が自らの義務を認める期待が薄いのであれば、幻想の権利を追い求めても仕方がない。それよりは、権力闘争によってその存在の対等性を認めさせようとするであろう。そしてそのような闘争においてカギとなるのが、難民自身の集団性や共同性であろう。

やはりヴェイユが見抜いていたように、普段はほとんど意識されることもないが、人間の根源的な欲求の一つに何らかの共同体に根付くという精神的欲求がある。それは失われてはじめて、どれほど切実な欲求であるかがわかる。ヴェイユにとっては、第二次世界大戦の根本的原因は、ナチス・ドイツによる暴挙といった一時的で例外的な事態ではなく、ヨーロッパ世界全体に連鎖的に拡がった「根こぎ」という事実の中にあった。集団性・共同性の根を破壊されてしまった人間は、中央集権的なファシズム体制に容易に取り込まれていった。

同様に難民も、抽象的な個々人としては生きていけない。集団性・共同性への定住や定着といった根源的な欲求が満たされる必要がある。従来の難民研究や難民保護の国際レジームが看過してきたこの根源的欲求を適切に扱わないかぎり、「難民問題」が含む思想的な位相を掴み取ることはできないであろう。

## 「エグザイル」による連帯

そうした集団性・共同性への根源的な欲求が激しくぶつかり合う現場として、現在にまで引き続く「イスラエル・パレスチナ問題」がある。ホロコーストの犠牲者であるユダヤ民族が集団性・共同性を体現する国家を追い求めた結果、新たな難民移動が引き起こされ、今度はパレスチナ人にとっての集団性・共同性の問題が切迫してくる。そうした難民移動の連鎖に自らも直面し続け、「エグザイル」としての生を思考し続けたエドワード・サイードも、ヴェイユに言及しながら同様の問題の所在を描き出している。

一世代前、シモーヌ・ヴェイユはエグザイルのジレンマを、これまでになく簡潔に提起していた。「定住することは」、彼女はこう続けた——「おそらく人間の魂にとって、もっとも重要なことであり、またその必要性がもっとも認識されていないことである」と。けれどもヴェイユは、また、世界大戦と強制移送と大量虐殺というこの時代において、強制退去に対する救済策のほとんどは、それが意図的に改善しようとしているものと同じくらい危険なものであることを見抜いていた。そうした救済策のなかでも、国家——正確に言えば、国家主義——は、もっとも陰険なものである。なぜなら国家崇拝は、他のあらゆる人間関係を乗っ取る傾向にあるからだ[32]。

ここでサイードは、ヴェイユの論じた定住への人間の欲望が、二十世紀以後の人類にとっては国家主義に容易に取り込まれてしまう危険性に警鐘を鳴らしている。

この点に関して、人類学の立場から難民研究へとアプローチしているデイヴィッド・タートンの議論を参照しておこう。タートンは、エチオピア南西部に居住するムルシ族を長年調査する中で、彼ら・彼女らの移動を伴った「空間的実践」が、ポストコロニアルな国家機制と近接することで周縁化されていくプロセスを論じている。

> ムルシの世界は、二つの意味でローカル化された。第一に、国民国家による「文脈生成的な諸活動」によって、新たな場所へと移動するというムルシの選択肢が閉ざされていった。第二に、まさにそうした国家との結びつきから私たちは便益を得るわけだが、それは同時にムルシを現実においても欲望のレベルにおいても、彼ら・彼女ら自身のコントロールの範囲を超えた事物や観念、そして生産と分配の関係に依存させていった。
> （略）その当時（引用者注：一九七〇年代に調査した当時）は、大部分のムルシは自分たちが外部世界に対して、物理的にも道徳的にも中心の位置を占めているという感覚を維持することができていた。すなわち、自分たちのいる場所こそが規範や価値の源泉であって、それによって自分たちの生に意味や目的が与えられているという感覚が保持されていた。しかし先に論じた二つの理由によってこの三十年余りの間に、ムルシの多くは、自分たちが中心の位置から滑り落ちてしまい、より悪いことには、中心がどこにあるのかをいまや見失ってしまった。ジグムント・バウマンが「ローカル化された実存にまつわる不快」と簡潔に表現したところのものを、ムルシは経験するようになってきている。[33]

このように国家とのかかわりの中で、独自の集団性・共同性を保持してきた人々の暮らしのあり様が周縁化され主体性が失われていく事態は、サイードが思考したパレスチナ情勢にもより切迫したかたちであらわれてくる。イスラエルによる国家主義的な入植活動はパレスチナ人の居場所を奪い、それに対抗するパレスチナ側の運動もいきおい国家主義的な色彩を帯びるようになる。結果として、巨大な国家的暴力の衝突に剥き出しにさらされた人間存在は脆弱で無力なままに捨て置かれる。

そうした状況を乗り越えるための思想的可能性として、サイードは、人道支援の対象となるようなリベラルな難民像と区別される「エグザイル」という存在のあり方を提起した。

> ひとたび追放されると、エグザイルは、アウトサイダーという刻印とともに、変則的な惨めな生活を余儀なくされる。これに対し難民は、二十世紀固有の産物である。「難民」という語は、政治的な意味を帯び、国際社会における緊急の支援を必要とするような無辜の民、それも窮状にある多くの民を意味するのに対し、「エグザイル」という語が携えるのは、孤独と孤高の精神である。[34]

現代世界では、一つの追放displacementがまた別の追放

displacementを連鎖的に生み出していく。そのプロセスにおいて難民は無権利状態に置かれ、人道支援の対象とされていく。しかし「エグザイル」は、難民保護レジームが思い描くような支援の対象としての「難民」には還元しきれない存在である。「エグザイル」は、そうした支配体制に順応せず、自らが置かれた追放displacementの境遇に執着する。そのような「孤高の精神」において連帯が可能となるのであれば、それこそが「エグザイル」の追い求めるべき集団性・共同性ということになるであろう。(35)

わたしはエグザイルを特権としてではなく、べつの選択肢として、つまり現代生活を支配する大衆諸制度に対抗する選択肢として語っている。結局、エグザイルは選択の問題ではない。それに生まれついてしまったか、それがふりかかってきたのだから。しかし、エグザイルが自分の傷をなめているだけの傍観者にとどまるのを拒むなら、学ぶべきことはたくさんある。彼もしくは彼女は、真摯な主体のありよう（決断を拒むのではなく、また不機嫌でもない）を育まねばならない。(36)

現代世界において難民を取り囲んでいる情勢は、その存在を無力化していく。リベラルな難民観は難民を人道支援の対象にし、権利主張を繰り返す難民たちは国家主権の恣意性に徒労感を抱き、それと同時に難民を受け入れる側も不平不満を募らせていく。難民研究はそうした窮状から難民を救い出そうとしているにもかかわらず、結果としてリベラルな難民観に縛られたままに解決策を模索していくために、かえって情勢を固定化する方向で機能してしまっている。

サイードが描き出したように、難民状況の中には、思想的可能性として「エグザイル」というあり方が潜在している。その「孤独と孤高の精神」を掬い上げ、国家主義に回収されないかたちでの連帯へとつなげていくこと——その狭くて困難な道より他に、難民という存在を思想的に生かす方途はないであろう。(37)

（やまおか・けんじろう／政治思想、難民研究）

**注**

（1）本論では、特に難民移動に関する国際的な保護レジームに焦点を当てる。それは、一九五一年の「難民の地位に関する条約」（以下、難民条約）をはじめとする難民保護のための国際条約や、国連難民高等弁務官事務所（ＵＮＨＣＲ）といった難民支援のための国際機関などによって構成される法制度と、国家や国際機関（国際ＮＧＯを含む）によって展開される保護実践のことを指す。

（2）人類学的な知の領域として、難民という存在や難民に関する研究が構築されていくプロセスを論じた代表的な論考としては、Malkki, L., "REFUGEES AND EXILE: From 'Refugee Studies' to the

National Order of Things", *Annual Review of Anthropology*, Vol. 24, 1995, pp. 495-523. がある。

(3) 難民条約成立五十年の節目においてリチャード・ブラックが整理しているように、「難民研究」登場以前にも難民に関する研究は存在していた。しかしそれが一つの学問分野として形成されてくるのは、難民移動が「問題」として認識され政策的な課題として無視できなくなってきた一九八〇年代以降である。そのため難民研究は、つねに政策との結びつきや政策へのフィードバックを求められてきた。Black, R., "Fifty Years of Refugee Studies: From Theory to Policy", *International Migration Review*, Vol. 35, No. 1 (Spring 2001), pp. 57-78.

(4) 人道主義と難民との結びつきについては、Barnett, M., "Refugees and Humanitarianism", *The Oxford Handbook of Refugees and Forced Migration Studies* (edited by Fiddian-Qasmiyeh, Loescher, Long, and Sigona), Oxford University Press, 2014, pp. 241-252. に詳しい。

(5) 戦間期の難民移動と国際連盟の取り組みについては、館葉月「難民保護の歴史的検討――国際連盟の挑戦と『難民』の誕生」(墓田桂他編『難民・強制移動研究のフロンティア』現代人文社、二〇一四年、四三―五九頁)を参照。館によれば、「ナンセン・パスポート」は、「承認国に対し難民の受け入れを強制するものではないが、難民という地位での合法的な国家間移動を可能にしたという点で、難民保護の歴史上、重要である」と評価される(四六頁)。

(6) ユダヤ人と「難民問題」との関係性については、たとえば、駒井洋「難民問題の原点としてのユダヤ人難民について」(『難民問題と人権理念の危機――国民国家体制の矛盾』(駒井洋監修、人見泰弘編、明石書店、二〇一七年、四二―五七頁)を参照。

(7) 一九四〇年代後半から一九六〇年頃までに発生した戦後の難民移動は、ヨーロッパにおける「難民問題」として限定的に対処されてきたが、同時代の他地域における難民移動に関しては難民保護レジームの対象外とされ、国際的な「難民問題」の認識には含まれてこなかった。*Journal of Refugee Studies* の二〇一二年の特集号「戦後世界における難民　一九四五―一九六〇」は、戦後直後からすでに難民移動がグローバルな現象であったことを難民研究の射程として捉えようとしている。Holian, A. and Cohen, D. "Introduction", *Journal of Refugee Studies*, Vol. 25, No. 3, 2012, pp. 313-325.

(8) Zolberg, A., et al., *Escape From Violence: Conflict and the Refugee Crisis in the Developing World*, Oxford University Press, 1989.

(9) 難民キャンプのあり方や人道援助のあり方に関しては、難民研究の始まりの時点から問題視されていた。Harrell Bond, B., *Imposing Aid: Emergency Assistance to Refugees*, Oxford University Press, 1986.

(10) 難民保護レジームと東西冷戦体制の結びつきに関しては、たとえば、阿部浩己『人権の国際化――国際人権法の挑戦』(現代人文社、一九九八年)の第Ⅲ部「難民保護のリアリティ」に詳しい。また、北側先進国における「庇護の衰退」という事態を途上国の立場から批判的に考察したものとしては、Chimni, B.S., "The Geopolitics of Refugee Studies: View from the South", *Journal of Refugee Studies*, Vol. 11, No. 4, 1998, pp. 350-374. がある。

(11) 国際法や国際関係の観点から「難民問題」について論じているアダム・ロバーツによれば、一九九〇年代以降に国連安保理は「難民問題」へとたびたび関与するようになっていく。難民の増加に対して軍事的な介入も必要であるとする議論は、人道保護のあり方も変質させていった。Roberts, A., "More Refugees, Less Asylum: A Regime in Transition", *Journal of Refugee Studies*, Vol. 11, No. 4, 1998, pp. 375-395.

また、国連において紛争解決の専門家として様々な提言を行っているフランシス・デンらの主張するところによれば、国家の果たすべき最低限の役割とは、紛争を適切に管理することにある。紛争を「通常の政治レベル」において管理することができず、暴力的な事態へと発展させてしまう国家は、国家としての十分な能力を保持しているとは言えず、国家形成に失敗していると見なされる。そうした議論からデンらは、国際社会による紛争介入の正当性を根拠づけようとした。Den, Kimaro, Lyons, Rothchild, and Zartman, *Sovereignty as Responsibility: Conflict Management in Africa*, Brookings Institution, 1996.

さらに、二〇〇〇年代に入って以降、そうした「失敗国家」や「破綻国家」の主権の正当性に疑問が投げかけられ、国際社会が協働してそうした国家が発生させる人道危機には対処すべきであるとする主張の中から、「保護する責任」といった論点が登場してきた。ICISS, *The Responsibility to Protect: Research, Bibliography, Background*, International Development Research Centre, 2001.

（12）一九九八年に *Forced Migration Review* という専門誌が創刊され、以後、従来の難民研究ではカバーし切れなかった強制移動のあり様に学問的な関心が向けられるようになっていった。

（13）移民・難民研究者であるマイケル・コリヤーがモロッコで行った調査によれば、ヨーロッパを目指してサハラ以南からやって来る人の移動は長期化するとともに断片化してきている。目的地からは遠く離れた場所で、多くの移民・難民たちが滞留している。Collyer, M., "Stranded Migrants and the Fragmented Journey", *Journal of Refugee Studies*, Vol. 23, No. 3, 2010, pp. 273-291.

（14）移民・難民といった「他者」に直面した現在のヨーロッパの社会に蔓延する不安を分析したものとしては、例えば、ジグムント・バウマン『自分とは違った人たちとどう向き合うか——難民問題から考える』（伊藤茂訳、青土社、二〇一七年）がある。

（15）UNHCRも二〇〇七年にそうした「混成移動」に対処するための行動計画を発表し、国家や支援組織との広範な協働を呼びかけている。UNHCR, "Refugee Protection and Mixed Migration: A 10-Point Plan of Action", 2007.

（16）現代の難民移動のディアスポラ的な性質に着目することで従来の解決策へのオルタナティヴを提示しようとする議論としては、たとえば、Van Hear, N., "Refugees in Diaspora: From Durable Solutions to Transnational Relations", *Refuge*, Vol. 23, No. 1, 2006, pp. 9-14. がある。

（17）たとえば、国際関係の観点から難民研究をリードしてきたアレクサンダー・ベッツとポール・コリアーは、連名で「フォーリン・アフェアーズ」に政策提言文を寄稿した。そこで提案されているのは、現在発生しているシリア難民を周辺国に足止めにするという戦略である。ヨルダン国内に設置された難民キャンプを「経済特区」として開発し、そこにグローバル企業を誘致することで難民を労働者として雇用することができる。それによって、ヨーロッパに流入してくる人の流れを押さえ込もうという主張である。そこには、セキュリティへの懸念がはっきりとあらわれているだろう。Betts, A. and Collier, P., "Help Refugees Help Themselves: Let Displaced Syrians Join the Labor Market", *Foreign Affairs*, October 20, 2015. あるいは、日本における難民研究においてもセキュリティの観点を強調する議論が登場してきた。墓田桂『難民問題——イスラム圏の動揺、EUの苦悩、日本の課題』中公新書、二〇一六年。

（18）Torpey, J., *The Invention of Passport: Surveillance, Citizenship and the State*, Cambridge University Press, 1999（『パスポートの発明——監視・シチズンシップ・国家』藤川隆男訳、法政大学出版、二〇〇八年）.

（19）帝国主義的な人の移動のプロセスにおいては、近代日本もその渦中にあった。その意味では、戦後の日本という場と難民移動の関係性も、これまでの難民研究では扱われてこなかったテーマではあるが、今後の重要な研究課題であると言える。近現代の日本人の境界を越えた移動が、日本国家をめぐる政治秩序にいかなる影響を与えたのかを詳細に論じたものとして、塩出浩之『越境者の政治史――アジア太平洋における日本人移民と植民』（名古屋大学出版会、二〇一六年）がある。

（20）山岡健次郎「難民不在の『難民問題』」『難民問題と人権理念の危機――国民国家体制の矛盾』（駒井洋監修、人見泰弘編、明石書店、二〇一七年、五八―六一頁）。

（21）たとえば、注の（17）でも触れた墓田の議論では、従来までは遵守が当然視されてきた難民条約さえも、日本の現状に見合わないものとして批判的に捉えられ条約からの脱退が主張されている。

（22）近年編纂された難民研究のための網羅的なテキストである *The Oxford Handbook of Refugees and Forced Migration Studies* (edited by Fiddian-Qasmiyeh, Loescher, Long, and Sigona, Oxford University Press, 2014) においても、そのイントロダクションの部分で、アーレントが『全体主義の起源』の第二部「帝国主義」の最終章「国民国家の没落と人権の終焉」において展開した議論が、「いまだにこの学問分野の中核に位置している」と述べられている (pp. 16-17)。

（23）Arendt, H., *The Origin of Totalitarianism*, New York: A Harvest Book/ Harcourt. Inc., 1973（『全体主義の起源２　帝国主義』大島通義・大島かおり訳、みすず書房、一九七二年）.

（24）Gündoğdu, A., *Rightlessness in an Age of Rights: Hannah Arendt and the Contemporary Struggles of Migrants*, New York: Oxford University Press, 2015.

（25）Benhabib, S., *The Rights of Others: Aliens, Residents, and Citizens*, Cambridge University Press, 2004（『他者の権利――外国人、居留民、市民』向山恭一訳、法政大学出版局、二〇一四年）.

（26）Walzer, M., *Spheres of Justice: A Defense of Pluralism and Equality*, Basic Books, 1983, pp. 48-49（『正義の領分――多元性と平等の擁護』山口晃訳、而立書房、一九九九年、八七頁）.

（27）アルジュン・アパデュライ『さまよえる近代――グローバル化の文化研究』門田健一訳、平凡社、二〇〇四年。

（28）ケイティ・ロングは、「難民問題」の解決策として実施される難民の出身国への帰国において、難民自身の集団性や共同性への配慮が欠かせない事を論じている。単に出身国での安全が確保されるだけでは難民は帰国しないし、そうした観点から行われる帰国はかえって「難民問題」を長期化させてしまう。難民移動そのものを政治的なアクションとして捉えるならば、難民が求めているのが単なる物理的意味での帰国ではなく、出身国における社会契約の再創造であることがわかる。それゆえ、難民の帰国を個人の自由や安全といった次元ではなく、集団的営為として理解すべきであるとされる。Long, K., *The Point of No Return: Refugees, Rights, and Repatriation*, Oxford University Press, 2013.

（29）権利の普遍性が広く認められる現代世界にあって、「不法移民」という仕方で移動する人々のなかに、逆説的に深刻な無権利状態が発生してしまう。そうした状況におかれた移民・難民たちが、国内法や国際法といった既存の法制度に立脚することなく、集団的行為として新たに権利を打ち立てようとする、そのような政治的アクションに着目する議論として、前掲の Gündoğdu, A., *Rightlessness in an Age of Rights: Hannah Arendt and the Contemporary Struggles of Migrants* が有益である。

（30）「難民」という標章 label は、難民保護における政策的実践のプロセスの中で作り出されていく。Zetter, R., "Labelling Refugees: Forming and Transforming a Bureaucratic Identity", *Journal of Refugee Studies*, Vol. 14, No. 1, 1991, pp. 39-61.

（31）シモーヌ・ヴェイユ『根をもつこと』山崎庸一郎訳、春秋社、二〇〇九年、二一頁。

（32）Said, E. "Reflections on Exile", *Reflections on Exile and Other Essays*, Harvard University Press, 2000, pp. 146（「故国喪失についての省察」『故国喪失についての省察1』みすず書房、二〇〇六年、一八九頁）.

（33）Turton, D., "The Meaning of Place in a World of Movement: Lessons from Long-term Field Research in Southern Ethiopia", *Journal of Refugee Studies*, Vol. 18, No. 3, 2005, pp. 274-5.

（34）*Reflections on Exile and Other Essays*, pp. 138（『故国喪失についての省察1』一八五頁）.

（35）社会学の立場からコミュニティについて論じている吉原直樹の近年の議論の中にも、それと共鳴するような共同性のあり様が指摘されている。吉原によれば、現代世界のコミュニティは、定住や同質性を前提とするよりも、移動や異質性を含みこんだものとして理解する必要がある。

「こうした移動と背中合わせで存在する共同性は、今日、コミュニティがきわめて流動的なものであること、まさに『コミュニティ・オン・ザ・ムーヴ』としてあることを示している。そして共同性を特徴づけるこの流動性は、異質性を帯同しているのである。したがって、こうした流動性／異質性とともにある共同性は、領域性に根ざす同質性からなる共同性、そしてそこから立ち上がってくるコミュニティ、まさに『期待されるコミュニティ』の対向をなしているのである。言うまでもなく、こうした二つの共同性の相克の底流をなしているのはグローバル化であり、それとともに進んでいるボーダレスで多重的な人の移動である」。「『共同性』をめぐる相克」（『二一〇〇年へのパラダイム・シフト』広井良典・大井浩一編、作品社、二〇一七年、一六七頁）。

（36）*Reflections on Exile and Other Essays*, pp. 146-147（『故国喪失についての省察1』一九〇頁）.

（37）ポストコロニアルの観点からナショナリズムの変容過程を論じているインド生まれの文化人類学者であるアパデゥライもまた、国家主義的な言説に回収されないかたちでの「ポストナショナル」な語りの可能性に触れている。

「多くの反国家運動が、祖国や大地、場所、追放からの帰還というイメージを中心に展開していることは確かである。しかし、これらのイメージが反映しているのは、そうした運動の（そしてわれわれ自身の）政治的語彙の貧困であって、領土的ナショナリズムのヘゲモニーではない。別の言い方をすれば、これまでのどのような表現をもってしても、トランスローカルな連帯や国境横断的な動員、ポストナショナルなアイデンティティに対して多くの集団が寄せている集団的関心を補足することはできないのだ。こうした関心は数多くあり、また能弁に語られているが、依然として、領土的国家の言語的想像界にからめとられている。（略）ポストナショナルな、あるいは非ナショナルな運動は、現存の国民-国家の論理によって、反ナショナル、または反国家的になることを強いられており、それゆえ、対抗的ナショナリズムの言語で応答していかざるをえない国家権力それ自体を、いやおうなく鼓舞することになる。この奇妙な循環から逃れ出るには、複合的で非領土的、そしてポストナショナルな形態の忠誠を補足する言語が発見されなければならない」。『さまよえる近代――グローバル化の文化研究』二九五―六頁。

**キーワード**　難民研究、集団性、共同性、エグザイル

書評

# 『喜劇の誕生——マキァヴェッリの文芸諸作品と政治哲学』

（村田玲著、風行社、二〇一六年）

厚見恵一郎

マキァヴェッリ著作内の理論的一貫性にかんする解釈史には、〈マキァヴェッリ問題〉とでも称すべきいくつかの論争が存在してきた。単一の権威と共和政体との関係をめぐる〈『君主論』／『ディスコルシ』問題〉、新秩序の提示と過去のローマ史解釈との関係をめぐる〈新旧問題〉などと並んで、必然と自由意志との哲学的関係をめぐる〈フォルトゥナ／ヴィルトゥ問題〉の存在もよく知られている。これらの問題に取り組むに際して多くのマキァヴェッリ研究者は、フィレンツェの政治史やルネサンスの知的背景を〈共和的自由のイデオロギー〉や〈統治進言書〉の文脈としてふまえつつ、そこからのマキァヴェッリの〈逸れ〉の度合いをもって彼の〈独創性〉や〈近代性〉を見極めようとする。いきおいそれらの解釈は、マキァヴェッリのうちに並立する両極のバランスを見出すことに傾注しがちとなる。

しかし本書は潔いまでに一方の極端を強調する。すなわちマキァヴェッリの近代性と自由意志の側面にもっぱら着目し、それらがマキァヴェッリの喜劇作品に典型的に表明されている此岸的楽観論に由来すると主張するのである。マキァヴェッリの喜劇は彼の思想の興味深い一側面ではなく、彼の思想の核心であり、近代啓蒙の原点である。『マンドラーゴラ』と『クリツィア』——若者が人間的策略によって寝取った人妻が懐妊・出産するにいたる筋書きのこれらの喜劇作品に表現された「固定的法則に対する臨機応変な人間的策略の優位」「古きものに対する新しきものの優位」こそが、マキァヴェッリ政治哲学読解の鍵である。マキァヴェッリはその「人間喜劇」**commedia umana** の構想によって、人間の側での変身と革新をつうじた現世的秩序の永続的な維持拡大を実現せんとしたというのである。

さらに本書は、こうした人間喜劇の構想と近代合理主義ないし近代科学の間に根深い結合があるとの着想を展開する。そこでは以下のような驚くほど大胆な一直線の糸が想定される。すなわち〈策略による愉悦の達成と新たな子孫の誕生という人間喜劇〉→〈賢慮と刷新の結合〉→〈私的血統や種族の永続にとどまらない国家の永続〉→〈運命の変転を渡り歩くための模範の顕示による始源秩序の清新な回復〉→〈革命の原義としての天体回転論との関連〉→〈プトレマイオスの占星術的世界像（＝運命論的悲劇）とルクレティウスの偶然的原子論（＝人間喜劇）とのマキアヴェッリにおける拮抗〉→〈原子論における原子の「逸れ」を論拠とした人間的自由による自然の必然性の克服〉→〈近代科学精神の誕生〉→〈回帰の革命から進歩の革命への変移〉→〈普遍的啓蒙の登場〉という糸である。マキアヴェッリの戯曲は、老年の余技などではなく、人為的近代国家の永続性と哲学における普遍的啓蒙とを予示する近代合理主義の象徴として、本書のなかで近世政治哲学史の中央に呼び出された。

ルネサンス・フィレンツェのイデオロギー史や政治史の文脈をほぼ捨象しつつ、私的書簡など伝記的諸事実を動員しながら、テクストの細部にみられる原語やメタファーの含意の検証をつうじて〈哲学者マキアヴェッリ〉を浮かび上がらせていくレオ・シュトラウスに近い手法が、本書の大胆な主張を支えている。否むしろ、エピクロス主義哲学詩人ルクレティウスのマキァヴェッリへの影響が文献学的に確証される以前に発表されたシュトラウスのマキァヴェッリ論がマキァヴェッリ哲学へのアヴェロエス主義の影響を示唆するにとどまっているのに比して、本書はその後の先行研究を摂取しつつ、ルネサンス期の占星術やエピクロス主義の文脈をマキァヴェッリ哲学の解釈に活かしている。

この書評では、先の斬新な糸に着目した本書の慧眼に敬服しかなりの程度説得されつつも、評者としてこの糸のつながりをめぐる論点を二つ提出してみたい。

第一に、人間喜劇と原子論と自由の結合についてである。喜劇が来世での祝福（＝神的喜劇）ではなく現世での公的秩序の永続性と栄誉（＝人間喜劇）であるための条件が少なくとも二つあるであろう。一つ目は、物質と空間によって構成される現世世界ないし宇宙それ自体に終わりがないこと、すなわち世界の永続性であり、二つ目は、秩序が人間の自由な力によって達成されうること、すなわち科学の万能性である。古典的エピクロス主義の原子論が一つ目の条件を満たすことは自明であるが、二つ目は原子論からは必ずしも帰結しない。原子からなる世界の永続性の教説が、輪廻の不可避性（＝あらゆる人為の産物の必滅を確信する悲劇）と結びついてしまう可能性も十分にある。本書によれば、原子論を必然論から自由論へと転換させるために、マキァヴェッリはエピクロス―ルクレティウスにおける原子の偶然的〈逸れ〉clinamenの概念を導入した。エピクロス―ルクレティウスの原子論が、下方へと垂直落下するだけのデモクリトスの原子にわずかな〈逸れ〉を付加することで、事物の生成消滅のみならず人間の自由意志をも説明したことはこんにち広く知られている。若きマキァヴェッリがルクレティウス『事物の本性について』全巻を筆写し、とくに原子の〈逸れ〉を論じた第二巻二五二の余白に「運動が可変的であるということ、そしてこのことからわれわれは精神の自由をもつ」motum varium esse et ex eo nos liberam habere mentum と書き込んでいた事実も、二十世紀半ば過ぎに文献学的に解明されていた。近年になってこの解明の重大さが研究者間で認識されるようになり、フォルトゥナから支配権の半分を獲得した人間の「自由な意欲」libero arbitrio（『君主論』第二五章）の哲学的根拠をルクレティウスに求めるマキァヴェッリ解釈が普及してきた。しかし必然的運命を偶然によって解体することはただちに人間的自由の領域の拡大を意味しない。むしろ熱力学のエントロピー増大の法則にしたがえば、原子のランダムな運動の全面的解放は統計学的に無秩序の増大すなわち生命秩序にとっての死という悲劇を招来する。したがって〈偶然性〉を〈人間的自由による公的秩序の維持拡大〉に結びつけるためには、原子論とは異なる人為的「科学」の原理が必要になる。本書はここで、ニーチェがいう意味での「科学」、すなわち剛毅 forte なる「絶対的楽観論」という意味での「科学」をマキァヴェッリに読み込む（二八二、三二四—三二五頁）。

自由な選択による心の平静をつうじた俗世（＝公的政治世界）からの解放によって死と崩壊を私的に受容する古典的エピクロス主義と、現世における自己の意欲の実現によってどこまでも自己と国家の存続・刷新を図るマキァヴェッリとの齟齬は、本書においては、マキァヴェッリがニーチェ的な剛毅の楽観論を導入することでエピクロス主義に施した〈近代化〉に由来すると考えられている。しかしニーチェを介したマキァヴェッリはいかにして喜劇作者になるであろうか。シュトラウスによればエピクロス主義の近代的受容・改変の終着点は、原子論をもとに運命や宗教の欺瞞性を見抜き、そこに人間の自由意志を付加して運命や宗教を政治的に利用しようとするようなマキァヴェッリ的な啓蒙や政治的無神論ではなかった。むしろ「宗教の慰撫に逃げ込むことをみずからにいっさい禁じ、神なき人間の悲惨を雄弁に描くことこそ責務をまっとうするあかしとして引き受ける新種の堅忍不抜」、すなわち「啓示の伝統にたいする反抗の究極かつもっとも純粋な根拠」としての「知的廉直」die intellektuelle Redlichkeit こそ、近代エピクロス主義の結末であった（Leo Strauss, *Philosophie und Gesetz, Gesammelte Schriften*, Bd.2, S.25）。そしてシュトラウスにとってニーチェ的な剛毅を伴うこの知的廉直は、人間にとって喜劇というよりもあきらかに悲劇であった。

エピクロス—ルクレティウスによれば、この世界のすべてのものは原子の偶然の逸れと衝突によって生じるが、偶然から生まれたものはすべていずれ解体する運命にある。いくら子孫を残しても、この人間世界が滅びるときが来るのではないかというエピクロス主義の懐疑を、マキァヴェッリの楽観論はどこまで認識していたのだろうか。エピクロス主義にマキァヴェッリが付け加えたニーチェ的な剛毅がエピクロス主義そのものを近代的なものへと、つまりは普遍的啓蒙へと〈逸ら〉したのだとしても、本書は喜劇の精神をあくまでもマキァヴェッリの〈全身ではなく〉「半身」とするかぎりにおいて、啓蒙のマキァヴェッリではなくニーチェのマキァヴェッリの要素を残している。すべての人間が市民たりえ、なおかつすべての市民が哲学者たりうるようなスピノザ流の普遍的啓蒙への道は、人間喜劇作者＝科学者たるマキァヴェッリにとって、なお遠いといわねばならない。

評者が提示したい第二の論点は、マキァヴェッリと普遍的啓蒙とのこうした距離についてである。たしかに本書は、マキァヴェッリがこうした普遍的啓蒙の可能性を直接的に認めたとは考えず、むしろマキァヴェッリにおける「ある種の啓蒙」の担い手が少数の選良であったこと——この点でマキァヴェッリと古典的エピクロス主義が一致すること——を認識している（三三八—三四〇頁）。マキァヴェッリが古典的エピクロス主義と袂を分かつのは、選良を隠遁的私人哲学者ではなくヴィルトゥをもつ公的英雄とみなす点である。しかし本書は同時に、マキァヴェッリが拓いた「ある種の啓蒙」の道が後に普遍的啓蒙へとつながっていったことにも言及する。それはマキァヴェッリ以後に革命の語が（天体や政体の）回転という原義を離れて、新秩序の創造や新時代への前進を指す語へと変貌していったときに起こった。しかし革命のこうした語意転換は、天体（運命）の回転と政体の循環を克服して秩序の「若さ」と「新しさ」を保証するのに歴史的模範の顕示（＝始源への回帰）をもってするようなマキァヴェッリ的意味での「変革」alterazione にとって、プラスなのかマイナスなのか。〈回帰による刷新〉と〈剛毅〉を旨とするマキァヴェッリの近代と、〈進歩による開拓〉と〈利害計算〉を旨とするホッブズや功利主義の近代とのあいだには、なお大きな隔たりがある。

緻密な論証とともに洗練された重厚な文体で書かれ、哲学史的にも射程距離十分なストーリー性に彩られた本書は、〈読ませる〉マキァヴェッリ研究としても大きな価値をもっていることは間違いない。しかし数理的・実証的・経験的な〈科学的手法〉を媒介としてではなく、また万人の福利という〈結果〉を媒介としてでもなく、英雄的個人の〈剛毅〉を媒介としての、此岸的楽観論と合理主義との結合は、人間による自然の予測統御可能性への信念のみに立脚しているかぎりにおいて、ニーチェ—ウェーバーが漂わせる近代理性の悲劇的見通しを完全に払拭しきれてはいない。人間喜劇の楽観主義に実験的方法主義と福利的結果主義の二つが加わるとき、啓蒙の普遍性の自己主張は強化されるであろう。

「結論」にあるとおり、本書はマキァヴェッリの「天才」が「悲劇作者」と「喜劇作者」の同一人内での共存にあったことを認めている。一見すると「マキァヴェッリの半身」たる自由や喜劇に集中したように見えながら、実は本書がその奥で着目するのは、この世では喜劇と悲劇の混在を避けられないという認識から来る「マキァヴェッリの全身」すなわち彼の悲哀《ペーソス》であるのかもしれない。そうだとすれば本書が示唆する近代思想の系譜は〈マキァヴェッリ—ホッブズ—ベンサム〉よりも、ますます〈マキァヴェッリ—ニーチェ—ウェーバー〉の色彩が強いものとなろう。

（あつみ・けいいちろう／西洋政治思想史）

書評

# 『経済学の起源――フランス　欲望の経済思想』（米田昇平著、京都大学学術出版会、二〇一六年）

安藤裕介

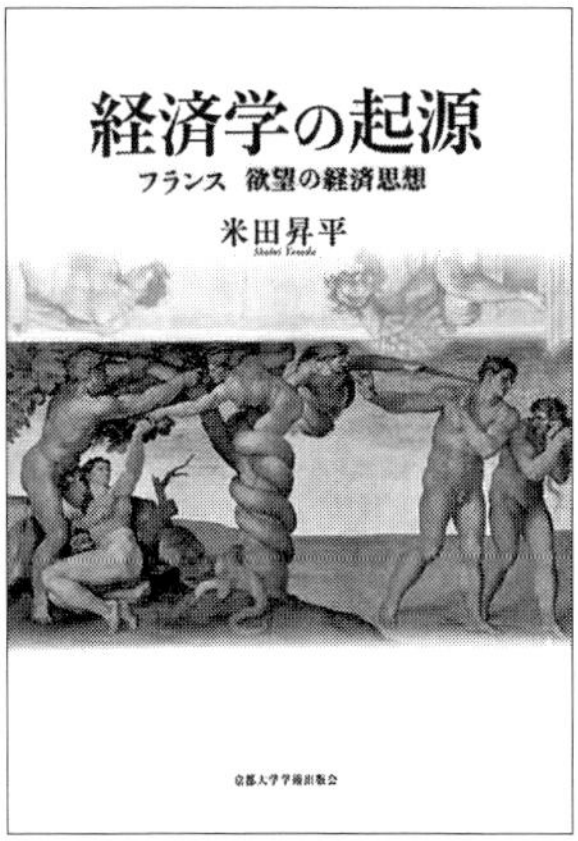


人間の利己的情念と社会秩序はいかにして結びつき、また調和しうるのか。これが本書で扱われる思想家たちに共通する主題であるが、本書はとくに彼らの思想的営為を「フランス独自の経済学の系譜」として描いている。前著『欲求と秩序』（昭和堂、二〇〇五年）と比較してみても、長期にわたる著者の一貫した問題意識がはっきりと伝わってくる。とくに本書の功績として著しいのは、十七世紀に興隆したアウグスティヌス主義の新思潮がいかに十八世紀の商業社会論の土壌を潤し、「消費主導の経済学」というビジョンへと結実したかをフランスの思想的文脈に即して明らかにした点であろう。前著で登場したボワギルベール、ムロン、フォルボネ、ケネー、ビュテル・デュモンらの議論にふたたび触れつつ、しかしその力点は「消費主導の経済学」あるいは「消費・消費欲求の規定性に着目する功利主義的な経済学」の探究という問題設定へと明確に移動している。今回、ボワギルベールの思想的淵源としてジャンセニスムが大々的に取り上げられ、両者のイギリスへの波及版としてマンデヴィルに多くの紙面が費やされている点が際立つ。他方、前著で詳細に論じられたコンディヤックが今回はほとんど扱われていないのに対し、ブティーニやプリュケのように前著でまったく触れられなかった奢侈批判の論者たちが新たに加わっている点も見逃せない。

このように本書には商業社会の進展をめぐって数多くの思想家が登場するが、いずれも「人間のありのままの姿」を直視し、利益や欲求を結合原理とした社会秩序のあり様やその可能性を模索した点が特徴的である。そして、当初「魂の堕落」や「悪徳」として語られていた人間の利己的情念は、やがて宗教的価値や道徳的正否の議論を退け、もっぱら世俗の幸福を謳歌する方向へと突き進んでいく。以下では、まず各章の概略を紹介したうえで、評者なりの疑問点とコメントを最後に提示したい。

第一章では、ジャンセニスムの人間観・社会観を基調としたピエール・ニコルとボワギルベールの思想が取り上げられる。ジャンセニスムの代表的な思想家であるニコルは、アウグスティヌス主義の徹底したペシミズムに沿って、人間を自己愛に囚われた罪深い存在であると考えた。だが、そうした自己愛は人々を闘争や対立には駆り立てず、むしろ生活の便宜や安楽の増大に適した「欲求と必要の相互依存」へと導く。人々は自己愛を満たしたいがために他者との関係を築き、その視線を恐れて欺瞞的に自己抑制するようになる。これが「礼儀」や「礼節」の正体である。ニコルはある程度まで「開明的な自己愛」の発揮に期待を寄せたが、そもそも人間は自己規制するには弱い存在であり、結局は「超越的な神慮」に基づく力ずくの政治的秩序が必要とされる。そうしたニコルの地平を乗り越えたのがボワギルベールである。ボワギルベールにとって、人々の堕落した自己愛を抑制するのは政治の秩序ではなく「自然」という名の市場の強制力である。彼の認識では、社会は不断に続く交換の連鎖から成り立ち、相互依存の関係と一定の自律性で動いている。それゆえ種々の要素（生産物価格、職業など）に起きた変化はすぐに他の要素にも影響を及ぼし、収縮や拡大の循環過程を繰り返す。もし活発な消費活動や貨幣循環が持続すれば、それだけ「富裕の連鎖」は望ましい方向に進むことになる。そのためボワギルベールは過少消費と過少生産につながる当時の税制を批判し、「自然への暴力」を取り除くよう訴えたのであった。ここに「レセ・フェール」の秩序原理が出現し、道徳や政治の領域に対して自律した経済社会の認識が生じたとされる。

第二章では、先のニコルやボワギルベールの影響を受けたマンデヴィルの逆説が論じられる。「私悪は公益」というマンデヴィルの有名な逆説は、明らかに「アウグスティヌス主義の不可思議な錬金術」（ラフォン）から導かれたものである。『蜂の寓話』の作者にとっても自己愛は人間の堕落を証する情念であり、社会秩序はこの悪しき情念に基づいて欺瞞的に成立していた。だが、心中から発する利己的情念の力は、否定しがたく人間本性に根差していることも事実であり、まさにそれこそが人々を生活境遇の改善や勤勉・精励へと向かわせる原動力であった。とくにマンデヴィルが注目した情念が「自負心」と「恥辱」（両者はコインの裏表の関係）である。一方でそれらは行き過ぎた利己的情念の歯止めとなり、他者の視線を意識して社会秩序を保とうとする。「礼儀作法（マナーズ）」と呼ばれる、この偽装された自己愛の形態はニコルの発想とも近い。他方で自負心と恥辱は消費欲求の源泉にもなるという。すなわち、お互いに自らを誇示し合い、羨望の念を抱くことで絶え間のない消費競争へと突入していく。そこでは顕示的消費や奢侈が奨励され、交易と貨幣循環が活気づく。旺盛な支出と購買力を堅調に保つことが社会の繁栄にとって肝要であり、マンデヴィルに言わせれば倹約は「みすぼらしい徳」あるいは貧困の別名であった。こうしたマンデヴィルの奢侈容認論は、フランス啓蒙における商業社会論の中核的な争点を構成することになる。

第三章は「啓蒙の経済学」という括りで、サン＝ピエール、J・F・ムロン、モンテスキューによる三者三様の商業社会論が検討される。人間本性や社会秩序を「利益」の観点から理解したサン＝ピエールは、様々な快楽や欲求が存在することを認めつつ、とくに公共的利益に奉仕する快楽を特権化した。彼にとって、祖国のために善行をなす快楽あるいは栄光を求める欲求は「有徳な自己愛」となりうる。その核心はニコルやマンデヴィルの念頭にあった偽装された悪徳の欺瞞的秩序とは異なる。具体的にサン＝ピエールは、顕彰制度を通じて人為的に情念を刺激し、良き市民を作り出すことを目指した。とくに富者が奢侈的消費に流れるのではなく、公共日的の有益な支出（病院、河川、道路の整備など）をおこなうことを良しとしたのである。

これに対し、マンデヴィルの議論に触発されたムロンは「消費の自由」を認め、奢侈容認論の立場に立つ。ムロンにとっても商業社会は購買力の連鎖そのものであり、相互依存の体系を成していた。また、奢侈は「洗練」と同義であり、人間の欲求を原動力として「産業活動の進歩」を際限なく促し、野蛮や未開を文明へと変えていくものであった。彼の議論の主眼は当時の奢侈批判への反論にあるが、奢侈はあくまで一次的、二次的な欲求が満たされた後にやってくる消費行動であって、決して社会秩序に有害ではないとされた。ムロンと似たロジックを用いながらも、商業社会と君主政の間で微妙な立場に至ったのが、モンテスキューである。たしかに人々の虚栄心あるいは「軽薄な精神」に支えられて商業が拡大し、習俗が洗練されるという事実は彼も認める。しかし、モンテスキューにとって政治的自由を確保することが何よりも重要であり、商業社会の全面展開には留保がつけられる。貴族における自己愛の発露、すなわち「名誉」は富への欲求とは異なる社会的差別化の情念であり、この情念に動かされる貴族は中間権力として君主政の専制化に睨みをきかせる特別な存在であった。もし商業の発展によって貴族がその特異性を脅かされるならば、君主政はやがて専制化し、政治的自由が失われる恐れがある。商業についてムロンと多くの認識を共有していたモンテスキューであるが、貴族を中心とした身分制秩序にあくまで固執し続けたのである。

第四章では、奢侈の内実や是非をめぐって展開した十八世紀半ば以降の奢侈論争とフランス独自の経済学の歩みに焦点があてられる。奢侈を容認するにせよ批判するにせよ、その程度や内容は実に多彩であったが、概ね次のような軸に沿って展開した。①奢侈は習俗を洗練するのか、徳を衰退させるのか。②向かうべきは社会（身分制）秩序の流動化か、その固定化か。③奢侈は国家に力と繁栄をもたらすのか、それとも国家を破滅へと導くのか。④奢侈と節約（資本蓄積）、どちらが経済社会の発展にとって有利か。主にこれらの争点に沿って奢侈論争は進展し、マンデヴィル＝ムロンの容認路線ではフォルボネやビュテル・デュモンらが新たに登場し、フェヌロンの批判路線ではルソーや重農主義が登場することになる。当時、都市の華やかな生活に比して農村が衰退していたという現実もあり、後者の陣営は農業の再生を求める思想潮流とも合流する。これに対してフォルボネは、生活の必要を超える奢侈を「便宜」の領域に解消し、より確実な自己保存と勤労の精神につながるものとして容認した。また「国民の奢侈」を唱え、奢侈的消費をおこなう主体の裾野を広げて階級間の流動化も示唆する。さらにフォルボネの議論を発展させたビュテル・デュモンは、〈奢侈—富裕—有徳〉の連鎖を説き、「消費の自由」を認めても市民道徳は衰退しないと強調した。ビュテル・デュモンの重要な功績として、重農主義の地主中心社会を批判して、あらゆる経済主体の消費行動・投資行動が再生産に寄与すると説いた点が評価される。

著者の議論の進め方は総じて丁寧かつ堅実であり、先行研究を網羅的に渉猟し、これらを精緻に整理したうえで、著者が言うところの「消費主導の経済学」あるいは「フランス独自の経済学の系譜」を説得的に提示している。そうした点で『国富論』を収束点とするイギリス経済学の流れとは異なる」経済学の生成史（五頁）を描くことに概ね成功しており、その成果がもたらした研究上の価値が大きいことは疑いを容れないだろう。だが、経済学や経済思想を専門としない評者からは、あえて次のような疑問点とコメントを提示させてもらいたい。

ひとつは、後世に成立した学問区分である「経済学」という視点を十八世紀の「思想的コンテキスト」にどこまで持ち込むべきかという問題である。たとえば、著者は「欲求や効用の視点に基づく独自の経済学」、「奢侈論争において重要な役回りを果たした経済学」、「フランス起源の経済学の（…）連綿たる歩み」を強調している（一八、二七〇、三一〇頁）。だが実際には、啓蒙の時代の言説状況はもっと複雑であり、「経済学」という今日的な枠組みよりも「立法者の科学」と呼ばれる当時の認識に即したほうが「思想的コンテキスト」に肉薄できるのではないだろうか。マンデヴィルのいう「用心深い政治家たちの巧みな管理」（一〇六頁）、ムロンの説く「内政の賢明さ」（一七六頁）、フォルボネにとっての「立法者」の「賢明な施策」（二三八頁）、これらは分析ツールとしての経済学というよりも情念管理の統治術に近かったのではないか。そこには、必ずしも経済的利益だけに還元できない人間の情念や欲求を特定の目標へと誘導する作為の契機が潜んでいたのではないか。ホッブズがvain gloryと呼んだ権力欲や名誉欲など富以外の対象を含む厄介な情念を封じ込めるには、何か別の「錬金術」が必要だったのではないか。ジャンセニストたちがホッブズをどう評価していたかを含めて、もっと詳しく知りたいところである。

もうひとつは、宗教と経済学の関係に関わる点である。著者は、十七世紀から十九世紀にかけて経済学が宗教や政治から自律した知の領域へと変化していくことを強調する。だが、十九世紀フランスの思想潮流として目立つのは、むしろ宗教的価値と経済学との再結合である。「新しいキリスト教」を掲げた晩年のサン＝シモン、シャルル・ド・クーやヴィルヌーヴ・バルジュモンに代表される「キリスト教政治経済学」の興隆が昨今のフランスで注目されている（*EJHET* 24:4, August 2017）。この十九世紀の知的現象を「フランス起源の経済学の（…）連綿たる歩み」との関係でどのように捉えるのか、ぜひ続編を期待したいところである。

（あんどう・ゆうすけ／政治思想史）

書評

# 『カントの政治哲学——自律・言論・移行』（金慧著、勁草書房、二〇一七年）

斎藤拓也

近年、日本語で読むことのできるカントの政治思想に関する研究は着実に増えつつある。所有権論、判断力論、革命否定論など個別の論点を超えて、カントの政治論を包括的に再構成し、政治には縁遠い哲学者のイメージを払拭する新たな研究を手にすることができるようになってきた。カントの政治思想や法哲学は、道徳哲学との整合性が長らく議論されてきた経緯があるが、ロールズの『正義論』（一九七一年）が刊行されて以来、英語圏においても、またドイツ語圏、フランス語圏においても（これらだけに限定する必要はないが）、多かれ少なかれリベラリズムと関連づけて独創的な研究が重ねられてきた。これは、第二次世界大戦後に社会契約論の政治思想の系譜からカントを除外してきた日本の研究状況とはやや異なる。しかし、ある種のカント復興をもたらしたロールズでさえカントを道徳哲学史講義で論じることはあっても政治哲学史講義には含めなかった。カントを社会思想史・政治哲学史にどう位置づけるかという問いは今なお課題であり続けており、これは日本のカントの研究においても避けて通ることのできない問題である。

金慧の『カントの政治哲学——自律・言論・移行』もまた、新しいカント像を構築することによって、この問題に一つの解答を示そうとするものである。著者は「はじめに」の中で、「カントの政治哲学のテクストが読解されるべき古典として位置づけられてきたとはおよそ言い難い」（ⅱ頁）ことに触れ、カントの政治哲学を法哲学に還元する傾向や、意見や立場の異なる存在としての他者が不在であるという批判、さらに現実から乖離した理論構築という批判があることを問題点として挙げている。これらの見解や批判に応答するために著者が選び取るのは「政治的自律」、「言論の自由」、「移行」という観点である。これらの観点からカントのテクストに向き合うことによって、カントの政治哲学を、国家の干渉を退けるリベラリズムとしてだけではなく、また自らの自由を守るために立法への参加を重視する共和主義だけでもなく、「現代における熟議デモクラシーの議論を先取りするような洞察」(二二六頁)としても再構成することが目指されている。このように、著者の観点は明快に示されている。そこで、本稿では、カントの政治哲学を考察の対象とする第一部を中心に本書の内容を要約し、著者の観点について考察を述べる。

本書の総論と位置づけられている第一章では、カントの政治哲学が「移行」という観点から特徴づけられている。著者は本章で自然状態から法的状態へ、専制から共和制へ、国際的な自然状態から法的状態への三つの移行を描き出すことによって、本書の基本的な論点を打ち出している。特に、カントの共和制を制度と思考様式という両面から把握し、共和主義的な統治様式のもとで「言論の自由」がもつ意義を強調し、またカントの移行の構想を国家においても、国際関係においても「政治的自律」の確立として理解しようとする観点(それゆえ、国家間関係においては政治的自律を尊重するがゆえに「世界共和国」に加えて「国際連盟」構想を提案したという解釈)は、本書の解釈の基調をなしている。

言論の自由の意義を強調する立場を取るうえで、カントの道徳哲学、ひいては政治哲学が他者という契機を欠いており、独我論的であるという批判を想定して展開されるのが第二章である。「理性の公共的使用」は、所与の共同性の外部に立ち、公共体全体、ひいては世界市民社会の成員という観点からあるべき規則(法)を起草者として提案するだけではなく、提案に反論する他者の存在を前提としており、他者への応答という意味での責任の観念が織り込まれている。さらに、カントが法の正しさの判定基準として示した「公開性」原理もまたモノローグ的な「思考テスト」にとどまらず、その法の正しさの理由を相互に提示し合うことを要請する原理であること、この二つの側面が定言命法に由来するものであることが指摘される。

言論の自由の重要性は、第三章で認識論、法の制定、法の適用、抵抗権との関係という四つの側面から明らかにされる。まず思考の過程で誤謬を避け、真理に到達するためには、内的に自己吟味を行うだけではなく、他者との関係において伝達、批判、応答を為すことが真理の外的で補完的な基準として必要である。この点を確認した上で、第二に著者は言論の自由の行使(理性の公共的使用)が法に関する自らの意見の妥当性を問いかけ、議論を起こす試みであり、より説得力のある論拠を提示する動機づけの観点からは投票以上に政治的意志表明の方法としてふさわしいことを論じる。第三に、言論の自由は、法の適用の局面では、法の不備で権利が侵害された場合、当事者が自らの見解を公開し、是正を求める権利(「権利の唯一の守護神」)である。この意味での言論の自由は誤謬を解明することで立法者に学習の機会をもたらす。そして、第四に、言論の自由の行使は抵抗権とは異なり何の法的効力も直接には生み出さないがゆえに、その中で意見の自由な表明や交換が可能になることが指摘される。それゆえ、言論の自由は、自由権であるにもかかわらず、政治的意志形成に寄与することで国家権力を構成する政治的権利でもある。

第四章では本書の鍵概念である政治的自律が、その成立の制度的条件と経済的条件の観点から論じられる。制度の観点からは、立法における「代表制」（代議制）と、執行における「代表制」（立法と執行の権力分立）という二つの代表制が政治的自律（人民の意志による自己立法）の条件である。このことから、カントの政治哲学はしばしば国家権力の干渉から私的自由を擁護するリベラリズムの文脈で論じられるが、権利としての私的自由が政治的自律（自己立法）によって確立されるという論理をもつ点で共和主義の系譜にも入ることが指摘される。またカントが立法に参加する権利（投票権）を制限し、「受動市民」というカテゴリーを設けていたことはよく知られているが、これは私的領域における経済的境遇を反映した支配従属関係が政治的に再生産されることを防ぐためであり、カントは生存を維持し「能動市民」へ上昇しうる経済的条件を社会政策の観点から考えていた。

第五章は、世界市民法と植民地主義の不正義を主題とする試論である。世界市民法は諸国家が並存する状態で、ある国家とその国家に属さない人々との関係を規定する法であり、ある人が交流を試みる権利の尊重を国家に義務づけると同時に、植民活動を含む敵対的行為を取らないよう訪問者の側も義務づけるという点で、「友好」の義務を双方に課す。ここで著者は植民地主義に関するカントの考察に注目し、入植した人々が先住する人々を強制して法的状態へとともに移行することが許されないことを明らかにし、さらにすでに行われた植民地活動という不正義に向き合うための視点を引き出している。

第二部では、現代の政治哲学者たちのカント解釈が検討されており、著者がカントの政治哲学に取り組むさいの関心の所在が明確になっている。特に言論の自由や公開性については第六章のアーレントの判断力論の分析、自己尊重と自己評価の相違とそれらがもちうる私的、また政治的な意味については第七章のロールズの道徳的人格の構想の考察、そして国際社会の秩序構想と歴史的趨勢を語る行為の意味に関しては第八章のハーバーマスの国際法の立憲化の構想の検討において、それぞれ第一部との結びつきを見出すことができる。この意味では、第二部から本書を読み始めることも一つの方法だろう。

以上のように、本書はカントの政治哲学の原理を移行、すなわち政治的自律の確立の過程という観点から再構成し、その過程における言論の自由の意義を幅広く解明しており、いまカントが社会思想史に関心を持つ者に読まれている理由を説得力をもって示す優れた内容を有している。ただし、説明にやや疑問を抱く箇所が見られることも付言しておかなければならないだろう。「移行」が何をもって開始され、どのような状態に至ることを意味するのかが十分明確に説明されていないために、著者の説明が移行のどの段階に当たるのかが分からない箇所が散見される。それゆえ、たとえば、第四章では『啓蒙とは何か』（一七八四年）では想定されていないであろう「立法府における討議」が論じられ、『理論と実践』（一七九三年）の聖職者や市民が十分に説明されないまま「受動市民」の例として挙げられてしまっている。また、第三章と第四章で展開されている言論の自由の政治的役割に関する議論で、著者は公共圏が立法権力と切り離されることによって「決定への圧力と時間的制約」から解放され、自由な議論が可能になることに立法における代表制の意図があったと論じている。これはハーバーマスの二回路制の議論としては理解できるが、カント自身がここまで技術的な問題を念頭に置いて制度的区分を設定していると述べるにはテクストの裏付けがほしいところである。

とはいえ、明確に設定された観点から解釈を進める本書は、読み手の問いを触発する力を備えている。著者は第三章、第四章で法制定の手続き（代表者を選ぶ投票から立法府における決議に至るまで）と法の内容（言論の自由によって可能になる妥当性の吟味）という二つの観点から「法の正統性の条件」を説明し、投票権に加えて言論の自由が保障されることが自己立法（政治的自律）のために不可欠であることを指摘している。これは手続主義をとりつつ立法の内容（妥当性）をも問う視点であり、カントの代表制論を考察するうえで非常に示唆に富むものである。このような視点を設定するのであれば、立法府と公共圏の関係は、前者が後者を受け止めるという一方向的な観点からだけではなく、さらに相互作用を含めたより多くの可能性を視野に入れて考察することができるようになるのではないだろうか。

また、著者は第一章で国家間の自然状態からの移行の問題について、カントが政治的自律を尊重するがゆえに、解決の方途として国際連盟を提案したと解釈しているが、その場合には主権国家の自己主張を尊重せざるをえず、国際秩序の形成が逆に阻害されてしまうという方向にも読まれてしまうかもしれない。他方で、著者は「移行」が法制度による平和を確立する過程であるだけではなく、人々の思考様式の変革過程をも意味することにも注目している（一九頁）。このような観点からは、各国の政治的自律を尊重することと国際秩序の形成は両立させうると考えることができるのかもしれない。

本書が提示する論点からは、さらなる多くの問いを引き出すことができるだろう。本書では、そうしたカントの政治哲学の論点が、多くの読者に開かれた仕方で書かれている。カントと現代のデモクラシーの接点に関心を持つ読者に広く一読を勧めたい。

（さいとう・たくや／社会思想史・政治思想史）

書評

# 『ユダヤ人問題からパレスチナ問題へ——アメリカ・シオニスト運動にみるネーションの相克と暴力連鎖の構造』

（池田有日子著、法政大学出版局、二〇一七年）

馬路智仁

「土地なき民に、民なき土地を」。イギリス、ヴィクトリア朝期におけるキリスト教シオニスト（Christian Zionist）第七代シャフツベリー伯の発案とされ、二十世紀初頭ロンドンを拠点としたユダヤ人劇作家イズレイル・ザングウィルによって広められた、シオニスト運動の合言葉の一つである。このスローガンには二つの暴力的要素が含意されている。一つは「土地なき民」。特に十九世紀末以降の西欧諸国における人種主義台頭の中で、優越的人種＝ネイション＝国家領土が固着し、その政治構造からユダヤ人が排除され、差別・迫害されていく暴力的様相を表している。もう一つは「民なき土地」。パレスチナにおけるアラブ人の存在を隠蔽する言説であり、入植ユダヤ人や後のイスラエル国家によるアラブ人に対する恒常的暴力を示唆している。本書は二十世紀前半におけるシオニスト運動、とりわけアメリカ・シオニスト運動内の多様なアクターとアジェンダを検討することで、西欧近代を特徴づけた前者の暴力的状況（「ユダヤ人問題」）が今日まで続く後者の暴力（「パレスチナ問題」）へどのように結び付いていったか、その過程を解明しようとする歴史研究である。同時に本書はそこで埋没し、実現しなかったパレスチナ諸構想を摘出することにより、主権国家イスラエルの成立という特定の歴史的事象を相対化し、現状に対する我々の批判的想像力を喚起しようと試みる規範性を有している。

まずは本書の要点を章立てに沿って紹介する。序章では、フーコーの系譜学と杉田敦の権力論に基づく「アジェンダ形成・確定をめぐる権力過程」という本書の方法論が提示される。この方法論の核心は、ある政策やアジェンダが形成され他の選択肢に対してヘゲモニーを獲得していく原因を、有力アクターの断片的・個別的行為ではなく特定の歴史的諸条件の錯綜——多彩なアクター（個人・団体・政府）、言説、その状況下での権力配置、政治・社会的背景の間の複合的な相互作用——に見出し、アジェンダ確定の文脈依存性、偶然性を照らし出す点にある。このようにアジェンダ選択過程の複雑性とその結果の歴史的偶然性を浮き彫りにすることで、同時に選択の背後で棄却・排除されていったオルタナティヴを析出させ得ると筆者は主張する。そうしたオルタナティヴの一つとして、本論の各所では、『社会的シオニズム』の著者バーナード・ローゼンブラットが提唱した「属人主義的連邦制」構想（領土区分ではなくアイデンティティを土台とするユダヤ人とアラブ人の二民族国家論）の意義が指摘される[1]。

このような方法論に基づき、本論（三部構成・全八章）ではアメリカ・シオニスト運動における競合的言説・思想、アジェンダ、組織上および個人レヴェルの戦略の複雑な交錯が政治・社会状況とともに時間軸に沿って分析される。本書はアメリカという独特な移民大国の対象化に付随する、ユダヤ系の人々による一種のアイデンティティ・ポリティックスの描出に成功している。同国におけるユダヤ系移民の間にはユダヤ人としての承認を追求する仕方――いかにして「アメリカ人」でありつつ、ユダヤ人としての、あるいはユダヤ「民族集団」としての地位や権利を獲得するか――をめぐって様々な立場が競合していた。第一部ではそうした対抗関係の中で十九世紀末以降シオニスト運動がどのように台頭し、ルイス・ブランダイスという指導者を中心にいかなる理想や目的、戦略の下で組織化されていったか、そして第一次大戦やアラブ側の抵抗を含むいかなる政治過程を経て、国家設立ではなく経済発展と植民の促進を第一義とする「アメリカ的」方針（「パレスチナ主義」）が確定されていったか、が論述される。筆者が的確に記すように、ここで肝要なのはブランダイスが擁護した文化多元主義、および彼の構想に基づくパレスチナ主義は共に、「アメリカ国民」という根本的立場を揺るがさない範囲で、ユダヤ人シオニストの利益の最大限の実現を目的としていた点であろう[2]。

第二部では、両大戦間期における（ブランダイス以外も含めた）アメリカ・シオニスト運動指導層の対パレスチナ構想が、民主主義＝多数決原理とユダヤ人国家建設の間の相克――数の上での多数派はアラブ人であるため――という観点から描写される。第二部第一章は、イギリス委任統治下のパレスチナにおいてアラブ人が政治主体として立ち現れる（パレスチナ立法議会の設置運動など）中で提起された、アメリカ・シオニスト指導者の様々な解決案（多数確立のためのユダヤ人植民の一層の推進、二民族国家・議会論、アラブ人の他地域への再定住）の叙述に宛てられる。一九三〇年代を扱う第二章では、アラブ大蜂起やナチスの迫害に伴うユダヤ難民問題を経て、最終的にアメリカ・シオニスト指導層におけるアジェンダがアラブ人のパレスチナ外への半ば強制的な移送・再定住へと収束していく模様が論述される。パレスチナ・アラブ人の生に対するかかる暴力的方策の基底に存在したのは、人種主義の反復・転嫁、すなわち自らに向けられてきた「劣等人種」という分断線のアラブ人への投射であった（一五三―四頁）。「土地なき民」の再生産である。

第三部と終章は、第二次大戦後のイスラエル建国へと至る大戦中・直後のアメリカ・シオニスト運動およびベン・グリオンの活動を分析した箇所であり、いかにしてユダヤ主権＝国民国家の設立というアジェンダが確定し、そしてどのように現在に至るまでのアラブ人への恒常的暴力（「パレスチナ問題」）の構造が確立されたかを明確にする本書のハイライトである。そこでは、アメリカ・シオニスト機構、アメリカ政府、緊急委員会（同国シオニスト諸団体の統括機関）、ユダヤ軍委員会（「バーグソン・グループ」）、アメリカ・ユダヤ人委員会（非シオニストの組織）、世界シオニスト機構といった多様なアクターの戦略・構想や、それら主体間の複雑な権力関係、相互作用がホロコーストという切迫さを背景に検討される。要点の一つは、主権国家イスラエル――国家（state）を意味する「ユダヤ・コモンウェルス」――創設という方針がアメリカ・シオニスト運動内において一九四二年ビルトモア会議から四三年のアメリカ・ユダヤ人会議の過程でようやく確定された、言い換えればユダヤ主権国家の設立は、その時点まで自明視された綱領ではなかったという知見であろう（第三部第二・三章）。この主張は国民国家としてのイスラエル建国という歴史的一事象を相対化し、オルタナティヴとともに批判的想像力を涵養するという筆者の目的を果たす上で非常に重要な位置を占めるものである。

本書は序章で掲げられた問題設定、目的、方法論に即して半世紀に及ぶアメリカ・シオニスト運動の多元的で複雑な展開過程を、実現しなかった非国民国家的なシオニスト構想をも描写しつつ丹念に分析したものであり、一つの重要な研究プロジェクトを達成している。筆者は論及していないが、かかる埋没したシオニスト構想を描き出すという点に関しては近年の英語圏におけるシオニズム研究の潮流とも重なるところがある。[3]また、序章（一四―五頁）や巻末に挿入された読者の理解を促すための図表や用語解説は、本書の美点である。これらから本書『ユダヤ人問題からパレスチナ問題へ』が、日本のシオニズム研究において今後参照されるべき重要な研究文献の一つであると結論づけることができる。加えて評者の問題関心に即せば、本書はシオニズム研究のみでなく近代ヨーロッパ思想史に対する有意義な知見を含んでいる。本書第三部においてユダヤ・「コモンウェルス」をめぐる複数の競合的な解釈、すなわち単にパレスチナにおける「国家」を意味するものから、ローゼンブラットのように「共通の富・福祉」を強調し、ユダヤ＝アラブ二民族連邦制構想の理論的支えとするものまで、が提示される。このようなコモンウェルス諸概念をアメリカ・シオニスト指導者がいかなる知的典拠から導き出したか、またそれらを「コモンウェルス」に関する近代の長い概念史の中にどのように位置づけることができるか、思想史研究者への課題が提起されているように思われる。[4]

しかし一方で、本研究には主として以下の二点に関して改良の余地があると考える。第一に、西欧におけるシオニスト運動の担い手は、決して本書が検討対象としたようなユダヤ人指導者やユダヤ系組織のみではない。近年の研究文献が示すように、シオニスト運動は多くのキリスト教徒、とりわけ独自の聖書解釈に基づき、パレスチナにおけるユダヤ民族郷土の確立が預言者の意思であり、この推進こそキリスト教徒の義務の一つと捉えた福音主義諸派によっても擁護された。かかる福音主義派の重要な役割は、アメリカのシオニスト運動についても相当程度当てはまる（そして今日のアメリカ政府の対パレスチナ政策を考える上で肝要な一つの歴史的パースペクティヴを提供している[5]）。本書ではこのようなキリスト教シオニズムへの論及が捨象され、分析の枠外に置かれている。第二に、本書はアメリカ政府内部の政策決定過程を大部分ブラック・ボックス化しているため、第二次大戦という重要な時期に政府内においてユダヤ人のパレスチナ再定住やシオニスト運動を計画・促進した人物――たとえばユージーン・クリッシャーやジョセフ・シェクトマン――の活動についての描写を欠いている[6]。つまり約言すれば、本書が対象とした「アメリカ・シオニスト運動」を構成する実際の知的潮流やアクターは、本書の分析射程よりも幅広い。筆者のより包括的なシオニズム研究の成果を待ちたい。

（ばじ・ともひと／政治思想史、社会思想史）

**注**

（1） Bernard Rosenblatt, *Social Zionism: Selected Essays*, The Public Publishing Company, 1919.

（2） 本書では言及されていないが、文化多元主義とアメリカ・シオニズムとの関係について以下の本は重要であろう。Daniel Greene, *The Jewish Origins of Cultural Pluralism: The Menorah Association and American Diversity*, Indiana University Press, 2010.

（3） たとえば Noam Pianko, *Zionism and the Roads Not Taken: Rawidowicz, Kaplan, Kohn*, Indiana University Press, 2010.

（4） 管見によれば、ブランダイスのパレスチナ・コモンウェルス構想は、イギリスの初期国際政治学者アルフレッド・ジマーンの著作 *The Greek Commonwealth* (1911) に依拠するところが大きい。

（5） Paul Merkley, *The Politics of Christian Zionism, 1891-1948*, Frank Cass, 1998; Clifford Kiracofe, *Dark Crusade: Christian Zionism and US Foreign Policy*, I.B. Tauris, 2009, esp. Part I & II; Samuel Goldman, *God's Country: Christian Zionism in America*, University of Pennsylvania Press, 2018 など。

（6） Mark Mazower, *No Enchanted Palace: The End of Empire and the Ideological Origins of the United Nations*, Princeton University Press, 2009, ch. 3（池田年穂訳『国連と帝国――世界秩序をめぐる攻防の二十世紀』慶應義塾大学出版会、二〇一五年、第三章）.

書評

# 『〈戦後〉の誕生——戦後日本と「朝鮮」の境界』（権赫泰・車承棋編、中野宣子訳、新泉社、二〇一七年）

小野寺研太

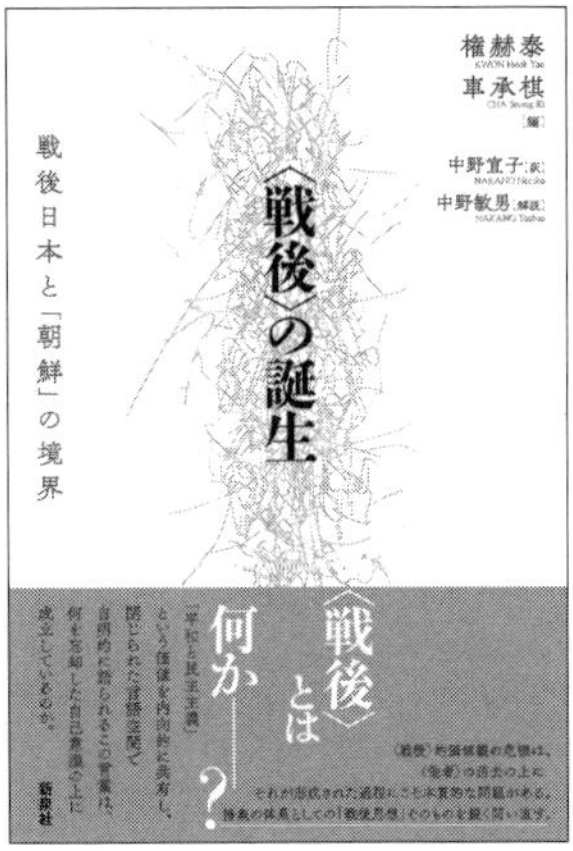


本書は、韓国の聖公会大学校東アジア研究所を中心とする研究チームによって編まれた、日本の「戦後」をめぐる著作である。現代史や文学、社会学など分野の異なる韓国の研究者ならびに中野敏男氏による計七本の論文で構成される本書の問題意識は、きわめて明瞭である。すなわち、「日本の「戦後」は「朝鮮」を消去することによって成り立っている」（序章）というものだ。

日本では、「戦後」は単なる時期区分post-warを意味しない。それは現行体制を示す言葉であり、同時に「平和」や「民主主義」といった理念の徴表としても受け止められる。しかし、そうやって「戦後」をポジティブな側面からのみ捉えるとすれば、それは重大な見落としの上に成り立っていると言わざるを得ない。「戦後」とは、内向きの自己肯定であり、その肯定にとって不都合なものを、過去、そして現在も切り捨てることで成立している、一種のイデオロギーである。本書は、「戦後」の思想／制度／表象において様々な形で捨象されてきた「朝鮮」の姿を描きつつ、日本（語）での思考に対し再考を迫る。

日本（語）で考える者にとって、こうした問題意識を感覚的に共有することはできても、それを実際に具現化するのは容易ではない。その作業は、言説上の境界域に自らを置くことであり、絶えず自らを「割る」ことになるからだ。であればこそ、日本（語）で思考するのではない人々が中心となった本書を読むことは、わたしたちを相対化するための大きなヒントを提供する。原著は韓国の読者を想定しているが、批判対象である日本（語）の空間に移されたことで、本書のメッセージは、韓国とは異なる意味合いを持つだろう。その意味で、「どのように読むか」という、日本（語）の側の創造性が問われている。あえて構成順序は崩しつつ、各章の内容紹介を試みたい。

第二章「捨象の思想化という方法——丸山眞男と朝鮮」（権赫泰）と第三章「戦後の復旧と植民地経験の破壊——安倍能成

と存在／思惟の場所性」（車承棋）は、丸山眞男と安倍能成を「戦後」思想の代表格として挙げ、彼らの思索から「朝鮮」の存在がいかに「消去」されているかを追っていく。権赫泰は、丸山が関東大震災や兵役の中で朝鮮や朝鮮人に関わる体験をしているにも関わらず、後年の著作では植民地の問題が抜け落ちていると指摘する。なぜか。それは、戦前の日本ファシズムを批判し、またナショナリズムと民主主義をうまく結合させるという「近代の完成」を目指す戦後の丸山の営みが、帝国主義批判不在と表裏一体だからである。丸山にとって「植民地」の問題は、ファシズム批判という「普遍」的問いの前に霞んでしまい、あるいはそこに取り込まれて見えなくなる。

車承棋による安倍能成批判は、大正教養主義者の代表的存在である安倍が、戦前／戦後の表面的な断絶や転換の中でどのような思惟を維持したかを描いている。戦前の安倍は、京城帝国大学の教員として赴任した在朝日本人であり、京城（現ソウル）で朝鮮の学生たちに「日本国民」としての自覚と協力を求める立場にあった。この時代の安倍は、大正教養主義者らしく人格の自律と自由を重視し、朝鮮の民族的独自性と日本の帝国秩序がどう両立するかという問題に直面していた。しかしその解決は、日本国家、そしてその核である天皇に至上の倫理性を求める道義国家論に結実してしまう。戦後になると、アジアにおける植民地を失ったという現実を前にして、かつての帝国秩序像は「単一の日本」へと縮小再生産される。帝国日本から敗戦国日本へと変化しても、天皇を道義的中心とする国家観は安倍において維持され、その過程で植民地の視座はやはり抹消される。

権赫泰や車承棋の議論が示すように、「戦後」の思想における「朝鮮」の不在もしくは消去は、敗戦という現実に直面した人々が抱いた、国民規模の主体形成という課題とつながっていた。そのことを仔細に分析したのが、第一章「「戦後日本」に抗する戦後思想――その生成と挫折」（中野敏男）である。中野はまず、「戦後に根本的な体制転換が生じた」という現代史理解に疑義を呈する。既存の研究が示すように、そうした体制転換像は、天皇やその周辺、並びに親英米派の政治家・官僚からなる「穏健派」が、戦前の一部の要職者を「軍国主義者」としてラベリングし、責任転嫁した結果、定着したものだからである。この例が示すように、戦後日本の思想プロセスでは、「民族」や「戦争責任」への問いが変質し、一方では加害責任を最小限にし、他方では占領と「逆コース」を背景に被害意識を全面解禁して、「戦後民主主義」が形成されていった。その上で中野は、日本共産党における国際主義路線の挫折と内閉化、さらに竹内好の著名な「方法としてのアジア」を批判の俎上に載せる。その要点を一言でいえば、民族感情を動員することの陥穽である。確かに「方法としてのアジア」は重要かもしれないが、竹内の発想にも国民的主体という固定観念は強力に存在する。そこには、なぜわたしたちの独自性の立脚点が「民族」でなければならないか、を問う視点はなく、帝国日本の加害性を捉える思想の不在につながっていると中野は指摘する。

「戦後」を、敗戦後の時間軸上で形成されていった主体性の言説作用として考えれば、その作動領域は政治・社会思想にとどまらない。第六章「縦断した者、横断したテクスト——藤原ていの引揚げ叙事、その生産と受容の精神誌」(金艾琳)と第七章「「朝鮮人死刑囚」をめぐる専有の構図——小松川事件と日本／「朝鮮」」(趙慶喜)は、文学や映像といった表象領域で主題となった「朝鮮」を扱う。キーワードは「専有」である。金艾琳は、引揚げ体験を描いた藤原ていの『流れる星は生きている』と、その周辺にあるテクストに含まれた日本／朝鮮／ソ連／アメリカの表象分析を通じて、朝鮮半島という東北アジア冷戦の中心地で感知された日本人引揚者の意識構造や変化をたどる。さらこの『流れる星は〜』は、韓国にも紹介されて大衆的な人気を博すばかりでなく、一九四九年から七〇年代に至るまで複数回にわたって、その強調面を微妙に変化させながら、韓国読書界に現出した。金艾琳は、こうした韓国での受容の背景に、日本人という他者(の書いたテクスト)を経由しながら、「朝鮮」の人々が自己を構築していく構造があると分析している。『流れる星は〜』は、朝鮮の人々に書き直され「専有」されることで、「南韓社会が要求する／南韓社会を反映するテクストして再生産された」のである。

趙慶喜は、当時十八歳の在日朝鮮人だった李珍宇が起こした殺人事件(小松川事件)が、「戦後」の日本社会でどう受け止められ、かつ在日朝鮮人社会でなぜ「沈黙」に付されたのかを分析する。早熟かつ豊かな知性の持ち主だった少年が、なぜあのような凶行に及んだのか。この問いをめぐる複数の分析や表象作品が、戦後日本の言説空間に現れた。日本の知識人や映画人たちは、彼の中に、突出した自己内省性や国家権力との対抗可能性を見出す。だがそれは、李珍宇という「極端」な存在を自分なりに「専有」し、再創造する中で生まれたものであり、別なる面に対する何らかの矮小化が伴っていったことを、趙慶喜は指摘する。また李珍宇の事件は、在日朝鮮人社会にとっては、より複雑な陰影を帯びた。それは一方で、彼の父が反共クリスチャンであることを理由とする「在日からの疎外」であり、他方で北朝鮮への帰国運動開始というタイミングゆえの「祖国との軋轢」だった。李少年は、その出自や行為、獄中生活といった局面で、在日の人々とも幾重にもすれ違っていったのである。

認識の境界域に自らを置くことが困難であるのは、そこに心情的な反発が伴うことはもとより、単なる自己否認では、在日朝鮮人社会と李珍宇の関わりが示すような、「朝鮮」と「戦後」との間にある複雑な陰影を捉えることができないからだ。自己を内側から解体していくとは、どんな思想的営みであるのか。その点から見て評者が重視したいのは、第四章「「強制連行」と「強制動員」のあいだ——二重の歴史化過程のなかでの「植民地朝鮮人」の排除」(韓恵仁)と第五章「人権の「誕生」と「区画」される人間——戦後日本の人権制度の歴史的転換と矛盾」(李定垠)、つまり制度をめぐる思想的問題である。李定垠は、戦後憲法の人権規定が、その普遍性の喧伝に反して日本国民のみを対象とするもので、植民地支配に対する責任を反映していないと述べる。その後の人権行政(擁護や啓蒙週間)でも植民地という歴史的文脈は脱色され、また法務省作成の人権史に関する年表でも植民地帝国下の弾圧・動員に関する制度的配置は言及されない。普遍的人権という美名の下で、実は戦前と戦後は連続し、戦後社会はそれを隠蔽する。

韓恵仁は、戦時期の朝鮮人労務動員を主題化する。戦時の朝鮮人労務動員は、実質的には「強制」だったにも関わらず、形式的には「応募」の体裁を取った。それが可能だったのは、朝鮮が植民地だったからであり（そのため中国人の強制連行と差別化される）、そうやって、この労務動員問題に対する戦後日本の責任は、巧みに消去されていった。「募集」の自発性が強調された朝鮮人労働者たちは、官斡旋の徴用労働者とは区別され、戦後の補償対象から排除された。動員体制には属さないという制度的便法が、彼らを永遠に保護の対象から外したのである。

これら二つの章が示すのは、生の多様性を、運用の合理性という視点から幾重にも疎外していく暴力性と、それにも関わらず人びとがそこに安住してしまう、制度・機制の両義的性格である。その批判的解明は、本書の論者たちが警告するように、一般論としてではなく、具体的な姿と重みを持つ素材から始まるはずだ。「戦後」は「朝鮮」を消去してきた。だとすれば今後は、これまで何が消去され、何をどう修復すべきで、どんな関係性へと変えていくべきかを、具体的な実相から考察することが必要である。本書は、そのプロセスの一歩となる。

（おのでら・けんた／近代日本思想史）

書評

# 『ロールズの政治哲学――差異の神義論＝正義論』

（田中将人著、風行社、二〇一七年）

川本隆史

著者とのつきあいは、出講先で担当していた「社会思想史」や「教養演習」を学部学生だった田中が受講してくれた時点から通算すると、一五年を超える。私の拙い講義がロールズ研究を志すきっかけを当人に提供したというのであるなら、教養科目「社会思想史」の教育効果もまんざら捨てたものでもなかろう。大学院に進んだ田中と再会して以降は、同郷の後学からもっ

ぱら教わる一方の立場となった。そして、この単行本のもととなった著者の博士学位請求論文「ジョン・ロールズの政治社会像の生成と発展」（早稲田大学大学院政治学研究科、二〇一五年十月学位授与）の審査に携わるにいたっている。

そうした因縁を有する私ゆえ、中立・不偏なピア・レビューをしたためる資格は無きに等しい。けれども、ロールズに学ぶ者どうしの「互恵性」を実践するつもりで、今回の書評依頼をお引き受けした。公刊から一年を経た本書を再読して、『正義論』（原著初版一九七一年刊）を嚆矢とする規範的社会理論の展開を懸命に追いかけていたころの己の初志を思い起こすとともに、著者の目配りの広さと深さに「後生畏るべし」の感を強くしている。

せっかくいただいた機会なので、この作品の梗概を伝えるところから始めるとしよう。そのためには、目次を掲げるのが手っ取り早かろう。

——格差と友愛　四　公共的理性による和解——差異と寛容　五　現実主義的ユートピアと政治的想像力　六　理性的信仰の対象としての政治社会——政治哲学と安定性　七　結語——救済と和解

**参考文献表　あとがき　索引**

先行研究の緻密なサーヴェイを通じて、三つの「未決アジェンダ」（未だ議論が尽くされていない論点）——①『正義論』と『政治的リベラリズム』との関係性を見極めること、②『正義論』第三部が展開した〈正と善の合致〉を精査すること、③ロールズの理論に影響を及ぼした「宗教的関心」を跡づけること——を取り出した田中は、「ロールズの根本的な問題関心に照準することによって、彼が考察しつづけた問い——差異に基づくリベラル・デモクラシーの存続可能性——の大きさと重要性を、追体験する」（20-21〔以下、本書からの引用は（　）内にアラビア数字で頁を示す〕）作業を通じて、「宗教的側面をも含むロールズ理論全体を初期から晩年に至るまで一貫した視点のもとで考察すること」（22）を目指そうとする。

そこで措定された本書の「中心テーゼ」が、「〈差異の神義論〉(a theodicy of difference) としての正義論 (a theory of justice)」にほかならない。これは「ロールズの思想全体を捉える新たな仮説」として打ち出されたものであり、「一見したところ社会に不和をもたらすように思われるような様々な分裂（差異）こそが、ひとたび理論的に把握され然るべく位置づけられるならば、実は私たちにとって望みうる最善の社会を構成する前提にほかならないことを弁証しようとする」（26-27）課題設定こそが、ロールズの作品群に伏在していたと主張する。〈差異の神義論〉の視点をもってすれば「ロールズ理論の整合性ならびに特質をより満足のいく仕方で解釈することができる」（27）というのである。

管見の限り、この書に対しては書評紙および専門誌に四つの書評・短評が掲載されており、本学会第四二回大会の「セッションG　制度の政治思想史——政治哲学研究と政治思想史研究の交錯」（二〇一七年十一月五日、京都大学吉田キャンパス）や評者も参加した「現代倫理学研究会」（二〇一七年十二月三日、東京外国語大学本郷サテライト）をはじめ、著者を囲む合評会が計四回催されるなど、活発な議論・意見交換が繰り広げられてきた。

（1）魚躬正明「ジョン・ロールズの政治哲学の全体像を描き出す——今後の研究の基準点となる書」、『図書新聞』二〇一七年八月十二日号。

（2）高田宏史「二〇一七年回顧　政治学」、『読書人』二〇一七年十二月二十二日号。

（3）山岡龍一「政治哲学とは何か——田中将人『ロールズの政治哲学——差異の神義論＝正義論』（風行社、二〇一七年）をめぐって」、『政治哲学』第二三号（政治哲学研究会、二〇一七年）——なお同号には著者の応答も併載されている（『ロールズの政治哲学』補遺——山岡龍一氏へのリプライ」）。
（4）大澤津「政治哲学者ロールズの新たな肖像——『ロールズの政治哲学——差異の神義論＝正義論』（田中将人）」、政治思想学会編『政治思想研究』第一八号（風行社、二〇一八年）。

この書に立ち入った検討を加えることは、山岡の詳論を筆頭とする右のレビューに委ねることとし、以下では「終章　現実主義的ユートピア」のエンディングを直に味わってもらおうと思う。田中が晩年のロールズの論考に「慎ましさのなかにも、ある種の秘められたパセティックな表現がみられるようになる」（277）と評したように、この終結部（328-329）もまた読み手にある種の感動を喚起しはしないだろうか。

ロールズにとって、正義論の追求は、学知のかたちをとった祈りですらあったように思われる。それはまさしく、神の観念に依らずして救済可能性を提示したひとつのヴィジョン、すなわち神なき神義論（theodicy without God）、あるいは〈差異の神義論〉としての正義論にほかならなかった。それはすでに今日の学問世界ならびに現実政治に決して小さくはない影響を与えるものとなっている。

そして、ロールズは個人としても、その生涯にわたる試みをつうじて、神による救済（恩寵）ではなしに、理性による救済（和解）を彼の時代と成し遂げたように思われる。このような文脈においてみたとき、『公正としての正義　再説』第一章の末尾を飾る以下の文章は、ひとつの到達点を表すものと思われる。おそらくそれはロールズの政治哲学の中心に位置するものでもある。この引用をもって本書の探求を閉じることにしたい。

「〈公正としての正義〉の秩序だった社会が、私たちの自然本性やその要求に従って実際に可能になるということを示したい。このような努力は、和解としての政治哲学の領分である。というのは、実世界の諸条件が少なくともこのような可能性を考慮に入れるだろうということを理解することは、私たちの世界観自体や世界に対する態度に影響を及ぼすからである。もはや、世界を希望がないまでに敵対的なもの、偏見と愚かさに扇動されて、支配への意志と抑圧的な残酷さが必然的にはびこる社会とみる必要はない。腐敗した社会におかれている場合、こうしたことは少しも私たちの喪失感を和らげないかもしれない。しかし、世界がそれ自体、政治的正義とその善に冷淡であるわけではないということを、熟考してもよかろう。私たちの実世界は違ったものであったかもしれず、他の時と場所にいる人びとには、希望（hope）は存在するのだから」
〔『再説』の原書三七—三八頁／田中成明らによる邦訳（岩波書店、二〇〇四年）六五頁〕。

右の『再説』の引用箇所は、この労作の大団円に置かれるにふさわしい。ここに着目した田中の慧眼を認めたうえで、三点ほどコメントしておく。

第一は、冒頭の一文にある「その要求」が指示する内容に関して――原文の those requirements は、その直前の文中の the requirements of workable political institutions を受けるものと読んで、「実行可能な政治的諸制度が必ず満たすべき要件」と取るのが理屈に合う。

第二は、引用の最終文の「私たちの実世界は違ったものであったかもしれず」（Our social world might have been different）における different を、「違った」と素直に直訳するのではなく、せっかくなら本書のキーワードである〈差異〉につなげて拡大解釈（改釈？）できないかというもの。つまり、畳語表現となるのを承知の上で「私たちの実世界は、今あるのとは別の〈差異〉を内包するものとなったかもしれず」と解しても、まったくの牽強付会とはなるまい。むしろこう読んだほうが、引用者（田中）の意により適合するだろう。

第三は、同じく最終文の「他の時と場所にいる人びとには、希望（hope）は存在するのだから」（and there is hope for those at another time and place.）を、以下のよう補正したらどうかとの思いつきである。すなわち、「〔今のものとは別の〈差異〉を含んだ社会という〕もうひとつの時空を生きる人びとにとっても〔〈公正としての正義〉の秩序だった社会の実現を見込む〕希望が存在するのであるから」と訳述（超訳？）したい気に私は駆られる。

ロールズが成し遂げた「理性による救済（和解）」は、「〈公正としての正義〉の秩序だった社会」が実現できるとする「希望」の域にまでたどり着いた。彼の「理性的信仰」の中核をなすこうした「希望」のトーンは、『正義論』最終節からも聴き取ることができる。

この視座〔＝「原初状態」のこと〕から社会における私たちの境遇を眺めることは、それを永遠の相の下に（*sub specie aeternitatis*）了解する業に等しい。〔…〕永遠性の視座は現世を超えた場所からの眺望でもなければ、ある超越的な存在者の観点でもない。むしろ、この世界の内部にあって理性的な人びとが採用しうる特定の思考と感情の一形態なのである。〔…〕心の清さ（purity of heart）とは――もし人がそうした境地を達成しえたならば――こうした永遠性の観点からものごとをはっきりと見据え、優雅にかつ自制的に行為することと変わらなくなるだろう。

〔『正義論〔改訂版〕』原書五一四頁／神島裕子らによる邦訳（紀伊國屋書店、二〇一〇年）七七三―七七四頁〕

初読以来、《Purity of heart》で始まる『正義論』結びの一文の真意を測りかねていた私だったのだが、その典拠がキルケゴールの説教集英訳タイトルにありそうだと田中は示唆してくれた。このことを改めて感謝しておこう（詳しくは、小文「ロールズ・キルケゴール・マタイ伝――《purity of heart》の系譜を探る」、『風のたより』第六五号、風行社、二〇一七年三月を参照してほしい)。

その田中から届いた最新作が「トマス・ネーゲルの政治理論――〈正義観念の限定用法〉とその規範理論的含意」(政治思想学会編『政治思想研究』第一八号、風行社、二〇一八年)だった。ロールズのもとで博士号を取得し、この世を生きる人間にまつわる問題群(Mortal Questions)と取り組んできたネーゲルを先達・手本としつつ、ロールズ研究の「産業化=通常科学化」に抗するいっそうの活躍を続けることを期待してやまない。

(かわもと・たかし/社会倫理学)

書評

# 『正義・平等・責任――平等主義的正義論の新たなる展開』(井上彰著、岩波書店、二〇一七年)

松元雅和

本書は、これまで一貫してわが国における平等論研究を牽引してきた著者が、その成果を体系化した著作である。平等論は、英米圏の現代政治哲学における中心的トピックのひとつであり、J・ロールズやR・ドゥオーキンの著作を通じて、すでにわが国でもよく知られている。本書の特徴は、左派リバタリアニズ

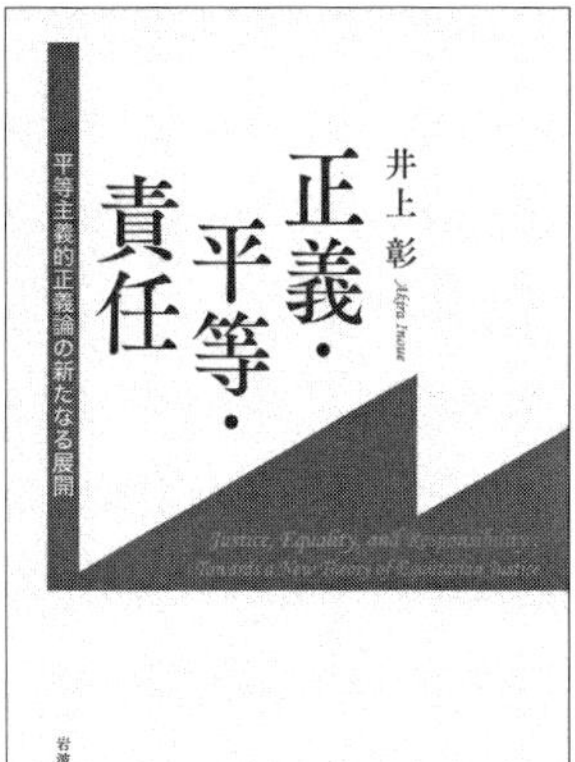

ムや目的論的平等主義も含めた近年の研究動向を織り込みつつ、最終的には宇宙的価値としての平等に裏打ちされた平等主義的正義論という著者自身の見解を力強く押し出すものであり、その内容と密度は、国内外の先行研究と比しても類のないものとまずは評することができる。

加えて本書は、分析的政治哲学の体系的成果としても貴重な一冊である。大陸系と対比されるところのいわゆる「英米・分析系」の研究は、概念分析や論証スタイルにおける明晰性や厳密性などによって特徴づけられるが、わが国でその立場を明示的に標榜する著作はまだそれほど多くなく、あくまでも印象論のレベルでその賛否が問われがちである。本書は、海外で博士課程を終え、現在も海外で活躍の場を広げる著者による、分析的政治哲学の最良の見本として、その学問分野を志す多くの者にとって、格好の手引きになるに違いない。

＊　＊　＊

はじめに、本書の基本的なねらいと各章のあらましを紹介しよう。序論で明示されるとおり、本書の目的は研究の発展が著しい正義論分野において、平等主義的正義論の新たな構想を提示しようとするものである。そのために本書では、ロールズ、ドゥオーキンの分配的正義論のみならず、左派リバタリアニズム、目的論的平等主義のようなより近年の立場に対する批判的応答を通じて、自らの議論の骨格を示そうとする。加えて、本書のタイトルにも付された「責任」の観点を、平等主義的正義論に織り込むことにより、その構想をさらに堅固なものとしている。

第一章「分析的平等論とロールズ『正義論』」では、『正義論』（一九七一年）出版前後の平等論研究を史的に比較するなかで、実は今日の平等論研究が、同書以前のそれと質的連続性を有していたと指摘される。わが国でも広く読まれているW・キムリッカの教科書等により、一時平等論はロールズからドゥオーキンへの継承を軸に理解されてきた。しかしその後、J・ファインバーグ、D・パーフィット、R・アーネソン、L・テムキンといった論者により、概念分析の手法に基づく平等論が活況を呈している。その意味で、平等論研究における『正義論』のインパクトは、人口に膾炙するほど大きくない。

第二章「ドゥオーキンの平等主義的正義論」では、資源平等論として知られるドゥオーキンの議論を二期に区別したうえで、その是非を論じている。平等な尊重と配慮を核心とする彼の平等論は、第一期ではそれほど明確ではないものの、第二期に至ってある種の真理概念に基づく統合的調和という観点から擁護されるようになった。仮想保険で知られる彼の独特な制度設計もまた、この観点に照らしてこそよく理解される。ただし著者によれば、他の正義論よりも統合的調和がよりよく果たされていることが示されていないため、その試みは不十分なままであると言わざるをえない。

第三章「左派リバタリアニズムの正義論」では、H・スタイナー、M・オーツカ、P・ヴァレンタインらによる自己所有権ベースの平等論の是非が論じられている。一般的にリバタリアニズムは、現在の分配パターンよりも過去の歴史的取得過程に分配的正義の要諦を見ようとする（権原理論）。左派リバタリアンは、これを前提として継承しつつも、原始所有権をロック的但し書きの観点から改訂することで、ある種の平等主義的結論を導き出す。著者は、こうした試みを精緻に分析したうえで、結果それが左派リバタリアニズムのリバタリアンたる所以と必ずしも調和的でないと指摘する。

第四章「宇宙的価値としての平等」は、著者自身の見解がもっとも明確に示されている章である。平等の価値論的分析としては、J・ブルームの個人的価値、テムキンの非個人的価値の二つの意見が対立している。著者は後者に好意的であるが、同時にそれは十分に平等主義的でない結論を招きうる点、アドホックに多元主義的である点で批判される。代わりに著者がI・ペアションも参考にしながら提唱する立場とは、平等を正義を含めたあらゆる価値を超越する究極的価値、すなわち宇宙的価値として位置づけることである。平等は、純粋な等しさからの逸脱が生じる場合に絶えず等しさの方に引き戻すシグナルとして作用する。

第五章「選択責任の両立論的構想」では、平等論や分配的正義論と密接な関連をもつ責任構想が、自由意志と決定論のディレンマのなかで再論される。責任構想はこれまで、ドゥオーキン、アーネソン、G・A・コーエンらいわゆる運の平等論者によって、自由意志と決定論が両立しないという非両立論の立場から議論されてきたが、これはS・シェフラーの批判に晒されてもいる。著者は、ロールズ＝コーエン論争を辿るなかで、正義の環境のヒューム的解釈を再確認し、正義の環境のなかで要請される合理的能力を特定したうえで、自由意志と決定論の両立論とも整合するかたちで責任構想を再定位できることを示している。

以上の体系的検討を終えて示される著者の立場は、合理的能力の現実的有無も踏まえてバランスのとれた責任構想を示すものであり、理論的一貫性・整合性の点から優れているのみならず、過酷な政策という反直観的結論を和らげ、近年の行動経済学の知見とも接合されうるなど、裾野の広い正義論を提示するものとなっている。加えて、結論で示唆されるように、経済的弱者に対して向けられる自己責任論の過剰な流布、かたや政治・行政において責任をたらい回しにする「無責任の体系」など、現代日本の状況に対しても一定の刷新を迫るものとなっている。

＊　＊　＊

評者は平等論という専門分野で必ずしも著者と専門を同じくするものではないので、こうした著者の試みがどれほどの成果を上げているかを正確に評することはできない。ただし本書は、平等論を含めた正義論一般で何らかの研究を進めようとするかぎり、今後他の研究者が必ず参照し、ときに格闘すべき一種の里程標として位置づけられることは間違いない。これを踏まえて、本書評では以下、評者の観点から気づいた幾つかの点をコメントしておきたい。

まず評者にとって気になったのが、何らかの宇宙的価値があるとして、なぜそれが――例えば、幸福でも自由でも安全でも効率でもなく――平等なのかということである。著者は、本書でしばしば、従来の平等論が平等の価値を自明なものとし、その「基礎」や「根拠」の探求を欠いていると指摘する（四、二五―九、五〇―三、八三頁）。著者は、宇宙的価値としての平等が「なぜ平等なのか」の問いに対する規範的根拠を提出すると主張するが（一四九頁）、その主張自体の根拠――すなわち、宇宙的価値がなぜ平等なのか――とは何であろうか。

無論、究極的価値として措定されている以上、宇宙的価値としての平等にはこうした問い自体を収束させる役割が期待されている。ただし、「平等を宇宙的価値と名付ける理由は、純粋理念としての等しい関係性が、仮に世俗的な世界が存在せずとも永遠に価値をもつものとして成立する（とみなしうる）からである」（一四八頁）という説明が、まさに問題となっている平等の価値の基礎や根拠の説明として十分かどうかについては検討の余地がある。ちなみに、著者と同様に（一四九―一五二頁）根本原理の案出を重視するコーエンであれば、「心の明証性」に訴えるところであろう（一八〇頁）。

一般的に、基礎や根拠の探求はさらなる基礎や根拠を必要とする無限遡及に陥りやすい。もし無限遡及を避けようとすれば、事実や命題が相互参照によってネットワーク的に根拠を支え合うホーリズムの戦略に立ち戻らざるをえない。管見のかぎり、著者は平等を宇宙的価値に据えることで、ブルーム、テムキン、ペアションそれぞれの平等論に見られる諸問題を解決する整合的観点を提出しうると考えているようにも読める。もしそうだとすれば、こうした立論は、第一章で棄却されたロールズのホーリズムの戦略（二二―二九頁）と、はからずも似通ってくる。

著者はロールズの戦略を「平等の道徳的基礎そのものを正当化する議論を提出していない」と批判するが（二五頁）、実際それは基礎づけとしては盤石ではない。単なる整合説的説明だけでは、同程度に説明できる別の価値が存在するかもしれないことを否定できないからである。翻って、「なぜ平等なのか」に関する著者自身の立論は、はたしてこの困難を克服しえているであろうか。ひょっとするとそれは、本書の序論や結論で示されたとおり（六、二〇四頁）、他の正義論との比較検討として今後に残された課題と関連しているかもしれない。

次に、本書ではアドホックな多元主義を排するものとして、宇宙的価値としての平等が提示されていた（一三九―一四一頁）。しかし同時に、著者の立場は、責任構想を織り込みつつも、同時に過酷な政策を回避しようとする点で、「極端な平等論」（一四二―一四七頁）よりも明らかに多元主義的である。すると問題は、それがアドホック性をどのように免れているか、すなわち「価値や原理の関係性を明示することで、事態や行為評価の緩やかな基準、とくにハードケースに際しての総合的な判断基準」をどこまで具体化しているかである（一四一頁）。

例えば「平等は、過度の責任追及によって福利水準の格差があまりに広がった場合には、激しい格差を容認しない（価値を重視する）ようわれわれを導いていく」とされる（一四九頁）。しかし、ここでいう「あまりに」とは具体的にどの水準のことであろうか。導かれる結論が極端に振れず、「穏当」な範囲に収まるよう（一九一―一九四頁）、ある場面では責任の原理が優先されたり、別の場面では平等の原理が優先されたりするであろう。判断基準のひとつの鍵は、著者が挙げる合理的能力の範囲であるが、近年の行動経済学の研究動向が示しているように（一九二―一九三頁）、その輪郭は経験的知見としてもいまだ流動的である。

最後に、（ひょっとすると単なる誤解に基づく）細かい語用上の指摘であるが、同一の原語（uncertainty）の訳語であると思われる「不確定性」と「不確実性」が、本書中で混在していることが気になった（五八―九、八四、一一二―五頁）。ちなみに、他の場所では別の原語（indeterminacy）に「不確定性」の訳語が当てられてもいる（一九九頁）。文脈に応じて別々に訳し分けられているのかもしれないが、例えば意思決定理論のなかでは「不確実性」の訳語が定着していると思われるため、用語の選定に際し、さらなる補足的説明があれば読者の理解に資することができるであろう。

ともあれ、以上の評者からの疑問は、専門的見地からは容易に答えられうる些細なものであるかもしれない。実は、評者を含む、本書を手に取った誰もが直面する真の疑問は、分析的政治哲学の手法により、平等という古典的テーマにどこまでも迫ろうとする著者の自覚的かつ真摯な努力を追体験することを通じて、自分自身が取り組むテーマに、どのようにアプローチするかを自問せざるをえないことである。専門分化が著しい昨今の学界状況であるからこそ、わが国でもまだ数少ない分析的政治哲学研究の到達点のひとつとして、本書が本学会の会員に幅広く読まれ、分野のさらなる発展に繋がることを願ってやまない。

（まつもと・まさかず／政治哲学・政治理論）

書評

# 『福祉政治史——格差に抗するデモクラシー』（田中拓道著、勁草書房、二〇一七年）

中村健吾

本書の独自性を浮き彫りにするために、まずは、福祉国家研究の現状における二つの傾向を確認しておこう。

第一に、福祉国家や社会保障制度に関する研究は往々にして、特定の国の特定の制度を対象としつつ出発せざるをえない。そのように限定された研究といえども、長期にわたる制度の形成や変化を追跡しようとすると、膨大な時間と労力を要する。そのため、多くの国を分析の対象とする研究書が単独の著者によって書かれることは稀であり、各国の事情に精通している複数の専門家による寄稿を集めた編著という体裁をとることになる。しかし、そうした著作はときに寄稿者の関心と方法において統一性を欠いてしまう。

第二に、福祉国家を統一的な基準によっていくつかの類型に分け、それらの違いとそれを生み出した要因とを突きとめようとする比較福祉国家論は、G・エスピン＝アンデルセンの『福祉資本主義の三つの世界』（一九九〇年）を参照枠としながら発展してきた。この理論潮流はその後、比較の対象とする国や地域を拡大するとともに、制度派経済学や「資本主義の多様性」論とも結びつきながら分析手法の精緻化と多様化をとげた。しかし、この理論潮流に対しては、静態的な類型の提示にとどまり、福祉国家における改革の動きや質的変容を射程に入れることができないという批判が投げかけられてきた。

右記の二つの傾向はいずれも本書には当てはまらない。なぜなら本書は、一人の著者の手になる作品でありながら、欧米の五カ国（アメリカ、イギリス、ドイツ、フランス、スウェーデン）と日本の福祉国家を対象としているだけでなく、各福祉国家の前史から二十一世紀の今日にいたるまでの約一〇〇年間にわたる制度形成と変容の過程を跡づけているからである。しかもそれは、平板な歴史叙述ではなく、「新政治経済学」の諸概念を援用した比較福祉国家論を経由して、日本の福祉国家が将来においてとりうる選択肢を考察することを最終的な目的に掲げた意欲作である。

むろん、六カ国の制度とその変遷に一人で立ち向かうのであるから、実証の面でのオリジナリティは乏しくなる。用いられる概念と方法においても目新しさはない。そのことはしかし、本書の価値を落とす事情にはならない。著者が手堅いテキスト分析の手腕と豊かな構想力とをもちあわせていることは、十九世紀フランスの連帯思想を丹念に掘り起こした『貧困と共和国』（人文書院、二〇〇六年）において立証済みである。その著者が、本書では現代社会の課題に正面から切り込んでいる。本書は大学での講義をもとにして成立したようであり、現代の福祉資本主義の鳥観図を提供し、それの将来について考えるよう学生にうながすことを意図したものだと思われる。福祉国家の行方について読者を思考へと駆り立てる刺激が、本書にはある。

本書の概要を紹介しておこう。

序章では、欧米と日本における公的社会支出の対GDP比の推移等を示しながら、「先進諸国」が、一九八〇年代以降のグローバル化、産業構造の転換、少子高齢化という共通の試練に直面しているにもかかわらず、それらの試練に異なる仕方で対応しようとしているという仮説が提示される。

これに続く第Ⅰ部「戦後レジームの形成と分岐」においては、欧米五カ国と日本の福祉国家の形成過程が辿られる。まずは、第二次世界大戦後の「先進国」における福祉国家の形成を規定した共通の枠組みとして、「ブレトンウッズ体制」と「フォーディズム」が指摘される。そのうえで、欧米の五カ国はエスピン＝アンデルセンの分類図式に沿って、自由主義レジームに属するイギリスとアメリカ、保守主義レジームであるフランスとドイツ、社会民主主義レジームのスウェーデンというふうに区分されている。日本の福祉国家が「自由主義的な権力基盤」と「保守主義的な制度」とを併せもつハイブリッドなモデルとして提示されている点も、エスピン＝アンデルセンの指摘に近い。

第Ⅱ部「戦後レジームの再編」では、一九七〇年代におけるブレトンウッズ体制の終焉とフォーディズムの機能不全とに続くグローバル化の圧力のもとで各国の福祉国家がこうむった再編の過程が語られている。ここで立てられるのは、〈グローバル化やポスト工業化により、各国の福祉国家は新自由主義の小さな政府へと収斂するのか、それとも異なる軌道へ分岐するのか〉という、比較福祉国家論におけるおなじみの問いである。

著者は「収斂」の仮説をしりぞけ、福祉国家の再編は「政治的機会構造」の違いによって内容が左右される不確定な過程であるという命題を提示する。統治エリートが社会の諸階層の利害から自立し、従来の福祉国家の受益層（インサイダーとしての男性労働者）の抵抗を排することができる場合、政治的機会構造は「閉鎖」され、統治エリートによるトップダウン型の福祉「縮減」が起きやすい。それに対して、女性や非典型・非正規労働者といったアウトサイダーの利益を代表する勢力（政党やNGOなど）が政治的意思決定へ関与する新たな回路を得た場合、政治的機会構造は「開放」され、従来とは異なる仕方での福祉の「拡大」が生じうるという。この場合、福祉の「拡大」とは、

「男性稼ぎ主」モデルの家族形態をもはや前提とはしない「個人へのエンパワメント」（育児への公的支援や教育・職業訓練への投資など）の拡充を指す。

従来の受益層がもつ凝集性の強弱や政治的機会構造の開閉に応じて、福祉レジームの分類では同一の類型に属していた国でも分岐が生じていく。たとえば、アメリカとイギリスはいずれもフォーディズムから「金融主導型レジーム」へと転換し、公的扶助受給者に就労を強制する「ワークフェア」型の改革が進んだが、イギリスでは育児・教育・職業訓練といった「人的資本投資」を重視する労働党（「第三の道」）と緊縮財政に傾斜する保守党とのあいだで一定の路線対立が存在する。また、保守主義レジームとして一括りにされていた諸国のあいだでも、政治的機会構造を閉鎖して「ワークフェア」政策を強化したドイツ（シュレーダー政権による「ハルツ改革」）と、若者・女性・失業者といった「アウトサイダー」を支援するアソシエーションを意思決定に関与させることで「自由選択」型の政策を導入していったフランスとのあいだに分岐が生じているという。

第Ⅲ部では、今日の福祉国家における改革の選択肢が、給付削減と就労強制をともなう「ワークフェア」と、生き方・働き方の多様な選択肢を各人に保障しようとする「自由選択」とに「収斂」しつつあるという整理がなされる。議論を導いていくのはやはり、「インサイダー／アウトサイダーの分断」という解釈図式である。インサイダーである男性の典型的労働者（大規模労組）を交渉の舞台からしりぞけて「ワークフェア」改革をトップダウンで決定したドイツと、パートタイム労働者や若者・失業者といったアウトサイダーの利益を組み込むことで「自由選択」型の政策を導入したオランダおよびフランスとが、第Ⅲ部において対比される。「政治的機会構造」および「自由選択」という概念は、著者が編著『承認』（法政大学出版局、二〇一六年）において提示した「承認パラダイム」の内実を二つに分節化したものであると見受けられる。

最後に、「日本の選択肢」と題された終章では、日本の社会と政治に関する著者の現状認識が次のように披瀝される――「日本の問題点は、行きすぎた新自由主義的改革によって富裕層と貧困層への二極化が生じたということではなく、失業・低所得層への行きすぎた保護や再分配が行われているということでもない。他国に比べて水準の低い公的福祉が維持されたまま、『インサイダー／アウトサイダーの分断』が顕在化し、それへの実質的な対応が進んでこなかった、という点にある」（二七二頁）。こうした現状認識から導き出される政治学的結論は、いまや容易に予想することができる。すなわち、今日の日本においては「ワークフェアを掲げてトップダウン型の意思決定をとる政党と、自由選択を掲げてアウトサイダーへの支持拡大を進める政党を中心とした、新しい政党の競争空間が構築されることが望ましい」というのが、著者の結論である（二七七頁）。

本書の第Ⅱ部と第Ⅲ部の叙述から、著者がワークフェアに対して批判的な立ち位置をとっていることは読み取れる。したがって、政治学的な禁欲を解いて規範的なスタンスで事柄に臨むなら、著者はおそらく、「政治的機会構造」の開放をともなう「自由選択」型の政策・制度の拡大をこそ推奨するのであろう。前述の『貧困と共和国』や『承認』といった思想史的・社会哲学的著作とは異なり、本書は政治学的分析を主眼にすえた作品である。そのため、本書で提示される政策上の選択肢はどうやら、眼前に見いだされる現実政治の枠組みから制約を受けている。ベーシック・インカムへの言及を意図的に避けていることも、そうした制約の表われであろう（二九五頁）。

この点を脇へ置いておくとしても、男性の正規労働者等を「インサイダー」とし、非正規労働者・失業者・若者・女性を「アウトサイダー」と規定して両者の「分断」を強調するのは、相当に硬直的な二分法であると評者は考える。なぜなら、これまで「インサイダー」であったはずの人が「アウトサイダー」に移行していく過程こそが、欧米と日本において現に起きている事態の根幹にあると評者は考えるからである。フランス生まれの「（社会的）排除」という観念が言い当てようとしてきたのは、そうした「社会的降格」の過程（S・ポーガム）にほかならない。

右記の点に関連して評者が疑問に感じるのは、「ワークフェア」への政策的対抗軸として「自由選択」というモデルを立てていることである。「自由選択」というモデルは、オランダにおけるワーク・シェアリングやフランスによる「脱家族主義」政策を根拠にして著者が組み立てたものである。それらの政策はしかし、ワークフェアへの対抗軸となりうるほどの首尾一貫性を有しているのだろうか。著者はイギリスのブレア政権とアメリカのクリントン政権との違いを、同じ「金融主導型レジーム」の枠内での振幅にすぎないと述べている（一五四頁）。そのことは、フランスやオランダとドイツとの違いにも当てはまりはしないか。なるほど、現代フランスの福祉政治に関する日本での研究が「就業連帯所得（ＲＳＡ）」とワークフェアとの相違点を強調する傾向にあることは事実であるし、実際に相違点は存在している。だからといって、フランスやオランダの政策体系のなかに見いだされる一部の傾向を「自由選択」のモデルとして実体視することには疑問を感じる。「自由選択」は、本書で主張されているような福祉国家再編における主流のプロジェクトの一つになってはいないと、評者は考える。新自由主義的グローバル化への福祉国家の適応・改造をめざす各国政府の基本戦略はワークフェアなのであり、「自由選択」は、ナショナルな経路依存性によってもたらされるところの、この基本戦略への緩衝材として位置づけられるのではなかろうか。

右のように疑問を提起することはたやすいが、ワークフェアへの説得力ある対抗軸を今日の日本で提示するのは容易ではない。欧米五カ国と日本における改革の傾向を通覧したうえで政策的対抗軸を抽出するなどという遠大な作業は、著者のような分析力量と構想力なくしては成し遂げがたい力技である。その困難な作業に挑んだ著者に対し、評者は敬意を表したい。

（なかむら・けんご／ＥＵ研究）

書評

# 『ポピュリズムと「民意」の政治学 ——3・11以後の民主主義』

（木下ちがや著、大月書店、二〇一七年）

五野井郁夫

人びとが院外の民主主義の実践として集う場所では、必ずといっていいほど幾人かの研究者と出会い、連帯の挨拶を交わす。そのようなかで二〇一一年以降の反原発のデモや二〇一五年安保、共謀罪法反対の抗議行動など、参加者というよりも人びとが集まれるように現場を企画し交通整理などでつねに現場にいたのが木下ちがやだった。

アントニオ・グラムシや本書の言葉を借りれば、まさに「有機的知識人」の一人として本書の著者である木下ちがやという存在は、その発言や行動に毀誉褒貶はあれど際立っていた。

二〇一一年以降のアラブの春と共振した日本の社会運動を牽引してきた木下による、『現代思想』に掲載された本書所収の各論文を通じて、官邸前や国会前、そして新大久保などで立ち上がった民衆たちをまだ見ぬ人々は、その熱気と歴史的意義を知ったことであろう。

何をしても出口なしだという諦めの空気としてのネオリベラリズムが支配した二〇〇〇年代から、人びとが諦めることを止め路上へと出ていった二〇一〇年代の転換点とは何だったのか。そして何故、人は路上へと集まったのか。木下はこのゼロ年代からイチゼロ年代への変化の流れの中で集まった人々を、権威主義的な政治に対抗するポピュリズムとして概括的に説明する。たしかに世界的に政治の側が権威主義的になっていれば、それに対抗するであれ、順応するであれ、ポピュリズム的な形態をとるのは自然な成り行きである。

だがヤン＝ヴェルナー・ミュラーが『ポピュリズムとは何か』で指摘するように、ポピュリズムがファシズムとの表裏一体であるとして、警鐘を鳴らす向きもある。それは、ピープルという集合的概念は個人の独立した意識を尊重するリベラリズムからすれば、社会の同質化と多様性の破壊をもたらし、さらに少数派の抑圧につながりかねないとの懸念から、受け入れがたいものとして立ち現れているからに他ならない。

もちろんポピュリズムという現象は、多元主義と承認を必要とするデモクラシーにとって脅威となる。なぜなら、ポピュリストたちは、対立を際だたせることで人々の間における分裂を強めるだけでなく、政治的な敵対者たちを「人民の敵」として扱うことによって、かれらにとっての敵対者を完全に排除しようとするからだ。デマゴーグに衝き動かされるモッブ、権威主義体制に従順な盲目的大衆としてのマッスは、自由民主主義がおおよそ依拠してきた、公共空間での理性的な熟議といった政治的理想像とは相容れないことは言うまでもない。

このような非リベラルなデモクラシー、あるいはデモクラシーではない政治たるポピュリズムにまつわるネガティヴなイメージに対して木下は、この二〇一〇年代のポピュリズムは過去のポピュリズムとは異なり、多様性を担保できていると主張することで反論を試みている。さらに、ポピュリズムには左右はないという言説に対しても、現実政治における左右両派のポピュリズムが競合しているという政治の動態と事実を覆い隠してしまうと指摘し、支配者がモッブに襲撃されるという上下の対立ではなく、左右の対立に注意を向けるべきだと説く。

たしかにこれまで政治学では、ポピュリズムは反エスタブリッシュメントの同義語として用いられる傾向があった。実際に先のアメリカの選挙戦でも右派ポピュリズムの典型とされたドナルド・トランプを論評した初期の言説の多くは、忘れ去られ、見捨てられてきたラストベルトの白人たちの不満や怒りの表出といったものだった。まさに、特定のムードや感情と結びつけられ、そこにデマゴーグが着火することでポピュリズムは盛り上がるという説明の典型である。

だが、この反スタブリッシュメント批判は、近年の日本の文脈の場合、二〇一一年の原発事故時に見られたエリートパニックに伴ってのエリート批判はあるにせよ、木下が本書で扱っている様々な運動には、必ずしもエリート批判としてのポピュリズムの文脈に当てはめがたいものも多くある。これについては、たとえば先に上げたミュラーはポピュリズムにとってエリート批判は必要条件だとした上で、ポピュリストの公準についてのもう一つの条件として、反多元主義を掲げている。

つまり、木下が着目している現代のポピュリズムは、いずれもミュラーの議論ではすべて説明できない側面を持った現実のポピュリズムの姿を捉えようとしているのだ。この点は、日本の三・一一以後の運動のみならず、アメリカ大統領選挙で善戦した左派ポピュリストのバーニー・サンダースについても同様であろう。サンダースは反ヒラリー・クリントン、反ウォール街という意味では反エリート・反エスタブリッシュメントではあっても、移民の受け入れやLGBTQの権利などを全面に打ち出して擁護する政策案からも、反多元主義ではないからである。同様の左派ポピュリストとしては、ギリシャのシリザ、スペインのパブロ・イグレシアスを党首としているポデモス、そしてフランスのジャン゠リュック・メランション率いる左翼党などがある。この意味において、木下が拡張しようとしているポピュリズム概念は、現実政治を捉える上で極めて有用性があるといえよう。

ただし、ポピュリズムにおける左右と上下という言説の前者を強調すると、やはり本来の上下対立が見えなくなるのではないかという懸念もあるだろう。左右の対立は当然として、上下対立もやはり重要ではないのか。というのも、この上下への意識を無視するのであれば、それはニューヨークで始まり世界中へと派生したオキュパイ運動の「われわれは九九％だ」という言説が無効化されてしまうことになるからだ。

こうした上下左右の軸を横断的に語る方法は存在しないのかといえば、そんなことはない。やや遠回りになるが、ヴァルター・ベンヤミンの『複製技術時代の芸術』における、所有関係の変革にかんする議論から、ポピュリズムにおける上下左右の軸を再定義することは現代でも有効だろう。平等意識の進展を民主主義として捉えるベンヤミンにとって二十世紀前半のプロレタリア大衆は、現在の所有関係の変革をせまっているが、対するファシズムは所有関係はそのままにして大衆を組織する運動として捉えられていた。ファシズムにとっては、大衆にガス抜き的な形で表現の機会を与えることは、大衆の平等や人並みの生活を求める権利を認めることと絶対に同一ではない限りにおいて、大いに歓迎すべきこととされる。というのも、所有関係の変革を要求している大衆にたいして、ファシズムは現在の所有関係における上下を温存させたまま発言させようとするからである。

おそらく今日の右派ポピュリズムの多くは、国民皆保険制度を根付かせようとしたオバマケアの撤廃に血道を上げ、最大規模の大企業減税に踏み切ったトランプ大統領の政策などを典型例として、所有関係の変革を実際にはもたらさない。だが、右派ポピュリズムの支持者たちはまさか自分たちの生命や財産、そして諸権利が脅かされているとは気が付かないままであり、ますます疎外が進む。

他方で左派ポピュリズムは所有関係の変革として、財の再分配を要求し実行する。この一部の特権層から人びとへと所有関係の変更を求めるか否かは、基本的な本来の上下かつ左右の軸なのである。トマ・ピケティの指摘のとおり所有関係が二十世紀初頭以前の、一部特権層へと集中する旧来の分布へと戻りつつあるのならば、ふたたび二十世紀初頭の政治・社会理論が向き合ってきた現実に対する分析へと立ち返り、ポピュリズム論と接合を試みることにも一定の有効性があるだろう。

他方で抵抗の年であった二〇一一年以降の社会運動は、当然のことながら二十世紀初頭とは異なっている。それは「広場の占拠」がSNSを通じて可能になった点である。広場がある国では広場へと人びとが集まるようSNSでの動員がなされ、日本のように大正時代後期以降に人びとが集まれる広場が事実上なくなった国では、人びとが一時的に路上に広場を形成し、一時的自主管理空間を立ち上げるという戦術がとられた。

これらの現象が、ポピュリズムとして後期近代の到来とともに先進諸国で共通して起きたという事実に、木下は着目する。

このような情報通信技術の進展を自家薬籠中の物とした人びとが、古臭くなった社会経済システムの刷新を試みている点こそが、二〇一〇年代の政治の姿だというのだ。もちろん、SNSによって惹起された抵抗は他でもない先進諸国の外側から始まっているため、木下が先進諸国の後期近代に限定する理由はなく、むしろ近代化の過程を飛ばしてポストモダンな平面にこの二〇一〇年代は立ちつくしているとも言えるだろう。

では二〇一〇年代、いわゆるイチゼロ年代の抵抗は、他の時代とはどう違うのか。木下は六〇年安保評価を通じて、二〇一〇年代との差異を論じている。六〇年安保をかつて竹内好は「国民運動」と名付けたが、まさに安保闘争は職場、学園などの場における強力な組織的基盤の上に展開された大衆運動だった。それとともに、久野収が述べた通り「動学的、運動的な情緒共同体の形成」というポピュリズム的な要素も多分に含んでいたと木下は説く。高度経済成長に伴う社会経済的な大変動という民主主義の危機にあって、六〇年安保では、革新勢力の側から新たな民主的参加の回路を開くポピュリズム的政治のモデルが提示されたのだった。

だが、この「情緒共同体」は、「日本型企業社会」の成立によって情緒の安定化が図られ、一九六八年を前後しての「デモの季節」の再来があっても、その勢いを失っていく。さらに「キャンパスの運動」は八〇年代以降の資本の包摂により衰退したのだった。

抵抗の契機が失われていった中で、一九九〇年代以降の「新しいアナキズム」と共振する形で、三・一一以後の社会運動が立ち上がってきた。その特徴は、政治的背景として保守・革新双方の権威の衰退、文化資本と社会的地位のギャップが著しい中産階級から疎外された新たな階層の「知的な主体」としての出現、そして「原子力ムラ」などのような明白な敵の存在による敵対性の顕在化、そして主導権を握る個人や組織を作らない集団形成と自発性という四点である。これらが、SNS上や現実の会議の中で、実践を行う水平的なネットワークを構築・発展していった。このような運動を動かすことや結果重視のプラグマティズムが支配的になる中で、八〇年代までの論壇文化を再生産することで生き長らえてきた、ゼロ年代的なポストモダン系のシニカルな批評性や高等な理論的な立ち位置に固執する「知識人」の影響力と発言権は、次第に凋落していったのだった。

そしてこれら実践の蓄積から、反原発という課題に限定されない緩やかな運動の「器」のようなものが作り出され、ポピュラーな反レイシズム運動等へと、各地の自治体と市民組織を巻き込んで伝播し、これが二〇一〇年代のスタンダードとなっていったのだった。

世界の「新しいアナキズム」と共振した日本の抵抗的社会運動がその民衆性を回復していくプロセスとして左派ポピュリズムを肯定的に論じることで、本書はイチゼロ年代のさまざまな社会運動をその担い手の立場から描写している。木下によればこれらはまだ胎動にすぎず、現代の様々な権威が衰退する中での政治社会的空白が広大であるなか、その空白を右派ポピュリズムが占めていく可能性はつねに大きく開かれており、現実にアメリカ合衆国やイギリス、ポーランドなどはそのような方向へと舵を切っている。このような世界の潮流に対して、「新しいアナキズム」のモメントがどのように新たな社会構想となるかは開かれた問いでありつづけているが、この陣地戦において右派ポピュリズムに歯止めをかけるのは他でもない、民主主義の担い手であるわれわれであることを本書は気づかせてくれるのである。

（ごのい・いくお／政治学・国際関係論）

書評

## 『精神の革命——急進的啓蒙と近代民主主義の知的起源』

（ジョナサン・イスラエル著、森村敏己訳、みすず書房、二〇一七年）

川出良枝

本書は啓蒙三部作とも呼ばれる大著（*Radical Enlightenment*, 2001; *Enlightenment Contested*, 2006; *Democratic Enlightenment*, 2011）を通して「急進的啓蒙」という概念を前面に押し出し、論争を巻き起こしている著者が二〇一〇年に刊行した、いわば三部作（特に三番目のそれ）の縮約版の性格をもつ。エルヴェシウス研究

を牽引する森村敏己が翻訳の労をとったことは本書にとって僥倖である。読者を引き込む著者の筆力には定評があるが、それを見事に伝える正確な訳文である。訳者は、著者の主張に「全面的に同意しているわけではない」としつつも、それが議論に値するものであると考えるがゆえに翻訳したとする。巻末の訳者解説は、三部作の背景とそれが巻き起こした論争の帰趨を綿密に論じており、独立した価値がある。

本書は、啓蒙という思想潮流を「急進的啓蒙」と「穏健な啓蒙」の二つに分け、当初傍流の位置にあった前者が十八世紀後半になると各国で主導権を握るようになり、近代の平等主義的で民主主義的な価値を基礎付け、ひいてはフランス革命という政治行動に決定的な影響を与えた経緯を叙述する。では、著者が各思想家を二つの啓蒙陣営に分ける基準とは何か。前者は、スピノザに発する単一実体説、およびそれに由来する唯物論的・決定論的形而上学を奉じる論者からなる。無神論的傾向を示す（とイスラエルが解釈する）思想家（ディドロ、エルヴェシウス、ドルバック、ペイン等）は、急進的啓蒙の特等席を占める。後者は典型的には理神論を奉じる論者で、彼らは二つの実体を想定する二元論を払拭できなかったとされる（二六頁）。ヴォルテールやファーガスンが代表例だが、他に、ルソー、テュルゴー、ヒューム、カント等が含まれる。こうした哲学的・形而上学的立場の急進性のみならず、著者の考える急進的啓蒙は政治的にも急進的で、民主主義・人種とジェンダー間の平等・個人の自由・思想信条の自由・政教分離等を基本原理とする（四頁）。その運動は、既存の社会階層秩序を全面的に改革することを求めるもので、漸進的で保守的な改革を求める穏健な啓蒙との間に相容れない対立を惹起した（四〇頁）。両陣営の抜き差しならない対立が、民主主義（社会階層）、平等（不平等）、平和（戦争）、道徳哲学をめぐる論争に投影され、最後に、穏健派の巨頭ヴォルテールがスピノザ主義に最後の抵抗を行い、敗北を喫した様が叙述される。結論では、急進的啓蒙がフランス革命家に与えた影響が瞥見される。ただし、恐怖政治はルソー主義の影響下にあるとし、急進的啓蒙とは無関係だとされる。

本書と三部作が惹起した論争の中でも焦点となっているのが、急進派と穏健派という二分法の可否である。思想史叙述において、対立する二つのパラダイムを設ける例は少なくない（「徳の言語」対「権利の言語」など）。二項対立図式は、個々の思想家や言説の微妙な差異を切り捨てがちであるが、顕在化しなかった争点を発掘し、思想史の見方を刷新する可能性もある。スピノザに発する形而上学的な一元論の長期的な波及の経緯を追うという著者の骨太の構想は思想史の一つの醍醐味であろう。しかし、著者の二分法は中立的なものではなく、「仕分け」あるいは「等級付け」の性格をもつ。すなわち、啓蒙という著者の考える偉大なプロジェクト――著者は啓蒙を哲学や科学により人類の改善をめざす思想と捉えている――をいかに正しく理解しているか否かで、それぞれの思想の合格・不合格が決定される仕組みである。この仕分けが引用箇所の選択などの点で相当恣意的に行われていることは専門家にはすぐ見抜かれる。好悪を明確に表明する著者の挑発的な記述ともあいまって、果たしてある思想家がどちらに入るのかをめぐって異論が噴出する結果となる。

だが、そもそも仕分けの基準となる啓蒙のプロジェクトなるものを想定することにどれほどの意味があるのか。これは必ずしも著者の仕事に限られる話ではないが、「啓蒙」なる概念が（「啓蒙の世紀」といった慣用的な時代区分としての使用は別として）無反省に用いられることに書評者はかねてより疑問を抱いてきた。周知のように、ドイツ語の Aufklärung は別として、「啓蒙」という意味の Lumières や Enlightenment は十九世紀に確立した用法で、それ以前は前者の場合、単に知性という意味である。なるほど、フランス語圏には、eclairé という「光によって照らされる」という形容形を好んで用いる論者が存在した。だが、この語は、元々は神の光に照らされるという宗教的意味で使用され、転じて理性や哲学の光に照らされて蒙を啓かれるという意味内容をもつに至った。基本的には文脈に依存する多義的な語である。この時代（著者の三部作の範囲は一六五〇年代から一七八〇年代）に、理性や哲学や科学、あるいは、洗練（refinement）や文明や進歩（progrès）といった「啓蒙」と関連のありそうな概念に期待をかけた論者が台頭したことは事実である。だが、その内実は実に多様で、それらに対するこだわりの程度にも各論者の間に温度差がある。何よりも問題なのは、これらとは異なる問題や概念――例をあげれば自由・幸福・自然・富、あるいは古代の共和政――に関心を寄せた数多の思想は、著者の枠組みからは無残にこぼれ落ちるという点である。自分の土俵で相撲を取らせてもらえないという不当な扱いは、十把一絡げに「穏健派」に仕分けされた論者にとってとりわけ顕著である。二十世紀後半以降の十八世紀研究の成果の一つに、こうした多様な水脈の発掘があったことを想起すれば、「急進派」中心の本書がどうしても古色蒼然としたものに見えてくる。

次に著者の思想史の方法論を検討しよう。その特徴は、現実の政治運動と思想の連関をダイナミックに描き出したところにある。著者によれば、フランス革命の勃発と進行に際して、最も力を発揮した要因が急進的啓蒙である。タイトルと副題が如実に示すように、急進的啓蒙は、「精神の革命」であり、「近代民主主義の知的起源」である。本書の前提は、単に思想が世界を動かす、という次元にとどまらない。歴史とは、普遍的価値をもつ思想が一歩一歩現実化する進歩の過程である。こうした見方はかつて、ホイッグ史観と揶揄された方法論と酷似しており、この点にも批判が集中する。思想が歴史過程に影響を与えたことは認めるとしても、その影響の証明はそう簡単なものではない。影響や伝播の過程についての地道な実証研究、近年飛躍的に成果をあげた文化史の手法の導入など、より厳格な方法を模索してきた思想史家にとっては、こうした先祖返りは納得のいかないものであろう（詳細は訳者解説を参照）。ただし、本書ではなく、三部作については、思い切った単純化があったからこそ、オランダや英仏独伊のみならず、ロシアや南北アメリカ、さらには日本を含むアジアに至るグローバルな啓蒙の運動を描き出すという野心的試みが可能になったという側面はある。

本書の方法論に対しては、政治思想史を専門とする書評者は、それがあまりにも理念に偏重しすぎているという印象ももつ。民主主義、寛容、自由、平等、平和は、確かに重要な理念ではある。しかし、政治にとっての課題は、それらを具体的制度の中でどのように実現していくかという点、また、制度や政策が結果としてどれだけ理念の実現を達成したかを検証する点にある。著者が急進的啓蒙に分類する論者の多くは、端的に述べて、政治思想史においてはマイナー・ポエットである。その理由は単純で、彼らは修正を加えられながらも今もなお継承されている近代民主主義の制度や政策について基幹的な提言を行っていないからである。本書において、啓蒙の平和主義が論じられても、サン・ピエールによる平和のための制度構想はユートピア思想家の「想像」という不当に軽い扱いにとどまり、それを継承したカントの平和論も君主権の温存という要素ゆえに中途半端と断罪される（一二六―一二七頁）。だが、迷信と君主政を打倒すれば平和が訪れるという急進派の主張にどれだけの実現可能性があるのか。制度や政策への無関心が、精神の革命が近代民主主義の起源であるという本書の基本命題に物足りなさを覚える一因である。

この点は結局、著者の真の課題と思想史研究への貢献は哲学的急進主義の台頭・発展・普及の解明という部分にあり、政治的急進主義（著者にとっては、近代民主主義の完全な実現をめざす立場）のそれではないのではないかという疑問につながる。哲学的な急進主義が政治的な急進主義と論理的に一体のものであることを本書が説得的に示し得たとは言い難い。ルソー評価に際しては、彼の宗教的立場が急進的でなかったという要素に拘泥するあまり、その政治論の急進性を頑なに認めないという無理な叙述を生み出す。ドルバックの政治論に対する突出して高い評価はそれと裏表の関係にある。ドルバックが徹底した唯物論者で無神論者であることは認めよう。ルソーの古代共和政賛美を批判し、古代を迷信と野蛮の時代と断罪した「近代派」にして封建的特権の過激な批判者であることもその通りである。だが、彼が、平等と民主主義の旗手であるかのような叙述は、そのテクストの随所で発見される不平等の擁護や民主政（主として古代のそれ）への批判を知る者には簡単に納得のいくものではない。二つ例を挙げよう。市民間の平等なるものは、「われわれの本性（自然）とはまったく相容れない。本性（自然）は、人間を身体的、精神的な能力という点で不平等なものとしたからである」（*Système sociale*, II, ch. 3）。なるほど、こうした側面を著者が完全に無視しているわけではない（九九頁）。だが、ドルバックの論理は、著者が誘導しようとしている方向とは逆、すなわち、封建的特権ではなく、市場における自由競争が生み出す不平等は人間の本性にかなうとしてこれを積極的に擁護するものではないのか。彼はこうも言う。「絶対権力は、あまたの悪しき君公たちがしばしば乱用してきたが、それを公平な君主が手にすれば、不公正な試みや陰謀を打破するのに必要な武器となる」（*Éthocratie* 序文）。なるほどフランスの王政に（非土地所有者を排除する）制限選挙による議会を導入すべきだと示唆するなど（*Système sociale*, II, ch. 4）、ドルバックは必ずしも単純な絶対王政支持者ではない。だが、それを加味したとしても、政治的には穏健な改革者とみるのが妥当である。人間の自然的平等を前提に、文明がもたらした不平等を厳しく糾弾し、市民が自ら主権を行使する直接民主政でなければ専制は阻止し得ないと訴えたルソーと比べて、どちらが平等主義的・民主的であったかは明白であろう。

また、スピノザと並んでベールも急進的啓蒙の最も重要な人物とされるが（二三一―二三二頁）、そのドグマティックな断定は、理性と信仰のそれぞれの領域の自律性を認めたベールの二元的思考や新旧両教徒の過激な主張の間に立って節度を求め続けた彼の寛容論の意義を切り捨てるものであろう。ベールについて著者自身かつてもう少しニュアンスに富む論文（"Pierre Bayle's Political Thought"）も発表していただけに、本書におけるベール像の平板化は惜しまれる。

本書の価値は、不屈の批判精神がより良き社会をめざすためにいかに重要な貢献をなしてきたかを鮮やかに示したところにある。そうであるがゆえになおさら、急進的啓蒙のドグマ化のきざしには最大限の警戒をはらう必要があるのではないか。

（かわで・よしえ／政治思想史）

書評

# 『メタヒストリー——一九世紀ヨーロッパにおける歴史的想像力』

（ヘイドン・ホワイト著、岩崎稔監訳、作品社、二〇一七年）

梅川佳子

## はじめに

『メタヒストリー』は「単にヘイドン・ホワイトの偉大な作

品であるばかりでなく、第二次世界大戦以降、歴史哲学の分野で出版された最も重要な著作である」(R.F. Ankersmit, "A Plea for a Cognitivist Approach to White's Tropology", in Robert Doran (ed.), *Philosophy of History After Hayden White*, London, Bloomsbury Academic, 2013, p. 47)。このようにR・F・アンカースミットR・F・Ankersmitによって評される本書の邦訳が、岩崎稔氏らによってついに達成された。四〇年以上も重視されながらも、日本語で読むことのできなかった作品を、見事な日本語に翻訳された訳者に感謝したい。

ホワイトは、「歴史とは、実在の痕跡である史資料を発見し、それをそのまま再現することだという素朴実証主義の理解」に疑問を呈し、歴史叙述における『構成する』という契機」こそを「全面に引き出」し、「主題化」している。もちろんホワイトは、史資料を基礎とした実証主義を否定するわけではないが、「あらゆる歴史叙述がそのなかに本格的な歴史哲学の要素を内包している」ことを指摘する(邦訳六五一頁・原著p. 428)。彼にとって「同時に『歴史哲学』でないような『歴史学』などは存在しない」(四四頁・p. xxxi)のである。

ホワイトの関心は「歴史叙述と歴史哲学の両方を含んだメタヒストリーを論じること」にある(「日本語版序文」九頁)。本書は「一九世紀ヨーロッパの歴史意識の歴史」であり、「『歴史学的』と呼ばれる思考様式がどのような構造をもつのかという一般理論も同時に提示している」(四九頁・p. 1)。その際に本書は、「誰が見ても古典と言える作品を遺した歴史家や哲学者たちだけに議論を限」り、各章において、歴史家ではミシュレ、ランケ、トクヴィル、ブルクハルトを取り上げ、歴史哲学者ではヘーゲル、マルクス、ニーチェ、クローチェの思考様式を分析している。

その分析を行う際のホワイトの歴史哲学は「アメリカのマルクス主義、実存主義、および構造主義で構成されている」とハーマン・ポール Herman Paulによって述べられている(Herman Paul, *Hayden White: The Historical Imagination*, Cambridge, Polity Press, 2011, p. 12)。この点は『メタヒストリー』においても同様であるので、これら三要素について順に見ながら『メタヒストリー』の内容について述べることにする。

## アメリカのマルクス主義

ここで言われているアメリカのマルクス主義というのは、具体的には、個人主義を可能にする社会的条件を整備しなければならないという考えである。ホワイトは、単に社会条件整備のみならず政治的な民主主義にも強い関心をもっており、一九六〇年代にはアメリカ合衆国でベトナム戦争反対の署名もしている(Herman Paul, *Ibid.*, p. 51)。

ホワイトによれば、マルクスは「歴史研究を科学的に変容させようとする十九世紀の格闘の、もっとも首尾一貫した実例」である。さらに彼は「歴史意識と歴史的実存の現実的形態とのあいだの関係を分析するために、もっとも徹底した努力を払った思想家でもあった」（一〇七―一〇八頁・p. 39）。ホワイトによれば、マルクスは「社会変革の予言者」であり、「そもそも歴史的意識を獲得すること自体がすでに人間解放の手段であると理解した」。マルクスが言おうとしていたのは、人間が「世界を理解しているかどうかを確定する唯一の試金石」は、「その世界を変革する力」にあるという点である。マルクスにとって「学問とは、知を変革すること」であった。資本主義における「イデオロギーそのものから人間を解放する手段こそが自分の歴史理論なのだと考えた」のである（四四八頁・pp. 284-285）。

## 実存主義的な傾向

右のマルクス主義的個人主義に連続するのが実存主義であり、ホワイトはジャン・ポール・サルトル Jean-Paul Sartre などの影響を受けている。ロバート・ドラン Robert Doran によれば、ホワイトは「わたしたちは、自分たちの将来を選択するのと同じように、過去を選択する」と考える。だから、「歴史的な過去」は「神話」にされたり「嘘」にされたりして、わたしたちの実存的選択を「回想的に合理化する」（Robert Doran, "Choosing the Past: Hayden White and the Philosophy of History", Robert Doran (ed.), *Philosophy of History After Hayden White*, London, Bloomsbury Academic, 2013, p. 11）。

そこで、いったん歴史として定着した知識は、わたしたちの選択を拘束し、重荷となることがある。ホワイトは、『メタヒストリー』を書く以前の一九六六年の論文「歴史の重荷」において述べている。「現代における歴史家の責務 the burden of the historian」は、「歴史という重荷 the burden of history から現在を解放する仕事」に、わたしたちが「参加するのを可能にする」ことである（Hayden V. White, "The Burden of History", *History and Theory*, vol. 5, no. 2, 1966, p. 124）。

わたしたちの参加とは、現在と将来についての実存的な選択である。『メタヒストリー』においてホワイトは、わたしたちの将来には「複数の異なったあり方が可能」（四四七頁・p. 238）であり、わたしたちが「競合しあう解釈戦略のうちからどれかを選択する」ことを示さなければならないと述べる（四四頁・p. xxxi）。ホワイトは、本書が、このような選択肢を読者に出すことによって、「過去や歴史に対して自分がどのような関係を持つかを説明する有益な手がかりになる」（「日本語版序文」一一頁）ことを期待している。

## 構造主義的喩法理論

ホワイトは、歴史に対する既存の実証主義的な方法にあきたらず、歴史の書き方それ自体を問題にするようになり、言語論的構造主義にもとづく喩法に行きつく。ホワイトは、歴史学および歴史哲学の著作を「散文体の物語的言説という形式をとった言語による構築物」であるとみなす。歴史学の著作における「深層の構造的内容」は、「詩的性質、とくに言語論的性質を帯びている」とされる（四一頁・p. xxix）。彼は、「喩法論的 tropological 戦略に基づいた歴史意識の四つの主要なあり方として、隠喩、換喩、提喩、アイロニーを想定」する（四三頁・p. xxx）。

この喩法理論は、「四つの段階の最後がぐるりと一巡して最初に再接合するという、閉じた循環的展開をなす歴史的想像力の深層構造を明確にする」。すなわち「どの様式もこの循環的展開の、つまり歴史的世界を隠喩的に理解することから始まって、換喩的な理解や提喩的な理解へと進み、さらにあらゆる知をそれ以上還元できないような相対主義として捉えるアイロニー的な理解へと展開する言説の伝承プロセスにおける、一段階や一契機として理解することができる」とされる（一〇四頁・p. 37）。

歴史的に見れば、後期啓蒙の段階では、ヴォルテール、ヒューム、カントといった思想家たちが、「本質的にアイロニーの観点において歴史を眺めるようになっていた」とされる（一〇四頁・p. 37）。それに続く十九世紀初頭（第一の時代）においては、歴史的思考は「ロマン派」「観念論」「実証主義」の三潮流から成り、これらは「アイロニーに対する反感を共有していた」。さらにそれに続く第二の時代、つまり一八三〇年から一八七〇年頃までは、「十九世紀の歴史叙述を生み出した四人の偉大な『巨匠』――つまり、ミシュレ、ランケ、トクヴィル、ブルクハルト」が、「ロマン主義的な幻想にとらわれない歴史のイメージを作り出そうと腐心」し、歴史家の数だけさまざまな種類の「リアリズム」が生み出された。さらに十九世紀における第三の時代においては、歴史学が主張する「客観性」や「科学性」や「リアリズム」に対する信頼が掘り崩され、ふたたびアイロニーの思考様式が優勢となる（一〇六―一〇八頁・pp. 38-40）。

このようにホワイトは、十九世紀の歴史的思考の歴史が「完全な循環を描いている」と考える。つまり「後期啓蒙のアイロニー的な歴史像に対する反逆から始まり、二十世紀直前にはそれによく似たアイロニーに支配されたヴィジョンが優位に立つ状態へと回帰する」（六五七頁・p. 432）。まさに『メタヒストリー』自体も「アイロニーの様式で書かれている」のである（四五頁・p. xxxii）。

## 相対主義をこえて（チャールズ・テイラーとの並走）

ホワイトは、ともすると、喩法の相対主義者のように理解されることもある。しかしホワイトは、きわめて強い道徳主義的な規範をもっており、どの喩法においても、これをささえる「道徳的」moral かつ「審美的」aesthetic な価値を重視している。「選択可能な歴史観のなかでどれを選ぶかが問題となるとき」の「唯一の理由」は、「倫理的なもの」や「審美的なもの」である（六五九頁・p. 434）。ホワイトのこの特徴はノックス・ピーデン Knox Peden によっても強調されている（Knox Peden, "Hayden White's Metahistory and the Irony of the Archive", *Journal of the Philosophy of History*, Volume 9, Issue 2, p. 177）。

ホワイトが相対主義を超える規範的な思考をしていることは、ディルク・モーゼス Dirk Moses によっても確認されている。モーゼスは、ホワイトの使う用語「高位善」hypergood は「人間主体のラディカルな自治」をささえる規範であり、チャールズ・テイラー Charles Taylor の用語でもあると述べている（A. Dirk Moses, "Hayden White, Traumatic Nationalism, and the Public Role of History", *History and Theory*, Vol. 44, No. 3 (Oct., 2005), p. 319)。

ホワイト（一九二八—二〇一八）とテイラー（一九三一—）の間には交流はなかったと思われるが、同じ英語文化圏の同世代に属している。テイラーもまた、ホワイトと同様に、青年期にマルクス主義を通過し、のちに自らの言語論を展開すると同時に実存主義的な傾向も持っている。ホワイトとテイラーは学問的に並走してきたのである。

評者（梅川）はテイラーの研究を行っているが、テイラーは、相互に異なる善や多文化を承認しているので、相対主義者と誤解されることがある。しかしテイラーも、人々をまとめる「高位善」の存在をみとめており、相対主義者ではない。ホワイトとテイラーの比較は、評者にとっての今後の研究課題である。

（うめかわ・よしこ／政治思想）

書評

# 『いかに世界を変革するか——マルクスとマルクス主義の２００年』

（エリック・ホブズボーム著、水田洋監訳、伊藤誠・太田仁樹・中村勝己・千葉伸明訳、作品社、二〇一七年）

植村邦彦

本書は、二十世紀のイギリスを代表するマルクス主義者にして歴史家のエリック・ホブズボームが、その生前最後に出版した本の翻訳である。原著出版は二〇一一年、一九一七年生まれの著者はその翌年の十月に没した。著者は、グレートブリテン

共産党（ＣＰＧＢ）が一九九一年に解散するまでその忠実な党員であり続け、またモスクワ（Progress Publishers）とロンドン（Lawrence & Wishart）とニューヨーク（International Publishers）で同時出版された英語版『マルクス・エンゲルス全集』（全五〇巻、一九七五―二〇〇五年）の編集責任者を務めた人物である。その意味でも、本書は一つの歴史的文書である。

本書は第一部「マルクスとエンゲルス」と第二部「マルクス主義」に分かれ、それぞれが八章からなる。この訳書には原著巻末にある初出一覧が訳出されておらず、第六章と第七章の冒頭注にも間違いがあるので、まずは各章のタイトルと初出を示しておくことにする。

第一章「現代のマルクス」（二〇〇六年にイギリスの政治誌『ニュー・ステイツマン』に発表された発言を基に、二〇一一年に大幅加筆）

第二章「マルクス、エンゲルスとマルクス以前の社会主義」（一九八二年にハーヴェスター・プレスから出版されたホブズボーム編『マルクス主義の歴史』第一巻第一章）

第三章「マルクス、エンゲルスと政治」（『マルクス主義の歴史』第一巻第八章）

第四章「エンゲルスの『イングランドにおける労働者階級の状態』について」（一九六九年にパンサー・ブックスから出版された同書英語版への序文）

第五章「『共産党宣言』について」（一九九八年にヴァーソから出版された同書英訳新版への序文）

第六章「『経済学批判要綱』の発見」（二〇〇八年にラウトリッジから出版されたマルチェロ・ムスト編『カール・マルクスのグリュントリッセ――一五〇年後の経済学批判要綱』への序文）

第七章「マルクスの資本主義に先行する諸形態論」（一九六四年にローレンス&ウィッシャートから出版されたジャック・コーエン訳ホブズボーム編『資本主義に先行する経済構成体』の解説。既訳として、Ｅ・Ｊ・ホブズボーム『共同体の経済構造――マルクス『資本制に先行する諸形態』の研究序説』市川泰治郎訳、未來社、一九六九年、がある）

第八章「マルクスとエンゲルスの諸著作の遍歴」（『マルクス主義の歴史』第一巻第一一章）

第九章「マルクス博士とヴィクトリア時代の評論家たち」（一九五七年にジョン・サヴィルとＥ・Ｐ・トムスンが創刊した雑誌『ニュー・リーズナー』第一号に掲載され、後に一九六四年のホブズボームの著作『労働する人――労働史研究』［『イギリス労働史研究』鈴木幹久・永井義雄訳、ミネルヴァ書房、一九六八年。新装版、一九九九年］に収録された。なお、『ニュー・リーズナー』の後継誌が『ニュー・レフト・レビュー』である）

第一〇章「マルクス主義の影響――一八八〇年から一九一四年まで」（ホブズボーム自身が編集に参加して一九七九年にトリノのエイナウディ出版社から出版されたイタリア語版『マルクス主義の歴史』第二巻にイタリア語で発表）

第一一章「反ファシズムの時代に――一九二九年から一九四

五年まで」（一九七九年のイタリア語版『マルクス主義の歴史』第三巻第二部にイタリア語で発表）
第一二章「グラムシ」（一九八二年にライターズ・アンド・リーダーズから出版されたアン・ショースタック・サスーン編『グラムシへのアプローチ』への寄稿論文の改訂版）
第一三章「グラムシの受容」（一九九五年にイタリア南部バーリのラテルツァ出版社から出版されたアントニオ・A・サントゥッチ編の論文集『ヨーロッパのグラムシとアメリカのグラムシ』への序文としてイタリア語で発表された。なお、この本の表紙には、書名の上部にホブズボームの名前だけが大きな活字で印刷されていたので、ホブズボームは「本書は誤解を招く形で私の名前で出版された」と注記している）
第一四章「マルクス主義の影響力――一九四五年から一九八三年」（一九八二年のイタリア語版『マルクス主義の歴史』第四巻にイタリア語で発表された論文を基に、二〇一一年に大幅に加筆）
第一五章「マルクス主義の後退期――一九八三年から二〇〇〇年まで」（本書のための書き下ろし）
第一六章「マルクスと労働者階級――長い世紀」（一九九九年にオーストリアのリンツで開催された国際労働史学会での講演であり、二〇〇〇年にドイツ語で発表されたものを基に、二〇一一年に加筆）

このように、この本に収録された文書は一九五七年から二〇一一年まで、半世紀以上にわたって書かれたものであり、また、最初にイタリア語で発表されたものが四本、ドイツ語で発表されたものが一本と、著者の活動の国際性もよくわかる。論じられる対象は、「マルクス以前の社会主義」から二〇一一年にいたるまでのほぼ二〇〇年にわたる思想と歴史であり、一貫しているのは、マルクスやマルクス主義者たちの思想と運動を歴史的文脈の中において客観的に評価しようとする強い意志である。その中でも、特に歴史家としてのホブズボームの真骨頂が現れているのは、第二部のマルクス主義の歴史である。

ヨーロッパにとどまらず、アジアやアフリカの思想家や政治家、さらには科学者や芸術家をも視野に入れたマルクス主義の世界的影響の歴史を一人で書くというのは、おそらくホブズボームにしかできないことである。しかも、第一一章以降は、著者自身が生きて経験した時代の歴史であって、その中には、一九二九年以後の大恐慌やファシズム、スペイン内戦や第二次世界大戦、そして一九七〇年代以降の新自由主義や二〇〇八年の金融恐慌も含まれている。その意味で、本書はたんなる研究書ではなく、貴重な時代の証言でもある。

そのような書物を手短に要約することはほとんど不可能なので、特に印象に残る論点をいくつか指摘することにしたい。

一つは、第二部の八章のうち二章が当てられていることからわかるように、グラムシに対する著者の評価がきわめて高いことである。著者によれば、グラムシはたんなる「マルクス主義者」ではないのであって、「グラムシの主要な教えは、グラムシ派的ではなくて、マルクス派的なのである。彼の教えは、……マルクス本人の主張に基づく一連の変種なのである」。ホブズボームが重視しているのは「グラムシによる政治と文化の領域の自律性の強調」であるが、「そうした強調でさえも、マルクスの教えを思い起こさせるものとみなすことができる」(第一三章、四四〇頁)。これは、言い換えれば、グラムシを評価するホブズボーム自身がたんなる「マルクス主義者」ではなく、「政治と文化の領域の自律性」を重視する「マルクス派」であるべきだと自覚していた、ということの表明でもある。

もう一つは、マルクスが主張した「プロレタリアートの歴史的役割」についての否定的な判断である。ソヴィエト連邦崩壊後の一九九八年に書かれた『共産党宣言』への序文で、ホブズボームは次のように述べている。「プロレタリアートというものについてのマルクスのヴィジョンはその本質上、資本主義を転覆することによって全人類を解放し階級社会を終了させるように運命づけられていたが、それは彼の資本主義分析のなかに読み込まれた希望の表明ではあっても、その分析によって必然的に与えられた結論ではなかった」(第五章、一五五―一五六頁)。

同じような言い方は、二〇一一年に加筆された文章の中でも繰り返されている。「マルクスの理論は、資本主義およびその傾向の分析からなると同時に、巨大な予言者的情熱を伴い、ヘーゲル由来の哲学の観点で表現された完全社会(プロレタリアートによって達成されうる)への人類の絶え間ない欲求という歴史的希望から成り立っていたのだ。……マルクス自身の知的発展においてこの二つのうちの後者が前者に優越したのであり、後者を前者から知的に演繹することはできない」(第一四章、四九〇頁)。「歴史的必然性によってプロレタリアートは「真に革命的な階級」である、あるだろうという前提は、無根拠であることがいまや明白である」(第一六章、五二一頁)。

これはもちろん、その後の一五〇年の歴史を踏まえた結果論だということはできる。しかし、いずれにしても、ホブズボームが歴史的に評価するマルクスは、社会革命の予言者ではなく、あくまでも「資本主義とその傾向の分析」の理論家だということになる。本書のために書き下ろされた第一五章の結語は次のようなものであった。「資本主義は、社会革命の脅威ではなくそれ自身の無制約のグローバルな影響によって、自らの将来が問われていることを突きつけられており、またその世界に対して、カール・マルクスは自由市場の合理的選択と自己調整メカニズムの信者よりも、ずっと明敏な案内人であることが証明されたのである」(第一五章、五一四頁)。これが事実上、誠実な「マルクス派」としてのホブズボームの遺言だったということになるだろう。

もう一つ注目すべきことがある。本訳書には、水田洋と伊藤誠と中村勝己による三つの「日本語版解説」が付いている。それがこの訳書の価値を高めているが、そのうちでも特に水田洋の「著者エリックについて」は、一九五五年の初対面以来、半世紀以上にわたるホブズボームとの交友関係をふまえた追悼文であって、これもそれ自体が一つの歴史的証言になっている。

水田によれば、ホブズボームは「邦訳の出版期日にあわせて序文を書く」ことを約束していたそうだが、残念ながらそれは実現しなかった。その代わりに、この訳書は、図らずも著者の生誕一〇〇周年を記念する出版となったのである。

なお、本書の原書にはイギリス版（London: Little, Brown）とアメリカ版（New Haven: Yale University Press）があり、なぜか副題に違いがある。前者は「マルクスとマルクス主義の物語（Tales of Marx and Marxism）」だが、後者は「マルクスとマルクス主義についての省察（Reflections on Marx and Marxism）」となっていて、ニュアンスが微妙に異なる。なぜそういうことになったのか、それについての解説もしてほしかった。

（うえむら・くにひこ／ドイツ社会思想史）

書評

# 『ユニオンジャックに黒はない——人種と国民をめぐる文化政治』

（ポール・ギルロイ著、田中東子・山本敦久・井上弘貴訳、月曜社、二〇一七年）

中村隆之

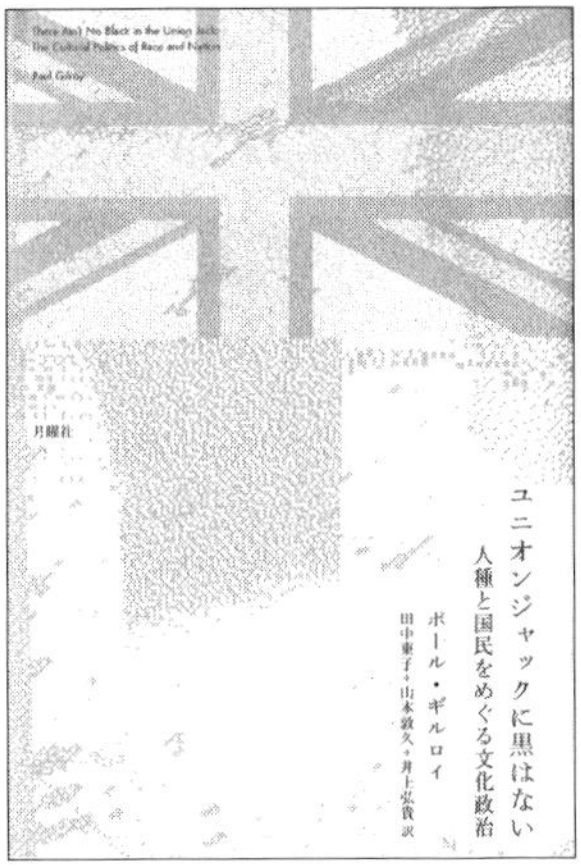


## 一

「本書が長く命脈を保つとは思っていない」——著者のポー

ル・ギルロイが『ユニオンジャックに黒はない』二〇〇二年再刊版の序章でこう述べるとおり、願わくば本書は過去のドキュメントとなるべきだった。それは二〇〇二年当時の著者にとって、一五年も前のデビュー作であるがゆえにむしろ日本語訳もある代表作『ブラック・アトランティック』（上野俊哉・毛利嘉孝・鈴木慎一郎訳、月曜社、二〇〇六年）以降の著作に目を向けるべきだ、という意味ではいささかもない。そうではなく、一九八七年の初版刊行時に掲げたその表題が近い将来には無意味になるだろう、ということである（後述するように表題の問題提起は現在では意味をすり替えられてしまった）。たしかに二〇〇二年当時の著者が振り返りながら述べるところでは、「英国の人種差別や不平等にともなうさまざまな問題が決着したことを、あるいは英国の人種差別を分析するという課題が完了したと示すことは、『ユニオンジャックに黒はない』の初版刊行以降、何も起きてはきていない」（本書七四頁）。しかしながら、ギルロイは本書がその使命を果たし終えて、読者から必要とされなくなる日が来ることを二〇〇二年当時は期待することができたのである。

　それからさらに一五年の月日が経った二〇一七年、私たちはついに日本語版を手にし、『ユニオンジャックに黒はない』の全容を知ることができるようになった。ところが、逆説的にもそのことが意味するのは、ギルロイの期待を裏切り続けつつ、本書が依然として過去の遺物にならないということであり、人種差別をめぐる不正義がなんら解消されることのない世界を私たちは生きてしまっているという、恥ずべき事態に他ならない。それゆえ新たに付された「日本語版への序文」ではギルロイは希望的観測をいささかも示していない。人種差別の問題が表向きは解消されたかに見えて世界各地で露骨な差別が絶えず噴出してきたこの三〇年という歳月を考えれば、現状はより狡猾で厄介になってきていると診断できるからである。ギルロイの現状認識がますます厳しくなるのは当然のことだろう。

## 二

　人種差別は本書の対象である英国に限られたことではない以上、「日本語版への序文」のなかでギルロイが執筆時である二〇一六年三月の英国の文脈を語りながら繰り返して用いる「私たち」（英国国民としての「私たち」ではない）という人称を、読者一人ひとりが自分自身への呼びかけとして積極的に引き受けることが肝要になる。このことは本書が「文化研究の古典」と帯文に記されていることと無縁ではない。文化研究（カルチュラル・スタディーズ）とは、その出自からしてもマルクス主義をはじめとする左派の研究がつねにすでにそうであったように、実践と切り離すことができない関係性に規定されている。文化研究のうちには、いかにすれば私たちが生きる社会をより良い方向に変革することができるか、という根本的な問いが内在している。そして、左派の研究であるかぎり資本主義批判に向かうのは必然である。

あえて挑発的に言うならば、文化研究とは少なくとも社会変革に向けた共通の信仰でなくてはならない（そうでなければその名に値しないのではないか）。ギルロイの用いる「私たち」のなかに積極的に加わるとは、「ポール、あなたと一緒に人種差別の問題を考えるのだ」という読書を実践するということだ。ゆえに私たちは誰一人として英国における人種差別を論じた本書と無縁ではないばかりか、今日の人種差別を考える手がかりとして積極的な姿勢で読むこと――ギルロイと協働することが求められている。

## 三

本書は、全六章からなる。その概要について訳者あとがきを参考にたどっておけば、本書の出発点は「人種の問題がマルクス主義や左派の政治の領域でさえ長らく不可視化され周縁化されてきたという事実」にある（この点については『ブラック・アトランティック』の訳者解説の第二パート「英国の文化研究とギルロイ」に詳しいが、一言だけ述べておけば、本書五三頁に表明されているとおり、ギルロイはブラック・マルクシズムと英国の文化研究双方の知的系譜を引き継いでいる）。この事実と対峙しながら「黒人性が病理や犯罪との連環を通じて構築されていく過程を批判的に描きだし、ナショナリズムと人種が英国における政治的権威主義、移民排斥の気運、外国人嫌悪をいかに相互補完的に高めてきたか」（本書五四三頁）を明らかにしたのがとりわけ第一章から第三章までである。ギルロイの言葉を直接引用すれば、英国における「黒人の存在とはひとつの問題ないしは脅威として構築され、それに沿って同質的で白い、国民としての「私たち」が統合可能となる」（一四〇―一四一頁）。さらにこの点を分析していけば黒人（念頭に置かれているのはとくにカリブ海出身者）は一方で排除されながらも、他方で国民の最下層に置かれるかたちで包摂されてもいる。黒人は、構築された人種の分断線によって白人市民から分離されているだけでなく、アジア系市民がより順応した移民と表象されることで、三級市民の扱いを受けているのであり、暴動とはその怒りの表出でもある（五一二頁）。

第四章以降は人種差別にたいする抵抗の運動が論じられる。ふたたび訳者あとがきから引けば「つねに分節／節合されているナショナリズムと人種差別に対抗する、ディアスポラに依拠したさまざまな表現文化や社会運動のもつ可能性、すなわち資本主義と偽りの合法性を批判し、消し去られていた歴史性をふたたび顕現させる集合的な力を評価した」（五四四頁）のがロック・アゲインスト・レイシズムを論じる第四章であり、黒人音楽文化を米国とカリブ海にまで射程を広げて語る第五章である。

とりわけ第五章「ディアスポラ、ユートピア、資本主義批判」は、『図書新聞』三三二五号一・二面に掲載された『ユニオンジャックに黒はない』の酒井隆史評が述べるとおり「本書の白眉」である。「二十世紀、とりわけ大戦後の黒人音楽を、アフリカ、カリブ、北アメリカ、イギリス、あるいは世界中の諸都市の黒人共同体との呼応の過程とみなす第五章におけるディアスポラ詩学には、感動を抑えるのはむずかしい。打たれてもいくども起ち上がり、遠い同胞の言葉にはげまされ、生き生きと応答しながら音楽という美しい結晶をつむぎだしていく過程を追うこの章のモチーフは、のちの主著『ブラック・アトランティック』に結実していく」と同書評が見事に言い表すとおりである。第六章は、これまでの章を受けて肯定的な展望を得るための総括の章であり、『人種にもとづく』主体のあり方が人々に遂行させる類いの集合的な政治の行動」(四八六頁)を論じている。そのなかでギルロイは間歇的に起こる黒人群衆の「暴動」の有する社会運動的側面を注意深く読み取り、そこに「ネオ・ポピュリズムの社会運動」の可能性を見出していく。

## 四

以上が一九八七年当時の人種差別に関するギルロイの分析と展望であるが、本書評の冒頭で示したとおり、人種差別をめぐる事象の根本は変わることのないまま今日に至っている。にもかかわらず、ギルロイによれば、黒人コミュニティは分裂し、その内部で対立し合うことで団結や連帯がますます困難になってきている。その背景には、人種の問題がもはや公的な政治の言語のうちに分節／節合されなくなってしまったということがある。黒人性は、かつては隷属状態からの解放のための権利の闘争のための象徴的力だったが(一九八七年当時はたとえば南アではアパルトヘイト政策が続いていた)、その力がほとんど失われる一方で人々は「アイデンティティの政治、企業内の多文化、エスニシティ内部の些細な点に自縛気味かつ自己陶酔的にこだわる」(四五頁)ようになる。その結果、反人種差別は政治的な争点をもはやなさなくなり、政界やメディア界に一定の黒人が登場することによって、表向きはユニオンジャックに黒があることになっている。今では「人種は月並みなもの」となり、英国では人種差別は終わったとされる。

今日の人種差別をめぐる狡猾さは、表面的には誰も差別していないことになっているという現状のうちにある。「もっともあくどい人種差別主義者でさえ、自分たちが人種差別主義者であることを強く否定するような世界」(二五頁)に私たちは生きてしまっている。

しかし、それが欺瞞であることは、人種差別の問題があまり意識化されないように見受けられる日本社会において人種差別的発言が絶えないことからも明らかである。最近の例をあげれば自民党衆議員である山本幸三前地方創生担当相の差別発言はその露骨な典型例だろう。二〇一七年十一月末にアフリカ支援活動にたいして「なんであんな黒いのが好きなんだ」と言い放ったことが報道されたのちに「アフリカが『黒い大陸』『暗黒大陸』と表現されたことが念頭にあっての発言で、黒人を指して言ったのでない」と弁解したわけだが、その弁解をふくめて日本アフリカ学会の有志が発言の撤回を求める抗議文を提出したことで、日本社会に蔓延する人種差別が露わになった。つまり、これは一人の人種差別主義者の個人的偏見と見るべきではなく、西欧植民地主義を経由したアフリカの「未開」表象がいまもなおこの社会の言説のうちに根深く残っていることを私たちは深刻に受け止めねばならないということだ。

　酒井直樹が『レイシズム・スタディーズ序説』（以文社、二〇一二年）において述べるように、問題であるのは、自分たちを人種差別主義者ではないとする日本国民一般の思い込みである。ギルロイも言うように今日では誰も自分を人種差別主義者だなどと公言する者はいない。ヨーロッパの極右も然り。そしてそのヨーロッパの極右から見れば「異民族や宗教の異なった人びととの共存を極端に嫌う」日本社会は模範的ですらある（『レイシズム・スタディーズ序説』八頁）。酒井直樹のこの指摘を踏まえて改めて本書に立ち戻るとき、反人種差別のもとでギルロイと連帯しながら、同時に、自分たちの生きる社会の人種差別と向き合うことの必要性がよりいっそう鮮明となるのではないか。

　『ユニオンジャックに黒はない』が提起する問題は明らかに私たちの課題なのである。

（なかむら・たかゆき／フランス語圏文学）

# 二〇一七年会員新著一覧（五十音順）

【著書】

井上彰『正義・平等・責任――平等主義的正義論の新たなる展開』岩波書店

小田英『宗教改革と大航海時代におけるキリスト教共同体――フランシスコ・スアレスの政治思想』文生書院

笠原賢介『ドイツ啓蒙と非ヨーロッパ世界――クニッゲ、レッシング、ヘルダー』未來社

川本隆『初期フォイエルバッハの理性と神秘』知泉書館

金慧『カントの政治哲学――自律・言論・移行』勁草書房

倉科岳志『イタリア・ファシズムを生きた思想家たち――クローチェと批判的継承者』岩波書店

倉田稔『等身大の中国人』小樽社会史国際研究所

小松原織香『性暴力と修復的司法――対話の先にあるもの』成文堂

小森謙一郎『アーレント最後の言葉』講談社

齋藤幸平 Saito Kohei, *Karl Marx's Ecosocialism: Capital, Nature, and the Unfinished Critique of Political Economy*, Monthly Review Press.

坂井礼文『無神論と国家――コジェーヴの政治哲学に向けて』ナカニシヤ出版

崎山政毅ほか『マルクスと商品語』社会評論社

桜井哲夫『一遍 捨聖の思想』平凡社

高島和哉『ベンサムの言語論――功利主義とプラグマティズム』慶應義塾大学出版会

田上孝一編『権利の哲学入門』社会評論社

田中拓道『福祉政治史――格差に抗するデモクラシー』勁草書房

田中将人『ロールズの政治哲学――差異の神義論＝正義論』風行社

中江桂子『不協和音の宇宙へ――モンテスキューの社会学』新曜社

中島吉弘『梯明秀の物質哲学――全自然史の思想と戦時下抵抗の研究』未來社

中谷義和ほか編『ポピュリズムのグローバル化を問う――揺らぐ民主主義のゆくえ』法律文化社

中谷義和『国家論序説』御茶の水書房

堀孝彦『続「戦後」倫理ノート 2004-2017』未知谷

村井明彦『グリーンスパンの隠し絵――中央銀行制の成熟と限界』（上・下）名古屋大学出版会

若森章孝・植村邦彦『壊れゆく資本主義をどう生きるか――人種・国民・階級２・０』唯学書房

【翻訳】

ガリアーニ（Galiani, Ferdinando）黒須純一郎訳『貨幣論』京都大学学術出版会

キューン（Kuehn, Manfred）菅沢龍文ほか訳『カント伝』春風社

シュアミ（Suhamy, Ariel）・ダヴァル（Daval, Alia）大津真作訳『スピノザと動物たち』法政大学出版局

ノイマン（Neumann, Walter）内田弘訳『無意識のヘーゲル――鏡映

理論としての《大論理学》』こぶし書房

パシネッティ（Pasinetti, Luigi Lodovico）内藤敦之ほか訳『ケインズとケンブリッジのケインジアン――未完の「経済学革命」』日本経済評論社

バルベラック（Barbeyrac, Jean）門亜樹子訳『道徳哲学史』京都大学学術出版会

ホネット（Honneth, Axel）日暮雅夫・宮本真也ほか訳『私たちのなかの私――承認論研究』法政大学出版局

ホブズボーム（Hobsbawm, Eric John Ernest）水田洋監訳、太田仁樹・中村勝己ほか訳『いかに世界を変革するか――マルクスとマルクス主義の２００年』作品社

メリアム（Merriam, Charles Edward）森眞砂子訳『デモクラシーとは何か』志學社

ルフォール（Lefort, Claude）渡名喜庸哲・太田悠介・平田周・赤羽悠共訳『民主主義の発明――全体主義の限界』勁草書房

**〈備考〉**

・本の形をとっている会員の仕事のみを取り上げる。
・共著、共編、共訳については、奥付（執筆者一覧・訳者一覧ではない）に記載されている名前だけを取り上げる。
・寄稿論文、分担執筆、分担訳については取り上げない。
・非会員の共著者、共編者、共訳者の名前は「ほか」とする。

# Beyond a Liberal View of Refugees

Kenjiro YAMAOKA

This paper examines how the view of refugee movements has been formed in the pot-war international society and inquires a possibility to overcome the now fixed view. First, this paper roughly describes a history of refugee studies as an academic discipline. Too often, refugee movements have been presented as an object of humanitarianism in the field. Second, although refugee studies have aimed at solving the refugee problems, it has become clear that implementing several solutions, which are suggested for the current situations of refugee movements, is difficult. This paper explores the causes of the difficulties. Third, there is a fundamental relationship between refugees and the nation-state system established in the modern era. The forced migrations inevitably stem from the state system demarcating the distinct borders and the membership. Forth, this paper inspects a liberal view of refugees, which is a premise shared both with refugee studies and the international refugee protection regime. Fifth, the liberal view has overlooked a dimension of collectiveness and communality in the refugee movements. Refugees move collectively rather than individually and try to keep or create their own communities. Finally, this paper explores a possibility that refugees as 'exiles' can unite each other.

Keywords: refugee studies, collectiveness/communality, exile

# Nonviolence and Cow's Milk: A Study of Gandhi's Experiments with *Brahmacarya* in South Africa

Eijiro HAZAMA

In this paper, I examine one of Gandhi's experiments with *brahmacarya* (sexual celibacy) during his stay in South Africa (1893-1915), namely "the renouncement of [cow's] milk" (*dūdhnā tyāg*; hereafter *dt*). By so doing, I show that the experiment with *dt* was the key factor to understand his core idea of political nonviolence (*ahiṃsā*) in South Africa.

During the initial stage of his *satyāgraha* (nonviolent resistance) struggle in South Africa, Gandhi lived together with his friend Hermann Kallenbach, a German Jewish carpenter. Gandhi's autobiographical writings rarely mention about their cohabitation and their exotic experiment with *dt*.

By examining Gujarātī and English-language primary materials about their cohabitation, I demonstrate that Gandhi's experiment with *dt* was practiced with the intention to root out Gandhi's homoerotic feelings towards Kallenbach. Gandhi believed that milk was the primal cause for the arousal of "sexual desire" (*vikār*); Gandhi and Kallenbach developed a close and intimate relationship during their cohabitation. Gandhi had to take the vow of *dt* in order to gain a victory in his *satyāgraha* struggle; Gandhi firmly believed that the visible violence in the outside world was a reflection of the invisible *violence* (sexual desire) inside him.

Keywords: Gandhi, nonviolence, *brahmacarya*, *satyāgraha*, South Africa

# Resistance and Philosophy in Negri and Hardt: On the Role of Philosophy

Yoshiyuki IIMURA

This article clarifies the contemporary role of philosophy in the neo-Marxist theory. In *Empire* (2000), Antonio Negri and Michael Hardt showed the analysis of the new form of global power that was emerging as Empire. This analysis brought ambivalent vision: Empire was the realization of global society of control and real subsumption of labour under capital, but in Empire, the possibility of revolutions was getting larger. This vision was based on the Italian Marxist's argument, which regarded workers' power (*potere operaio*) as an essential element for the development of capitalism. Hence in their point of view, real subsumption never means the one-dimentionalization. Negri and Hardt accepted this optimism of Italian Marxism.

However, class struggle cannot be a spontaneous product. Hence Negri and Hardt discussed "the contemporary role of intellectuals." And they argued that spontaneity and hegemony were not the only alternatives. But their metaphor for the new form of revolution (an orchestra keeping the beat without a conductor) sounds like spontaneity of organization. This article shows how the role of philosophy in the new class struggle is determined in Negri and Hardt's work.

Keywords: Antonio Negri, Michael Hardt, Multitude, Empire, *Marx oltre Marx*

# Hegel's theory of Building and the Constitution of the General Will in *the Jena Lectures on the Philosophy of Spirit (1805-6)* : in Terms of his Response to Rousseau's Theory of the State

Hirotsugu KOINUMA

The purpose of this paper is to examine on the whole Hegel's thought of 'Ethical Life' developed in *the Jena Lectures on the Philosophy of Spirit (1805-6)* in terms of his response to Rousseau's theory of the State.

Although Rousseau indicated the principle of State to harmonize obedience with liberty, he did not indicate an adequate solution of how to solve the disagreement with the general will and the particular will in the actual "man".

Hegel succeeded Rousseau's idea of "autonomy" which is the same as "community" that to obey general will is to obey one's will. However, Hegel comprehended "constitution of the general will" not as social contract, but as the process to actualize mutual recognition through laws and institutions. In this case, Rousseau's logic of "alienation" is transformed to the logic of "education or building". Individuals who cultivated themselves recognize that it is possible for them to exist as free person only in the being-recognized among others which is based on laws and institutions. This recognition leads themselves to foster an attitude to pursue the public interests. By correlatively comprehending the process to actualize mutual recognition through institutions and the process of individual's building, Hegel could indicate the logic to mediate the individual and the general will, which Rousseau could not do.

Keywords: Hegel, Rousseau, the general will, education, alienation

# Invisible Civil Religion: Toward a Study of the Religious in the History of Social Thought

Yuji TAKAYAMA

Although social science scholars tend to downplay the role of religion in public life, many modern social thinkers had argued for the need for "civil religion." The aim here is twofold. First, this essay examines how most researches in the field of the history of social thought in Post-war Japan has underestimated the influence of religion in society, taking some leading textbooks for example. Second, the essay attempts to show that many social thinkers in post-revolutionary France considered the invention of new religion as essential for the maintenance of democratic society, focusing on Jules Michelet's view of religion.

In recent years, there are several social or political theorists, such as Jürgen Habermas and John Rawls, who give considerable attention to the role of religion in public sphere. However, their attention is limited to the established religion. This essay demonstrates that some ideas of new religion were developed by many social thinkers and they were the invisible one in the sense that they were not institutionalized like the revolutionary religion from the Cult of Reason to the Cult of the Supreme Being. Among them, Michelet's view of religion is most similar to Rousseau's idea of civil religion. The essay also shows that it is a prototype of "the populism as the alternative religion" in the United States, the concept that Prof. Anri Morimoto presented in the 42nd SHST Annual Conference last year.

Keywords: Civil Religion, Jules Michelet, Secularization Theory, 19th-century France, Populism

# Populism as Substitute Religion

Anri MORIMOTO

Albert Hirschman's classic *The Passions and the Interests* (1977) provides the backdrop of the argument for the rise of populism. The book offers a thrilling account of the intellectual transformation that occurred during the initial phase of capitalism: the pursuit of material interest, once condemned as "avarice," one of the seven mortal sins, was assigned the new and positive role of containing the other sins by repressing and harnessing unruly passions. The word "interest," however, meant more than "the material aspects of a person's welfare." In seventeenth- and eighteenth-century Puritan literature, the word "interest" means "being objectively concerned" in spiritual privileges. Likewise, the "interest" of populism today is not a material gain but the sense of participating in a world larger than the self via social media. Populism becomes more intelligible in the light of religious passion expressed in this desire for direct and meaningful social engagement. Integrating individual voices for social justice was once the function of organized religions, but today their function is replaced by populism. The religious character of populism is also evident in its dualistic world-view that paints political camps either in total good or total evil, resulting in unyielding fundamentalism. Participants in populist movements enjoy a sense of representing ultimate orthodoxy. Populism by default tends to rely on individual leaders' charisma, bypassing the party system. Here also lies a parallel to what has happened in the churches and other religious organizations, since these earthly media of grace have fallen into disrepute today in favor of an unmediated relationship to God. The remaining question would be: are intermediary institutions dispensable, in either religion or politics?

Keywords: Passions and Interests, Hirschman, Anti-intellectualism, Trump, Totem

# "Islam in the Arab World" as a crucial issue in the Post-Cold War global intellectual history

Satoshi IKEUCHI

In the Post-Cold War era, the End of History thesis proposed by F. Fukuyama and Clash of Civilizations theory by Samuel P. Huntington were two competing ideas concerning the framework of the world order. Which will be the dominant mode of world order, either a universal dominance of liberal democracy or the civilizational divide? This "Fukuyama-Huntington Question" has been the underlying issue in the study of Post-Cold war era global intellectual history. Political and intellectual history of the Arab world has been the crucial issue in assessing the validity of either frameworks. In this short proposition, liberal predicament of the Arab intellectuals in the modern condition is reaffirmed. Also Huntingtonian unitary vision of a Islamic Civilization is refuted by juxtaposing the alternative view of the Arab world order characterized by mosaic-like "Dots and Spots" mired with multiple divisions based on sectarian, tribal and national identities.

Keywords: Arab thoughts, Isram, Post-Cold-War, (Francis) Fukuyama, The End of History, (Samuel) Huntington, The clash of Civilizations

# ANNALS OF THE SOCIETY FOR THE HISTORY OF SOCIAL THOUGHT

No. 42 2018

## CONTENTS



Edited by
The Society for the History of Social Thought

# 公募論文投稿規程

一、論文投稿の資格は、社会思想史学会会員に限る。
二、投稿は随時受け付ける。ただし編集の都合上、投稿受け付けの区切りを年一回設け、七月三一日（必着）とする。送付先は社会思想史学会事務局とする。
三、論文の枚数は、論題、注、図表などを含め、四〇〇字詰め原稿用紙換算で六〇枚（本文、注ともに、一行四〇字、四〇行で印刷して、一五ページ）以内とする。論文の最後に、日本語表記のキーワード三から五を付す。
四、論文は、原則として、ワードファイルを電子メールに添付して提出すること。原稿はA４サイズで一ページ四〇字×四〇行の書式とする。論文には、執筆者名や執筆者を特定できるような表現を記載しないこと。
五、投稿者は、別に次の文書をワードファイルで添付すること。
（１）編集連絡用覚書。論題、執筆者名、連絡先住所、電話番号、E-mailアドレス、執筆者名の読み（ひらがな）、執筆者の専門領域（なるべく簡潔に）を明記する。
（２）英文抄録。論題および執筆者名の英文表記を含め、二〇〇語程度の抄録を作成する。また別に、キーワード三から五を付す。
六、論文の執筆にあたっては、執筆要領を参照のこと。
七、論文の採否は、公募論文審査規程に基づき、編集委員会が決定する。編集委員会が原稿の書き直しを求める場合がある。
八、二重投稿は認めない。
九、『社会思想史研究』に掲載された論文の著作権は、社会思想史学会に帰属する。但し著者による論文の転載等を学会として制限するものではない。

# 公募論文審査規程

一、編集委員会の権限と機能

『社会思想史研究』に掲載する公募論文の採否は、編集委員会が決定する。編集委員会は、査読者に査読を委嘱し、論文の内容・構成・表現などについて、投稿者に書き直しを求めることができる。

二、査読者の委嘱

（1）編集委員会は、論文のテーマ・内容を考慮して、論文一篇につき複数名の査読者を選任して、査読を委嘱する。その際、投稿者と査読者の関係において公平を欠くことのないよう、慎重に配慮する。

（2）査読の公平性を確保するため、投稿者と査読者の間および査読者相互間は匿名とし、査読者の氏名は、事前にも事後にも編集委員会の外部には公開しない。

三、審査要領

（1）（評価区分）審査過程において、査読者や編集委員会はそれぞれ、論文をA、Bの上、Bの下、Cの四段階に区別して評価する。その際、区別の目安は以下のとおりとする。

A：学界における現在の研究水準に到達しており、本年報掲載に値する。提出原稿の書き直しは、技術上の箇所を除いて、必要と認められない。

Bの上：内容的には本年報掲載に値する水準に到達しているが、部分的な書き直しが必要である。査読者や編集委員会は、書き直しの箇所と理由を必ず明らかにする。

Bの下：論文として公表するにあたっては、編集委員会の指示に従って大幅な書き直しが必要である。査読者や編集委員会は、書き直しの箇所と理由を必ず明らかにする。

C：本年報掲載に値する水準に到達していない。査読者や編集委員会は、その理由を必ず明らかにする。

（2）（査読）査読者は、審査論文を四段階で評価し、査読報告を学会事務局に提出する。

（3）（編集委員会の審査）編集委員会は、査読者の査読報告に基づきながら、各論文を審査して、合議によって四段階で評価を確定する。査読者のいずれかがC評価を下した論文は、審査において原則として不採用とする。編集委員会は、審査結果を幹事会に報告する。

四、審査結果通知と再審査

（1）編集委員会は、投稿者に審査結果を通知する際、査読者の名を伏せた査読報告を付して、審査の根拠を明らかにする。

（2）書き直しを求められた投稿者は、所定の期日までに論文を書き直して再提出し、再審査を求めることができる。その際、投稿者は、書き直しを求められた箇所の他については、大幅な書き直しをすることはできない。

（3）編集委員会は、再提出された論文を審査報告に照らして再審査し、論文の採否を最終決定する。編集委員会は、再審査結果を幹事会に報告する。

## 五、個人情報の保護

査読者、編集委員会、学会事務局、幹事会は、公募論文の審査過程において知り得た個人情報のすべてについて守秘義務を負う。

# 執筆要領

## ■表　記

1　現代仮名遣い、常用漢字を使用。

2　接続詞、副詞の類の漢字語はなるべく仮名書きとし、当て字は避ける。

（例）　故に↓ゆえに　所謂↓いわゆる　然るに↓しかるに　等

3　引用文は「　」で括る。引用文中にさらに引用のある場合は二重の鍵括弧『　』で括る。欧文を使用する時は〝　〟などで括る。ただし、長文の引用に際しては、前後を一行空けて段落全体を一字下げとし、括弧は用いない。その場合、一行目はさらに一字下げとする。

4　数字は次の要領にて表記する。

［1］一般の数（基数詞の類）については十（トンボ）を入れず四桁目までは和数字を並べる。万・億・兆については単位語を入れる。「三桁区切」の読点は不要。

（例）　一億八三六万二〇〇〇円　二四万二六三人

［2］千万、百万、千、百の位できりのよい場合はそれぞれの単位語を使用。

（例）　六千万年　六百年

［3］暦年については和暦に十（トンボ）を使用し、西暦はトンボを使用しない。

（例）　一九六五（昭和四十）年

［4］年齢と月日はトンボを使用する。

（例）　十一月十八日で三十一歳になる

［5］数字の幅は最後に単位語を付す。

（例）　三四〇―四八〇円　一九六〇―六五年

［6］分数・小数の表記。

（例）　三分の一　一二分の五　五二・三

［7］紀元前・後の表記。

（例）　前二三―後三二年

［8］世紀などの序数詞は十（トンボ）を使用する。

（例）　十九世紀　二十一世紀　ルイ十四世

5　中略は三点リーダー二文字分を亀甲括弧で括り、「〔……〕」のように記す。

## ■翻訳上の記号の置換

おおよそ、次の様な要領にて置換する。

［1］原文中の引用符《　》〝　〟等は「　」に。引用符中の引用符は『　』あるいは〈　〉にして統一的に処理。

［2］原文イタリックの箇所は、書名・作品名・紙誌名の場合『　』で括る。

［3］原文イタリックの箇所が強調ないし概念表現である場合、傍

点を付す。

［4］原文イタリックの箇所が、単に原文に対する外国語であるが故にイタリックである場合は何もしない。或いは必要に応じ片仮名でルビ表記をする。

［5］原文にある［　］（原著者が引用したものに対する原著者の補足・注記など）はそのまま［　］に。

［6］訳者による訳註などの補足は〔　〕で括る。

［7］原文の（　）はそのまま（　）に。

［8］〝意味の纏まりなどを表現する上で頗る効果的である〟などの意識的な判断によって、原文にはない「　」（　）などを敢えて多用する場合は、凡例ないし訳者後書でそのむね説明することが望ましい。

## ■構　成

1　本文中に節を設ける場合は、一　二　三　…とし、さらに項を立てる場合は、1　2　3　…とする。それ以上の細分は避けること。また、節の見出しを「はじめに」や「おわりに」等とする場合には、数字は不要とする。なお、節や項を設けた場合は、その見出しの前を一行空けること。

2　本文以外の補足データについては、注、参考文献の順とする。参考文献リストは必ずしも必要ではない。なお、注と参考文献リストも原稿枚数に含む。本文、注、参考文献リストの間も一行空けること。

## ■注

1　注は、本文の該当箇所に（1）（2）（3）…と記し、稿末に注を纏め番号順に配列する。注番号はワープロソフトを使用せずに、英数半角で普通の入力でおこなう。また引用の場合には引用カッコのすぐ後に、文章注の場合には句読点の前に入力する。稿末に配列する注にはそれぞれ（1）、（2）……と表記すること。

例：例：「　」（1）　『　』（2）この問題についてはすでに多くの分析がある（3）。

2　注の内、引用文献は次の要領で表記する。参考文献についても同様に表記。（参考文献の配列の基本は、和文の場合は五十音順に、欧文の場合はローマ字アルファベット順とする）。

3　表記する情報は、著者名、（ある場合は編者名）、書名／論文名、（論文の場合は所収書名も）、雑誌名（号数も）、発行所或いは発行者名、刊行年。

4　和書の場合、雑誌を含めた書物名は『　』で括り、論文名は「　」で括る。

5　欧文文献の場合、雑誌を含めた書物名はイタリック体で入力、またはアンダーラインを付し、プリントアウトした原稿にも、その箇所を手書き赤線で「イタリック」と指示する。

［和書の場合］

（例）

丸山眞男『日本政治思想史研究』、東京大学出版会、一九五二年、一二二―二五頁。

丸山眞男「超国家主義の論理と心理」『世界』五月号、岩波書店、一九四六年。
丸山眞男「超国家主義の論理と心理」、同『増補版　現代政治の思想と行動』、未來社、一九六四年。
某「論文名」某編（或いは監修等）『論文所収書名』、出版社名、刊行年。

［和訳書の場合］

（例）

ピエール・ブルデュー『ディスタンクシオン――社会的判断力批判ⅠⅡ』、石井洋二郎訳、藤原書店、一九九一年、Ⅰ、五六七頁。
ピエール・ブルデュー、ジャン＝クロード・パスロン、ジャン＝クロード・シャンボルドン『社会学者のメチエ――認識論上の前提条件』、田原音和・水島和則訳、藤原書店、一九九四年。

［外国語文献］

それぞれの言語圏ないし専門分野での慣習に従って表記してかまわないが、論文内での統一をはかること。おおよその基準は以下の例を参照。なお、，．：などの前にはスペースを空けずに入力し、，．：の後には一文字分スペースを入れる。和書同様に著者名、（ある場合は編者名）、書名／論文名、（論文の場合は所収書名も）、雑誌名（号数も）、発行地、出版社、刊行年、引用ページを表記する。書名・雑誌名の部分はイタリック体で入力、あるいはアンダーラインを付す（印刷時イタリック体表記）。

（例）

Bobbio, Norberto, Gramsci and the concept of civil society, in Chantal Mouffe, ed., *Gramsci and Marxist Theory*, London: Routledge 1979, p.30.

Wittig, Monique,“ The Mark of Gender,” *Feminist Issues*, Vol.5, No. 2, Fall 1985, p.4.

Hobson, Barbara (1996) : Frauenbewegung für Staatsrechte. In: *Feministische Studien*, 14. Jg., 2, S. 18.

Habermas, Jürgen, Grenzen des Neohistorismus, in: ders., *Die nachholende Revolution*, Frankfurt am Main (Suhrkamp) 1990, S. 149.

（以上）

# 社会思想史学会研究奨励賞規定

## 一　目的および名称

1　社会思想史学会は、『社会思想史研究』に掲載を認められた公募論文のうち、特に優れた論文を執筆した研究者に対して、その業績を顕彰し、さらなる研究を奨励するために、「社会思想史学会研究奨励賞」を授与する。

## 二　受賞資格者

1　論文掲載時点で修士号取得後十五年未満の会員に限る。
2　受賞は一回限りとする。

## 三　選考方法

1　受賞者は年報編集委員会の審議に基づき、幹事会で決定される。

## 四　賞の授与および公表

1　受賞者には賞状と副賞（三万円）を授与する。
2　社会思想史学会全国大会総会で受賞者の表彰をおこなう。
3　受賞論文については『社会思想史研究』にその旨を明記する。

## 五　附則

1　本規定は、『社会思想史研究』第三五号（二〇一一年刊行予定）から施行される。
2　本規程の改正は、幹事会の議を経て、総会の承認を得るものとする。

## 社会思想史学会の創立にあたって

このたび、さまざまな研究領域において、思想史の社会的性格に関心をもっているものがあつまり、社会思想史学会をつくることになりました。

社会思想史が学界で市民権をえるようになったのは、国内はもとより国際的にも比較的あたらしいことであり、したがって社会思想史研究者たちは、既成の各学問分野で訓練をうけ、そこに所属しながら、それぞれの側面から社会思想史を研究してきました。このことは社会思想史という多面的な研究対象に接近するのに、かえって有利であったと考えられますし、今後もこの接近方法を持続すべきであると考えられます。

しかしながら反面では、それらの多様な接近に意見交流の場が与えられるならば、さらに効果をあげうるであろうことを容易に想像されます。

私たちが意図しているあたらしい学会は、このような意味で既成諸学会の存在を前提とした横断組織としての思想史研究者のあつまりであり、思想史の社会的性格への関心を核としたインターディシプリナリなものであります。思想史的関心をおもちの研究者各位の広範なご参加を期待します。

（一九七六年）

## 編集後記

おかげさまで何とか無事に第四十二号をお届けする段取りとなりました。今回は公募論文が最終的には四本で確定し、ややさびしい紙面になってしまうかと心配いたしましたが、それぞれ古典、現代思想、アジアの思想、現代社会問題とヴァラエティに富んだテーマで、少数ながら特徴ある構成となりました。掲載順をどうするか編集委員会でやや悩みましたが、お読みいただいた感じはいかがでしたでしょうか。

特集論文については、現代世界に深く切り込む宗教というテーマを、社会思想との関わりから扱った昨年の大会シンポジウムをもとに三本の論考を頂戴することができました。ご多忙の折に充実した御論考をお寄せくださったった執筆者のみなさまに深く御礼申し上げます。

書評には、これも多彩な書籍が対象として選ばれ、掲載順序をめぐって編集委員会でしばらく議論いたしました。例年、書評で取り上げる書籍リストの母体は、会員の皆様からの推薦をもとに作成されますので、この変化もまた、学会の関心の推移を反映したものといえましょう。ちなみに非会員の著作でも会員が評するなら書評対象本となります。次号にも皆様からの積極的なご推薦をどうぞよろしくお願いいたします。

先日、学会で見かける思想的テーマが社会的ブームになっているという新聞記事を読んで驚きました。国内外の情勢の目まぐるしい変動とは裏腹に、静かに書物をひもとき社会思想史の知見を求める人びとは存在し、あるいは増大さえするのかもしれません。本誌はあくまで地道に、皆様のよい仕事を手堅くお届けする場でありたいと願っております。

（編集主任　中山智香子）


社会思想史研究　No.42

2018年9月30日　発行

編　集　社会思想史学会
代表幹事　坂本達哉

（事務局）〒108-8345　東京都港区三田2-15-45
慶應義塾大学経済学部　坂本達哉研究室内
Tel：03-3453-4521（ダイヤルイン：23233）Fax:03-5427-1578
http://shst.jp/index.html

発行者　藤原良雄
発行所　株式会社藤原書店

〒162-0041　東京都新宿区早稲田鶴巻町523　電話（03）5272-0301
振替　00160-4-17013
印刷・製本　モリモト印刷

ISBN978-4-86578-192-2

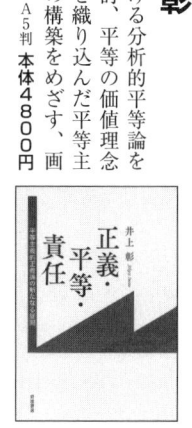